Über dieses Buch

Sigmund Freud hat im Laufe der Jahre immer wieder versucht, theoretische Zusammenhänge und Modelle der Psychoanalyse in allgemeinverständlicher und anschaulicher Form darzustellen, sei es in Vorlesungen und Vorträgen, in Zeitschriften oder in Veröffentlichungen enzyklopädischer Art. Im Jahre 1904 erscheint ›Die Freudsche Psychoanalytische Methode‹, ein Artikel, den er für ein Handbuch über sich selbst und seine Lehre anonym geschrieben hat.

Im Mittelpunkt dieser Taschenbuch-Ausgabe stehen freilich jene fünf berühmten Vorlesungen ›Über Psychoanalyse‹, die Freud 1909 an der Clark-Universität in Amerika gehalten hat. Er bedient sich dabei einer sehr einfachen Sprache und beschränkt die psychoanalytische Terminologie auf die allernötigsten Begriffe, wobei er durch Anekdoten und Analogien seinen Vortrag besonders anschaulich gestaltet.

In seinem letzten Beitrag setzt Freud sich kritisch mit der Frage der Laienanalyse auseinander, die nicht zuletzt durch die Popularisierung seiner Lehre in seinen eigenen, hier angeführten Veröffentlichungen problematisch geworden war.

Über den Autor

Sigmund Freud wurde am 6. Mai 1856 in Freiberg (Mähren) geboren; er widmete sich nach dem Medizinstudium der Erforschung seelisch bedingter Erkrankungen, zuerst besonders der Hysterien. Im Verlaufe seiner Studien entwickelte er das Verfahren der Psychoanalyse. Über das praktische Ziel der Therapie von Neurosen hinaus führten die Erkenntnisse der analytischen Methode zu einer entscheidend vertieften Psychologie. Zur Diskussion der kulturellen und gesellschaftlichen Fragen unserer Zeit hat Freud in seinen Arbeiten überraschende Gesichtspunkte beigetragen. Freud, seit 1902 Titular-Professor in Wien, wurde nie auf einen Lehrstuhl an eine Universität berufen; er erhielt 1930 den Goethepreis.

Von Sigmund Freud erschienen außerdem im Fischer Taschenbuch Verlag: ›Studien über Hysterie‹ (Bd. 6001); ›Abriß der Psychoanalyse/Das Unbehagen in der Kultur‹ (Bd. 6043); ›Drei Abhandlungen zur Sexualtheorie‹ (Bd. 6044); ›Totem und Tabu‹ (Bd. 6053); ›Massenpsychologie und Ich-Analyse/Die Zukunft einer Illusion‹ (Bd. 6054); ›Über Träume und Traumdeutungen‹ (Bd. 6073); ›Zur Psychopathologie des Alltagslebens‹ (Bd. 6079); ›Der Witz und seine Beziehung zum Unbewußten‹ (Bd. 6083); ›Selbstdarstellung‹ (Bd. 6096); ›Der Wahn und die Träume in W. Jensens »Gradiva«, mit dem Text der Erzählung von Wilhelm Jensen‹ (Bd. 6172); ›Brautbriefe‹ (Bd. 899). Eine umfassende Darstellung findet sich in Marthe Robert: ›Die Revolution der Psychoanalyse. Leben und Werk von Sigmund Freud‹ (Bd. 6057).

Sigmund Freud

Darstellungen der Psychoanalyse

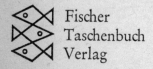

Fischer
Taschenbuch
Verlag

Fischer Taschenbuch Verlag
  1.— 30. Tausend: Juni 1969
31.— 45. Tausend: Februar 1970
46.— 65. Tausend: September 1970
66.— 90. Tausend: Juni 1971
91.—103. Tausend: Juli 1972
104.—128. Tausend: März 1973

Umschlagentwurf: Wolf D. Zimmermann

Fischer Taschenbuch Verlag GmbH, Frankfurt am Main
Lizenzausgabe mit freundlicher Genehmigung
des S. Fischer Verlages GmbH, Frankfurt am Main
Copyright by Imago Publishing Co., Ltd., London
Für diese Ausgabe: © Fischer Bücherei GmbH, Frankfurt am Main, 1969
Gesamtherstellung: Hanseatische Druckanstalt GmbH, Hamburg
Printed in Germany
ISBN 3 436 01124 X

Inhalt

Die Freudsche Psychoanalytische Methode

„Die eigentümliche Methode der Psychotherapie, die Freud ausübt und als Psychoanalyse bezeichnet, ist aus dem sogenannten kathartischen Verfahren hervorgegangen, über welches er seinerzeit in den »Studien über Hysterie« 1895 in Gemeinschaft mit J. Breuer berichtet hat. Die katharsche Therapie war eine Erfindung Breuers, der mit ihrer Hilfe zuerst etwa ein Dezennium vorher eine hysterische Kranke hergestellt und dabei Einsicht in die Pathogenese ihrer Symptome gewonnen hatte. Infolge einer persönlichen Anregung *Breuers* nahm dann *Freud* das Verfahren wieder auf und erprobte es an einer größeren Anzahl von Kranken. Das katharsche Verfahren setzte voraus, daß der Patient hypnotisiert sei, und beruhte auf der Erweiterung des Bewußtseins, die in der Hypnose eintritt. Es setzte sich die Beseitigung der Krankheitssymptome zum Ziele und erreichte dies, indem es den Patienten sich in den psychischen Zustand zurückversetzen ließ, in welchem das Symptom zum erstenmal aufgetreten war. Es tauchten dann bei dem hypnotisierten Kranken Erinnerungen, Gedanken und Impulse auf, die in seinem Bewußtsein bisher ausgefallen waren, und wenn er diese seine seelischen Vorgänge unter intensiven Affektäußerungen dem Arzte mitgeteilt hatte, war das Symptom überwunden, die Wiederkehr desselben aufgehoben. Diese regelmäßig zu wiederholende Erfahrung erläuterten die beiden Autoren in ihrer gemeinsamen Arbeit dahin, daß das Symptom an Stelle von unterdrückten und nicht zum Bewußtsein gelangten psychischen Vorgängen stehe, also eine Umwandlung (»Konversion«) der letzteren darstelle. Die therapeutische Wirksamkeit ihres Verfahrens erklären sie sich aus der Abfuhr des bis dahin gleichsam »eingeklemmten« Affektes, der an den unterdrückten seelischen Aktionen gehaftet hatte (»Abreagieren«). Das einfache Schema des

7

therapeutischen Eingriffes komplizierte sich aber nahezu allemal, indem sich zeigte, daß nicht ein einzelner (»traumatischer«) Eindruck, sondern meist eine schwer zu übersehende Reihe von solchen an der Entstehung des Symptoms beteiligt sei.

Der Hauptcharakter der kathartischen Methode, der sie in Gegensatz zu allen anderen Verfahren der Psychotherapie setzt, liegt also darin, daß bei ihr die therapeutische Wirksamkeit nicht einem suggestiven Verbot des Arztes übertragen wird. Sie erwartet vielmehr, daß die Symptome von selbst verschwinden werden, wenn es dem Eingriff, der sich auf gewisse Voraussetzungen über den psychischen Mechanismus beruft, gelungen ist, seelische Vorgänge zu einem andern als dem bisherigen Verlaufe zu bringen, der in die Symptombildung eingemündet hat.

Die Abänderungen, welche Freud an dem kathartischen Verfahren Breuers vornahm, waren zunächst Änderungen der Technik; diese brachten aber neue Ergebnisse und haben in weiterer Folge zu einer andersartigen, wiewohl der früheren nicht widersprechenden Auffassung der therapeutischen Arbeit genötigt.

Hatte die kathartische Methode bereits auf die Suggestion verzichtet, so unternahm Freud den weiteren Schritt, auch die Hypnose aufzugeben. Er behandelt gegenwärtig seine Kranken, indem er sie ohne andersartige Beeinflussung eine bequeme Rückenlage auf einem Ruhebett einnehmen läßt, während er selbst, ihrem Anblick entzogen, auf einem Stuhle hinter ihnen sitzt. Auch den Verschluß der Augen fordert er von ihnen nicht und vermeidet jede Berührung sowie jede andere Prozedur, die an Hypnose mahnen könnte. Eine solche Sitzung verläuft also wie ein Gespräch zwischen zwei gleich wachen Personen, von denen die eine sich die Muskelanstrengung und jeden ablenkenden Sinneseindruck erspart, die sie in der Konzentration ihrer Aufmerksamkeit auf ihre eigene seelische Tätigkeit stören könnten.

Da das Hypnotisiertwerden, trotz aller Geschicklichkeit des Arztes, bekanntlich in der Willkür des Patienten liegt, und eine große Anzahl neurotischer Personen durch kein Verfahren in Hypnose zu versetzen ist, so war durch den Verzicht auf die Hypnose die Anwendbarkeit des Verfahrens auf eine uneingeschränkte Anzahl von Kranken gesichert. Anderseits fiel die Erweiterung des Bewußtseins weg, welche dem Arzt gerade jenes psychische Material an Erinnerungen und Vorstellungen geliefert hatte, mit dessen Hilfe sich die Umsetzung der Symptome und die Befreiung der Affekte vollziehen ließ. Wenn für diesen Ausfall kein Ersatz zu schaffen war, konnte auch von einer therapeutischen Einwirkung keine Rede sein.

Einen solchen völlig ausreichenden Ersatz fand nun Freud in den Einfällen der Kranken, das heißt in den ungewollten, meist als störend empfundenen und darum unter gewöhnlichen Verhältnissen beseitigten Gedanken, die den Zusammenhang einer beabsichtigten Darstellung zu durchkreuzen pflegen. Um sich dieser Einfälle zu bemächtigen, fordert er die Kranken auf, sich in ihren Mitteilungen gehenzulassen, »wie man es etwa in einem Gespräche tut, bei welchem man aus dem Hundertsten in das Tausendste gerät.« Er schärft ihnen, ehe er sie zur detaillierten Erzählung ihrer Krankengeschichte auffordert, ein, alles mit zu sagen, was ihnen dabei durch den Kopf geht, auch wenn sie meinen, es sei unwichtig, oder es gehöre nicht dazu, oder es sei unsinnig. Mit besonderem Nachdrucke aber wird von ihnen verlangt, daß sie keinen Gedanken oder Einfall darum von der Mitteilung ausschließen, weil ihnen diese Mitteilung beschämend oder peinlich ist. Bei den Bemühungen, dieses Material an sonst vernachlässigten Einfällen zu sammeln, machte nun Freud die Beobachtungen, die für seine ganze Auffassung bestimmend geworden sind. Schon bei der Erzählung der Krankengeschichte stellen sich bei den Kranken Lücken der Erinnerung heraus, sei es, daß tatsächliche Vorgänge vergessen worden, sei es, daß zeitliche Beziehungen verwirrt oder Kausalzusammenhänge zerrissen worden sind, so daß sich unbegreifliche Effekte ergeben. Ohne *Amnesie irgendeiner Art gibt es keine neurotische Krankengeschichte. Drängt man den Erzählenden, diese Lücken seines Gedächtnisses durch angestrengte Arbeit der Aufmerksamkeit auszufüllen, so merkt

*Gedächtnisstörung

man, daß die hiezu sich einstellenden Einfälle von ihm mit allen Mitteln der Kritik zurückgedrängt werden, bis er endlich das direkte Unbehagen verspürt, wenn sich die Erinnerung wirklich eingestellt hat. Aus dieser Erfahrung schließt Freud, daß die Amnesien das Ergebnis eines Vorganges sind, den er *Verdrängung* heißt, und als dessen Motiv er Unlustgefühle erkennt. Die psychischen Kräfte, welche diese Verdrängung herbeigeführt haben, meint er in dem *Widerstand*, der sich gegen die Wiederherstellung erhebt, zu verspüren.

Das Moment des Widerstandes ist eines der Fundamente seiner Theorie geworden. Die sonst unter allerlei Vorwänden (wie sie die obige Formel aufzählt) beseitigten Einfälle betrachtet er aber als Abkömmlinge der verdrängten psychischen Gebilde (Gedanken und Regungen), als Entstellungen derselben infolge des gegen ihre Reproduktion bestehenden Widerstandes.

Je größer der Widerstand, desto ausgiebiger diese Einstellung. In dieser Beziehung der unbeabsichtigten Einfälle zum verdrängten psychischen Material ruht nun ihr Wert für die therapeutische Technik. Wenn man ein Verfahren besitzt, welches ermöglicht, von den Einfällen aus zu dem Verdrängten, von den Entstellungen zum Entstellten zu gelangen, so kann man auch ohne Hypnose das früher Unbewußte im Seelenleben dem Bewußtsein zugänglich machen.

Freud hat darauf eine *Deutungskunst* ausgebildet, welcher diese Leistung zufällt, die gleichsam aus den Erzen der unbeabsichtigten Einfälle den Metallgehalt an verdrängten Gedanken darstellen soll. Objekt dieser Deutungsarbeit sind nicht allein die Einfälle des Kranken, sondern auch seine Träume, die den direktesten Zugang zur Kenntnis des Unbewußten eröffnen, seine unbeabsichtigten, wie planlosen Handlungen (Symptomhandlungen) und die Irrungen seiner Leistungen im Alltagsleben (Versprechen, Vergreifen u. dgl.). Die Details dieser Deutungs- oder Übersetzungstechnik sind von Freud noch nicht veröffentlicht worden. Es sind nach seinen Andeutungen eine Reihe von empirisch gewonnenen Regeln, wie aus den Einfällen das unbewußte Material zu konstruieren ist, Anweisungen, wie man es zu verstehen habe, wenn die Einfälle des Patienten versagen, und Erfahrungen über die wichtigsten typischen Widerstände, die sich im Laufe einer solchen Behandlung einstellen. Ein umfangreiches Buch über »Traumdeutung«, 1900 von Freud publiziert, ist als Vorläufer einer solchen Einführung in die Technik anzusehen.

Man könnte aus diesen Andeutungen über die Technik der psychoanalytischen Methode schließen, daß deren Erfinder sich überflüssige Mühe verursacht und Unrecht getan hat, das wenig komplizierte hypnotische Verfahren zu verlassen. Aber einerseits ist die Technik der Psychoanalyse viel leichter auszuüben, wenn man sie einmal erlernt hat, als es bei einer Beschreibung den Anschein hat, anderseits führt kein anderer Weg zum Ziele, und darum ist der mühselige Weg noch der kürzeste. Der Hypnose ist vorzuwerfen, daß sie den Widerstand verdeckt und dadurch dem Arzt den Einblick in das Spiel der psychischen Kräfte verwehrt hat. Sie räumt aber mit dem Widerstande nicht auf, sondern weicht ihm nur aus und ergibt darum nur unvollständige Auskünfte und nur vorübergehende Erfolge.

Die Aufgabe, welche die psychoanalytische Methode zu lösen bestrebt ist, läßt sich in verschiedenen Formeln ausdrücken, die aber ihrem Wesen nach äquivalent sind. Man kann sagen: Aufgabe der Kur sei, die Amnesien aufzuheben. Wenn alle Erinnerungslücken ausgefüllt, alle rätselhaften Effekte des psychischen Lebens aufgeklärt sind, ist der Fortbestand, ja eine Neubildung des Leidens unmöglich gemacht. Man kann die Bedingung anders fassen: es seien alle Verdrängungen rückgängig zu machen; der psychische Zustand ist dann derselbe, in dem alle Amnesien ausgefüllt sind. Weittragender ist eine andere Fassung: es handle sich darum, das Unbewußte dem Bewußtsein zugänglich zu machen, was durch Überwindung der Widerstände geschieht. Man darf aber dabei nicht vergessen, daß ein solcher Idealzustand auch beim normalen Menschen nicht besteht, und daß man nur selten in die Lage kommen kann, die Behandlung annähernd so weit zu treiben. So wie Gesundheit und Krankheit nicht prinzipiell geschieden, sondern nur durch eine praktisch bestimmbare Summationsgrenze gesondert sind, so wird man sich auch nie etwas anderes zum Ziel der Behandlung setzen als die praktische Genesung des Kranken, die Herstellung seiner Leistungs- und Genußfähigkeit. Bei unvollständiger Kur oder unvollkommenem Erfolge derselben erreicht man vor allem eine bedeutende Hebung des psychischen Allgemeinzustandes, während die Symptome, aber mit geminderter Bedeutung für den Kranken, fortbestehen können, ohne ihn zu einem Kranken zu stempeln.

Das therapeutische Verfahren bleibt, von geringen Modifikationen abgesehen, das nämliche für alle Symptombilder der vielgestaltigen Hysterie und ebenso für alle Ausbildungen der Zwangsneurose. Von einer unbeschränkten Anwendbarkeit desselben ist aber keine Rede. Die Natur der psychoanalytischen Methode schafft Indikationen und Gegenanzeigen sowohl von seiten der zu behandelnden Personen als auch mit Rücksicht auf das Krankheitsbild. Am günstigsten für die Psychoanalyse sind die chronischen Fälle von Psychoneurosen mit wenig stürmischen oder gefahrdrohenden Symptomen, also zunächst alle Arten der Zwangsneurose, Zwangsdenken und Zwangshandeln, und Fälle von Hysterie, in denen Phobien und Abulien die Hauptrolle spielen, weiterhin aber auch alle somatischen Ausprägungen der Hysterie, insofern nicht, wie bei der Anorexie, rasche Beseitigung der Symptome zur Hauptaufgabe des Arztes wird. Bei akuten Fällen von Hysterie wird man den Eintritt eines ruhigeren Stadiums abzuwarten haben; in allen Fällen, bei denen die nervöse Erschöpfung obenan steht, wird man ein Verfahren vermeiden, welches selbst Anstrengung erfordert, nur langsame Fortschritte zeitigt und auf die Fortdauer der Symptome eine Zeitlang keine Rücksicht nehmen kann.

An die Person, die man mit Vorteil der Psychoanalyse unterziehen soll, sind mehrfache Forderungen zu stellen. Sie muß erstens eines psychischen Normalzustandes fähig sein; in Zeiten der Verworrenheit oder melancholischer Depression ist auch bei einer Hysterie nichts auszurichten. Man darf ferner ein gewisses Maß natürlicher Intelligenz und ethischer Entwicklung fordern; bei wertlosen Personen läßt den Arzt

+Willenlosigkeit
×Appetitlosigkeit

bald das Interesse im Stiche, welches ihn zur Vertiefung in das Seelenleben des Kranken befähigt. Ausgeprägte Charakterverbildungen, Züge von wirklich degenerativer Konstitution äußern sich bei der Kur als Quelle von kaum zu überwindenden Widerständen. Insoweit setzt überhaupt die Konstitution eine Grenze für die Heilbarkeit durch Psychotherapie. Auch eine Altersstufe in der Nähe des fünften Dezenniums schafft ungünstige Bedingungen für die Psychoanalyse. Die Masse des psychischen Materials ist dann nicht mehr zu bewältigen, die zur Herstellung erforderliche Zeit wird zu lang, und die Fähigkeit, psychische Vorgänge rückgängig zu machen, beginnt zu erlahmen.

Trotz aller dieser Einschränkungen ist die Anzahl der für die Psychoanalyse geeigneten Personen eine außerordentlich große und die Erweiterung unseres therapeutischen Könnens durch dieses Verfahren nach den Behauptungen Freuds eine sehr beträchtliche. Freud beansprucht lange Zeiträume, ein halbes Jahr bis drei Jahre für eine wirksame Behandlung; er gibt aber die Auskunft, daß er bisher infolge verschiedener leicht zu erratender Umstände meist nur in die Lage gekommen ist, seine Behandlung an sehr schweren Fällen zu erproben, Personen mit vieljähriger Krankheitsdauer und völliger Leistungsunfähigkeit, die, durch alle Behandlungen getäuscht, gleichsam eine letzte Zuflucht bei seinem neuen und viel angezweifelten Verfahren gesucht haben. In Fällen leichterer Erkrankung dürfte sich die Behandlungsdauer sehr verkürzen und ein außerordentlicher Gewinn an Vorbeugung für die Zukunft erzielen lassen."

Psychische Behandlung
(Seelenbehandlung)

Psyche ist ein griechisches Wort und lautet in deutscher Übersetzung *Seele*. Psychische Behandlung heißt demnach *Seelenbehandlung*. Man könnte also meinen, daß darunter verstanden wird: Behandlung der krankhaften Erscheinungen des Seelenlebens. Dies ist aber nicht die Bedeutung dieses Wortes. Psychische Behandlung will vielmehr besagen: Behandlung von der Seele aus, Behandlung — seelischer oder körperlicher Störungen — mit Mitteln, welche zunächst und unmittelbar auf das Seelische des Menschen einwirken.

Ein solches Mittel ist vor allem das Wort, und Worte sind auch das wesentliche Handwerkszeug der Seelenbehandlung. Der Laie wird es wohl schwer begreiflich finden, daß krankhafte Störungen des Leibes und der Seele durch »bloße« Worte des Arztes beseitigt werden sollen. Er wird meinen, man mute ihm zu, an Zauberei zu glauben. Er hat damit nicht so unrecht; die Worte unserer täglichen Reden sind nichts anderes als abgeblaßter Zauber. Es wird aber notwendig sein, einen weiteren Umweg einzuschlagen, um verständlich zu machen, wie die Wissenschaft es anstellt, dem Worte wenigstens einen Teil seiner früheren Zauberkraft wiederzugeben.

Auch die wissenschaftlich geschulten Ärzte haben den Wert der Seelenbehandlung erst in neuerer Zeit schätzen gelernt. Dies erklärt sich leicht, wenn man an den Entwicklungsgang der Medizin im letzten Halbjahrhundert denkt. Nach einer ziemlich unfruchtbaren Zeit der Abhängigkeit von der sogenannten Naturphilosophie hat die Medizin unter dem glücklichen Einfluß der Naturwissenschaften die größten Fortschritte als Wissenschaft wie als Kunst gemacht, den Aufbau des Organismus aus mikroskopisch kleinen Einheiten (den Zellen) ergründet, die einzelnen Lebensverrichtungen (Funktionen) physikalisch und chemisch verstehen gelernt, die sichtbaren und greifbaren Veränderungen der Körperteile, welche Folgen der verschiedenen Krankheitsprozesse sind, unterschieden, anderseits auch die Zeichen gefunden, durch welche sich tiefliegende Krankheitsvorgänge an Lebenden verraten, hat ferner eine große Anzahl der belebten Krankheitserreger entdeckt und mit Hilfe der neugewonnenen Einsichten die Gefahren schwerer operativer Eingriffe ganz außerordentlich herabgesetzt. Alle diese Fortschritte und Entdeckungen betrafen das Leibliche des Menschen, und so kam es infolge einer nicht richtigen, aber leicht begreiflichen Urteilsrichtung dazu, daß die Ärzte ihr Interesse auf das Körperliche einschränkten und die Beschäftigung mit dem Seelischen den von ihnen mißachteten Philosophen gerne überließen.

Zwar hatte die moderne Medizin genug Anlaß, den unleugbar vorhandenen Zusammenhang zwischen Körperlichem und Seelischem zu studieren, aber dann versäumte sie niemals, das Seelische als bestimmt durch das Körperliche und abhängig von diesem darzustellen. So wurde hervorgehoben, daß die geistigen Leistungen an das Vorhandensein eines normal entwickelten und hinreichend ernährten Gehirns gebunden sind und bei jeder Erkrankung dieses Organs in Störungen verfallen; daß die Einführung von Giftstoffen in den Kreislauf gewisse Zustände von Geisteskrankheit zu erzeugen gestattet, oder im Kleinen, daß die Träume des Schlafenden je nach den Reizen verändert werden, welche man zum Zwecke des Versuches auf ihn einwirken läßt.

Das Verhältnis zwischen Leiblichem und Seelischem (beim Tier wie beim Menschen) ist eines der Wechselwirkung, aber die andere Seite dieses Verhältnisses, die Wirkung des Seelischen auf den Körper, fand in früheren Zeiten wenig Gnade vor den Augen der Ärzte. Sie schienen es zu scheuen, dem Seelenleben eine gewisse Selbständigkeit einzuräumen, als ob sie damit den Boden der Wissenschaftlichkeit verlassen würden.

Diese einseitige Richtung der Medizin auf das Körperliche hat in den letzten anderthalb Jahrzehnten allmählich eine Änderung erfahren, welche unmittelbar von der ärztlichen

Tätigkeit ausgegangen ist. Es gibt nämlich eine große Anzahl von leichter und schwerer Kranken, welche durch ihre Störungen und Klagen große Anforderungen an die Kunst der Ärzte stellen, bei denen aber sichtbare und greifbare Zeichen des Krankheitsprozesses weder im Leben noch nach dem Tode aufzufinden sind, trotz aller Fortschritte in den Untersuchungsmethoden der wissenschaftlichen Medizin. Eine Gruppe dieser Kranken wird durch die Reichhaltigkeit und Vielgestaltigkeit des Krankheitsbildes auffällig; sie können nicht geistig arbeiten infolge von Kopfschmerz oder von Versagen der Aufmerksamkeit, ihre Augen schmerzen beim Lesen, ihre Beine ermüden beim Gehen, sind dumpf schmerzhaft oder eingeschlafen, ihre Verdauung ist gestört durch peinliche Empfindungen, Aufstoßen oder Magenkrämpfe, der Stuhlgang erfolgt nicht ohne Nachhilfe, der Schlaf ist aufgehoben usw. Sie können alle diese Leiden gleichzeitig haben oder nacheinander oder nur eine Auswahl derselben; es ist offenbar in allen Fällen dieselbe Krankheit. Dabei sind die Zeichen der Krankheit oftmals veränderlicher Art, sie lösen einander ab und ersetzen einander; derselbe Kranke, der bisher leistungsunfähig war wegen Kopfschmerzen, aber eine ziemlich gute Verdauung hatte, kann am nächsten Tag sich eines freien Kopfes erfreuen, aber von da an die meisten Speisen schlecht vertragen. Auch verlassen ihn seine Leiden plötzlich bei einer eingreifenden Veränderung seiner Lebensverhältnisse; auf einer Reise kann er sich ganz wohl fühlen und die verschiedenartige Kost ohne Schaden genießen, nach Hause zurückgekehrt muß er sich vielleicht wieder auf Sauermilch einschränken. Bei einigen dieser Kranken kann die Störung — ein Schmerz oder eine lähmungsartige Schwäche — sogar plötzlich die Körperseite wechseln, von rechts auf das entsprechende Körpergebiet links überspringen. Bei allen aber kann man die Beobachtung machen, daß die Leidenszeichen sehr deutlich unter dem Einfluß von Aufregungen, Gemütsbewegungen, Sorgen usw. stehen, sowie daß sie verschwinden, der vollen Gesundheit Platz machen können, ohne selbst nach langem Bestand Spuren zu hinterlassen.

Die ärztliche Forschung hat endlich ergeben, daß solche Personen nicht als Magenkranke oder Augenkranke u. dgl. zu betrachten und zu behandeln sind, sondern daß es sich bei ihnen um ein Leiden des gesamten Nervensystems handeln muß. Die Untersuchung des Gehirnes und der Nerven solcher Kranker hat aber bisher keine greifbare Veränderung auffinden lassen und manche Züge des Krankheitsbildes verbieten sogar die Erwartung, daß man solche Veränderungen, wie sie imstande wären, die Krankheit zu erklären, einst mit feineren Untersuchungsmitteln werde nachweisen können. Man hat diese Zustände Nervosität (Neurasthenie, Hysterie) genannt und bezeichnet sie als bloß »funktionelle« Leiden des Nervensystems. (Vgl. Bd. II, X. Abschnitt, 4. Kapitel.[1]) Übrigens ist auch bei vielen beständigeren nervösen Leiden und bei solchen, die nur seelische Krankheitszeichen ergeben (sogenannte Zwangsideen, Wahnideen, Verrücktheit), die eingehende Untersuchung des Gehirns (nach dem Tode des Kranken) ergebnislos geblieben.

Es trat die Aufgabe an die Ärzte heran, die Natur und Herkunft der Krankheitsäußerungen bei diesen Nervösen oder Neurotikern zu untersuchen. Dabei wurde dann die Entdeckung gemacht, daß wenigstens bei einem Teil dieser Kranken die Zeichen des Leidens von nichts anderem herrühren als von einem *veränderten Einfluß ihres Seelenlebens auf ihren Körper,* daß also die nächste Ursache der Störung im Seelischen zu suchen ist. Welches die entfernteren Ursachen jener Störung sind, von der das Seelische betroffen wurde, das nun seinerseits auf das Körperliche störend einwirkt, das ist eine andere Frage und kann hier füglich außer Betracht gelassen werden. Aber die ärztliche Wissenschaft hatte hier die Anknüpfung gefunden, um der bisher vernachlässigten Seite in der Wechselbeziehung zwischen Leib und Seele ihre Aufmerksamkeit im vollen Maße zuzuwenden.

Erst wenn man das Krankhafte studiert, lernt man das Normale verstehen. Über den Einfluß des Seelischen auf den

---

1 Anm. d. Herausg.: Siehe 2. Band des Gesamtwerks »Die Gesundheit«.

Körper war vieles immer bekannt gewesen, was erst jetzt in die richtige Beleuchtung rückte. Das alltäglichste, regelmäßig und bei jedermann zu beobachtende Beispiel von seelischer Einwirkung auf den Körper bietet der sogenannte »*Ausdruck der Gemütsbewegungen*«. Fast alle seelischen Zustände eines Menschen äußern sich in den Spannungen und Erschlaffungen seiner Gesichtsmuskeln, in der Einstellung seiner Augen, der Blutfüllung seiner Haut, der Inanspruchnahme seines Stimmapparates und in den Haltungen seiner Glieder, vor allem der Hände. Diese begleitenden körperlichen Veränderungen bringen dem Betreffenden meist keinen Nutzen, sie sind im Gegenteil oft seinen Absichten im Wege, wenn er seine Seelenvorgänge vor anderen verheimlichen will, aber sie dienen den anderen als verläßliche Zeichen, aus denen man auf die seelischen Vorgänge schließen kann, und denen man mehr vertraut als den etwa gleichzeitigen absichtlichen Äußerungen in Worten. Kann man einen Menschen während gewisser seelischer Tätigkeiten einer genaueren Untersuchung unterziehen, so findet man weitere körperliche Folgen derselben in den Veränderungen seiner Herztätigkeit, in dem Wechsel der Blutverteilung in seinem Körper u. dgl.

Bei gewissen Seelenzuständen, die man »*Affekte*« heißt, ist die Mitbeteiligung des Körpers so augenfällig und so großartig, daß manche Seelenforscher sogar gemeint haben, das Wesen der Affekte bestehe nur in diesen ihren körperlichen Äußerungen. Es ist allgemein bekannt, welch außerordentliche Veränderungen im Gesichtsausdruck, im Blutumlauf, in den Absonderungen, in den Erregungszuständen der willkürlichen Muskeln, unter dem Einfluß z. B. der Furcht, des Zornes, des Seelenschmerzes, des geschlechtlichen Entzückens zustande kommen. Minder bekannt, aber vollkommen sichergestellt sind andere körperliche Wirkungen der Affekte, die nicht mehr zum Ausdruck derselben gehören. Anhaltende Affektzustände von peinlicher oder, wie man sagt, »depressiver« Natur wie Kummer, Sorge und Trauer, setzen die Ernährung des Körpers im ganzen herab, verursachen, daß die Haare bleichen, das Fett schwindet und die Wandungen der Blutgefäße krankhaft verändert werden. Umgekehrt sieht man unter dem Einfluß freudiger Erregungen, des »Glückes«, den ganzen Körper aufblühen und die Person manche Kennzeichen der Jugend wiedergewinnen. Die großen Affekte haben offenbar viel mit der Widerstandsfähigkeit gegen Erkrankung an Ansteckungen zu tun; es ist ein gutes Beispiel davon, wenn ärztliche Beobachter angeben, daß die Geneigtheit zu den Lagererkrankungen und zur Ruhr (Dysenterie) bei den Angehörigen einer geschlagenen Armee sehr viel bedeutender ist als unter den Siegern. Die Affekte, und zwar fast ausschließlich die depressiven, werden aber auch häufig genug selbst zu Krankheitsursachen sowohl für Krankheiten des Nervensystems mit anatomisch nachweisbaren Veränderungen als auch für Krankheiten anderer Organe, wobei man anzunehmen hat, daß die betreffende Person eine bis dahin unwirksame Eignung zu dieser Krankheit schon vorher besessen hat.

Bereits ausgebildete Krankheitszustände können durch stürmische Affekte sehr erheblich beeinflußt werden, meistens im Sinne einer Verschlechterung, aber es fehlt auch nicht an Beispielen dafür, daß ein großer Schreck, ein plötzlicher Kummer durch eine eigentümliche Umstimmung des Organismus einen gut begründeten Krankheitszustand heilsam beeinflußt oder selbst aufgehoben hat. Daß endlich die Dauer des Lebens durch depressive Affekte erheblich abgekürzt werden kann, sowie daß ein heftiger Schreck, eine brennende *»Kränkung«* oder Beschämung dem Leben ein plötzliches Ende setzen kann, unterliegt keinem Zweifel; merkwürdigerweise wird letztere Wirkung auch mitunter als Folge einer unerwarteten großen Freude beobachtet.

Die Affekte im engeren Sinne sind durch eine ganz besondere Beziehung zu den körperlichen Vorgängen ausgezeichnet, aber strenggenommen sind alle Seelenzustände, auch diejenigen, welche wir als »Denkvorgänge« zu betrachten gewohnt sind, in gewissem Maße *»affektiv«*, und kein einziger von ihnen entbehrt der körperlichen Äußerungen und der Fähigkeit, körperliche Vorgänge zu verändern. Selbst beim ruhigen Denken in »Vorstellungen« werden dem Inhalt dieser Vorstellungen entsprechend beständig Erregungen zu den glatten und gestreiften Muskeln abgeleitet, welche durch geeignete Verstärkung deutlich gemacht werden können und die Erklärung für manche auffällige, ja vermeintlich »übernatürliche« Erscheinungen geben. So z. B. erklärt sich das sogenannte *»Gedankenerraten«* durch die kleinen, unwillkürlichen Muskelbewegungen, die das »Medium« ausführt, wenn man mit ihm Versuche anstellt, etwa sich von ihm leiten läßt, um einen versteckten Gegenstand aufzufinden. Die ganze Erscheinung verdient eher den Namen eines *Gedankenverraten*.

Die Vorgänge des Willens und der Aufmerksamkeit sind gleichfalls imstande, die leiblichen Vorgänge tief zu beeinflussen und bei körperlichen Krankheiten als Förderer oder als Hemmungen eine große Rolle zu spielen. Ein großer englischer Arzt hat von sich berichtet, daß es ihm gelingt, an jeder Körperstelle, auf die er seine Aufmerksamkeit lenken will, mannigfache Empfindungen und Schmerzen hervorzurufen, und die Mehrzahl der Menschen scheint sich ähnlich wie er zu verhalten. Bei der Beurteilung von Schmerzen, die man sonst zu den körperlichen Erscheinungen rechnet, ist überhaupt deren überaus deutliche Abhängigkeit von seelischen Bedingungen in Betracht zu ziehen. Die Laien, welche solche seelische Einflüsse gerne unter dem Namen der »Einbildung« zusammenfassen, pflegen vor Schmerzen infolge von Einbildung im Gegensatz zu den durch Verletzung, Krankheit oder Entzündung verursachten wenig Respekt zu haben. Aber das ist ein offenbares Unrecht; mag die Ursache von Schmerzen welche immer sein, auch die Einbildung, die Schmerzen selbst sind darum nicht weniger wirklich und nicht weniger heftig.

Wie Schmerzen durch Zuwendung der Aufmerksamkeit erzeugt oder gesteigert werden, so schwinden sie auch bei Ablenkung der Aufmerksamkeit. Bei jedem Kind kann man diese Erfahrung zur Beschwichtigung verwerten; der erwachsene Krieger verspürt den Schmerz der Verletzung nicht im fieberhaften Eifer des Kampfes; der Märtyrer wird sehr wahrscheinlich in der Überhitzung seines religiösen Gefühls, in der Hinwendung all seiner Gedanken auf den ihm winkenden himmlischen Lohn vollkommen unempfindlich gegen den Schmerz seiner Qualen. Der Einfluß des Willens auf Krankheitsvorgänge des Körpers ist weniger leicht durch Beispiele zu belegen, es ist aber sehr wohl möglich, daß der Vorsatz, gesund zu werden, oder der Wille, zu sterben, selbst für den Ausgang schwerer und zweifelhafter Erkrankungsfälle nicht ohne Bedeutung ist.

Den größten Anspruch an unser Interesse hat der seelische Zustand der *Erwartung,* mittels dessen eine Reihe der wirksamsten seelischen Kräfte für Erkrankung und Genesung von körperlichen Leiden rege gemacht werden können. Die *ängstliche* Erwartung ist gewiß nichts Gleichgültiges für den Erfolg; es wäre wichtig, mit Sicherheit zu wissen, ob sie so viel für das Krankwerden leistet, als man ihr zutraut, ob es z. B. auf Wahrheit beruht, daß während der Herrschaft einer Epidemie diejenigen am ehesten gefährdet sind, die zu erkranken fürchten. Der gegenteilige Zustand, die hoffnungsvolle und *gläubige Erwartung,* ist eine wirkende Kraft, mit der wir strenggenommen bei allen unseren Behandlungs- und Heilungsversuchen zu rechnen haben. Wir könnten uns sonst die Eigentümlichkeiten der Wirkungen, die wir an den Medikamenten und Heileingriffen beobachten, nicht erklären. Am greifbarsten wird aber der Einfluß der *gläubigen Erwartung* bei den sogenannten Wunderheilungen, die sich noch heute unter unseren Augen ohne Mitwirkung ärztlicher Kunst vollziehen. Die richtigen Wunderheilungen erfolgen bei Gläubigen unter dem Einfluß von Veranstaltungen, welche geeignet sind, die religiösen Gefühle zu steigern, also an Orten, wo ein wundertätiges Gnadenbild verehrt wird, wo eine heilige oder göttliche Person sich den Menschenkindern gezeigt und ihnen Linderung als Entgelt für Anbetung versprochen hat, oder wo die Reliquien eines Heiligen als Schatz aufbewahrt werden. Es scheint dem religiösen Glauben allein nicht leicht zu werden, auf dem Wege der Erwartung die Krankheit zu verdrängen, denn bei den Wunderheilungen sind meist noch andere Veranstaltungen mit im Spiele. Die Zeiten, zu denen man die göttliche Gnade sucht, müssen durch besondere Beziehungen ausgezeichnet sein; körperliche Mühsal, die sich der Kranke auferlegt, die Beschwerden und Opfer der Pilgerfahrt müssen ihn für diese Gnade besonders würdigen.

Es wäre bequem, aber sehr unrichtig, wenn man diesen Wunderheilungen einfach den Glauben verweigern und die Berichte über sie durch Zusammentreffen von frommem Betrug und ungenauer Beobachtung aufklären wollte. So oft dieser Erklärungsversuch auch recht haben mag, er hat doch nicht die Kraft, die Tatsache der Wunderheilungen überhaupt wegzuräumen. Diese kommen wirklich vor, haben sich zu allen Zeiten ereignet und betreffen nicht nur Leiden seelischer Herkunft, die also ihre Gründe in der »Einbildung« haben, auf welche gerade die Umstände der Wallfahrt besonders wirken können, sondern auch »organisch« begründete Krankheitszustände, die vorher allen ärztlichen Bemühungen widerstanden hatten.

Doch liegt keine Nötigung vor, zur Erklärung der Wunderheilungen andere als seelische Mächte heranzuziehen. Wirkungen, die für unsere Erkenntnis als unbegreiflich gelten könnten, kommen auch unter solchen Bedingungen nicht zum Vorschein. Es geht alles natürlich zu; ja die Macht der religiösen Gläubigkeit erfährt hier eine Verstärkung durch mehrere echt menschliche Triebkräfte. Der fromme Glaube des einzelnen wird durch die Begeisterung der Menschenmenge gesteigert, in deren Mitte er sich dem heiligen Ort zu nähern pflegt. Durch solche Massenwirkung können alle seelischen Regungen des einzelnen Menschen ins Maßlose gehoben werden. Wo ein einzelner die Heilung am Gnadenorte sucht, da ist es der Ruf, das Ansehen des Ortes, welche den Einfluß der Menschenmenge ersetzt, da kommt also doch wieder nur die Macht der Menge zur Wirkung. Dieser Einfluß macht sich auch noch auf anderem Wege geltend. Da es bekannt ist, daß die göttliche Gnade sich stets nur einigen wenigen unter den vielen um sie Werbenden zuwendet, möchte jeder unter diesen Ausgezeichneten und Ausgewählten sein; der in jedem einzelnen schlummernde Ehrgeiz kommt der frommen Gläubigkeit zu Hilfe. Wo so viel starke Kräfte zusammenwirken, dürfen wir uns nicht wundern, wenn gelegentlich das Ziel wirklich erreicht wird.

Auch die religiös Ungläubigen brauchen auf Wunderheilungen nicht zu verzichten. Das Ansehen und die Massenwirkung ersetzen ihnen vollauf den religiösen Glauben. Es gibt jederzeit Modekuren und Modeärzte, die besonders die vornehme Gesellschaft beherrschen, in welcher das Bestreben, es einander zuvorzutun und es den Vornehmsten gleichzutun, die mächtigsten seelischen Triebkräfte darstellen. Solche Modekuren entfalten Heilwirkungen, die nicht in ihrem Machtbereich gelegen sind, und die nämlichen Mittel leisten in der Hand des Modearztes, der etwa als der Helfer einer hervorragenden Persönlichkeit bekannt geworden ist, weit mehr, als sie anderen Ärzten leisten können. So gibt es menschliche Wundertäter ebenso wie göttliche; nur nützen sich diese von der Gunst der Mode und der Nachahmung zu Ansehen erhobenen Menschen rasch ab, wie es der Natur der für sie wirkenden Mächte entspricht.

Die begreifliche Unzufriedenheit mit der oft unzulänglichen Hilfe der ärztlichen Kunst, vielleicht auch die innere Auflehnung gegen den Zwang des wissenschaftlichen Denkens, welcher dem Menschen die Unerbittlichkeit der Natur widerspiegelt, haben zu allen Zeiten und in unseren Tagen von neuem eine merkwürdige Bedingung für die Heilkraft von Personen und Mitteln geschaffen. Die gläubige Erwartung will sich nur herstellen, wenn der Helfer kein Arzt ist und sich rühmen kann, von der wissenschaftlichen Begründung der Heilkunst nichts zu verstehen, wenn das Mittel nicht durch genaue Prüfung erprobt, sondern etwa durch eine volkstümliche Vorliebe empfohlen ist. Daher die Überfülle von Naturheilkünsten und Naturheilkünstlern, die auch jetzt wieder den Ärzten die Ausübung ihres Berufes streitig machen, und von denen wir wenigstens mit einiger Sicherheit aussagen können, daß sie den Heilung Suchenden weit öfters schaden als nützen. Haben wir hier Grund, auf die gläubige Erwartung der Kranken zu schelten, so dürfen wir doch nicht so undankbar sein, zu vergessen, daß die nämliche Macht unausgesetzt auch unsere eigenen ärztlichen Bemühungen unterstützt. Die Wirkung wahrscheinlich eines jeden Mittels, das der Arzt verordnet, eines jeden Eingriffes, den er vornimmt, setzt sich aus zwei Anteilen zusammen. Den einen, der bald größer, bald kleiner, niemals ganz zu vernachlässigen ist, stellt das seelische Verhalten des Kranken bei. Die gläubige Erwartung, mit welcher er dem unmittelbaren Einfluß der ärztlichen Maßregel entgegenkommt, hängt einerseits von der Größe seines eigenen Strebens nach Genesung ab, anderseits von seinem Zutrauen, daß er die richtigen Schritte dazu getan, also von seiner Achtung vor der ärztlichen Kunst überhaupt, ferner von der Macht, die er der Person seines Arztes zugesteht, und selbst von der rein menschlichen Zuneigung, welche der Arzt in ihm erweckt hat. Es gibt Ärzte, denen die Fähigkeit, das Zutrauen der Kranken zu gewinnen, in höherem Grade eignet als anderen; der Kranke verspürt die Erleichterung dann oft bereits, wenn er den Arzt in sein Zimmer kommen sieht.

Die Ärzte haben von jeher, in alten Zeiten noch viel ausgiebiger als heute, Seelenbehandlung ausgeübt. Wenn wir unter Seelenbehandlung verstehen die Bemühung, beim Kranken die der Heilung günstigsten seelischen Zustände und Bedingungen hervorzurufen, so ist diese Art ärztlicher Behandlung die geschichtlich älteste. Den alten Völkern stand kaum etwas anderes als psychische Behandlung zu Gebote; sie versäumten auch nie, die Wirkung von Heiltränken und Heilmaßnahmen durch eindringliche Seelenbehandlung zu unterstützen. Die bekannten Anwendungen von Zauberformeln, die Reinigungsbäder, die Hervorlockung von Orakelträumen durch den Schlaf im Tempelraum u. a. können nur auf seelischem Wege heilend gewirkt haben. Die Persönlichkeit des Arztes selbst schuf sich ein Ansehen, das sich direkt von der göttlichen Macht ableitete, da die Heilkunst in ihren Anfängen in den Händen der Priester war. So war die Person des Arztes damals wie heute einer der Hauptumstände zur Erzielung des für die Heilung günstigen Seelenzustandes beim Kranken.

Wir beginnen nun auch den »Zauber« des Wortes zu verstehen. Worte sind ja die wichtigsten Vermittler für den Einfluß, den ein Mensch auf den anderen ausüben will; Worte sind gute Mittel, um seelische Veränderungen bei dem hervorzurufen, an den sie gerichtet werden, und darum klingt es nicht länger rätselhaft, wenn behauptet wird, daß der Zauber des Wortes Krankheitserscheinungen beseitigen kann, zumal solche, die selbst in seelischen Zuständen begründet sind.

Allen seelischen Einflüssen, welche sich als wirksam zur Beseitigung von Krankheiten erwiesen haben, haftet etwas Unberechenbares an. Affekte, Zuwendung des Willens, Ablenkung der Aufmerksamkeit, gläubige Erwartung, alle diese Mächte, welche gelegentlich die Erkrankung aufheben, versäumen in anderen Fällen, dies zu leisten, ohne daß man die Natur der Krankheit für den verschiedenen Erfolg verantwortlich machen könnte. Es ist offenbar die Selbstherrlichkeit der seelisch so verschiedenen Persönlichkeiten, welche der Regelmäßigkeit des Heilerfolges im Wege steht. Seitdem nun die Ärzte die Bedeutung des seelischen Zustandes für die Heilung klar erkannt haben, ist ihnen der Versuch nahegelegt, es nicht mehr dem Kranken zu überlassen, welcher Betrag von seelischem Entgegenkommen sich in ihm herstellen mag, sondern den günstigen Seelenzustand zielbewußt mit geeigneten Mitteln zu erzwingen. Mit dieser Bemühung nimmt die moderne *Seelenbehandlung* ihren Anfang.

Es ergeben sich so eine ganze Anzahl von Behandlungsweisen, einzelne von ihnen selbstverständlich, andere erst nach verwickelten Voraussetzungen dem Verständnis zugänglich. Selbstverständlich ist es etwa, daß der Arzt, der heute nicht mehr als Priester oder als Besitzer geheimer Wissenschaft Bewunderung einflößen kann, seine Persönlichkeit so hält, daß er das Zutrauen und ein Stück der Neigung seines Kranken erwerben kann. Es dient dann einer zweckmäßigen Verteilung, wenn ihm solcher Erfolg nur bei einer beschränkten Anzahl von Kranken gelingt, während andere durch ihren Bildungsgrad und ihre Zuneigung zu anderen ärztlichen Personen hingezogen werden. *Mit der Aufhebung der freien Ärztewahl aber wird eine wichtige Bedingung für die seelische Beeinflussung der Kranken vernichtet.*

Eine ganze Reihe sehr wirksamer seelischer Mittel muß sich der Arzt entgehen lassen. Er hat entweder nicht die Macht oder er darf sich das Recht nicht anmaßen, sie anzuwenden. Dies gilt vor allem für die Hervorrufung starker Affekte, also für die wichtigsten Mittel, mit denen das Seelische aufs Körperliche wirkt. Das Schicksal heilt Krankheiten oft durch große freudige Erregungen, durch Befriedigung von Bedürfnissen, Erfüllung von Wünschen; damit kann der Arzt, der außerhalb seiner Kunst oft selbst ein Ohnmächtiger ist, nicht wetteifern. Furcht und Schrecken zu Heilzwecken zu erzeugen, wird etwa eher in seiner Macht stehen, aber er wird sich außer bei Kindern sehr bedenken müssen, zu solchen zweischneidigen Maßregeln zu greifen. Anderseits schließen sich alle Beziehungen zum Kranken, die mit zärtlichen Gefühlen verknüpft sind, für den Arzt wegen der Lebensbedeutung dieser Seelenlagen aus. Und somit erschiene seine Machtfülle zur seelischen Veränderung seiner Kranken von vornherein so sehr eingeschränkt, daß die absichtlich betriebene Seelenbehandlung keinen Vorteil gegen die frühere Art verspräche.

Der Arzt kann etwa Willenstätigkeit und Aufmerksamkeit des Kranken zu lenken versuchen und hat bei verschiedenen Krankheitszuständen guten Anlaß dazu. Wenn er den, der sich gelähmt glaubt, beharrlich dazu nötigt, die Bewegungen auszuführen, die der Kranke angeblich nicht kann, oder bei dem Ängstlichen, der wegen einer sicherlich nicht vorhandenen Krankheit untersucht zu werden verlangt, die Untersuchung verweigert, wird er die richtige Behandlung eingeschlagen haben; aber diese vereinzelten Gelegenheiten geben kaum ein Recht, die Seelenbehandlung als ein besonderes Heilverfahren aufzustellen. Dagegen hat sich dem Arzt auf einem eigentümlichen und nicht vorherzusehenden Wege die Möglichkeit geboten, einen tiefen, wenn auch vorübergehenden Einfluß auf das Seelenleben seiner Kranken zu nehmen und diesen zu Heilzwecken auszunützen.

Es ist seit langer Zeit bekannt gewesen, aber erst in den letzten Jahrzehnten über jede Anzweiflung erhoben worden, daß es möglich ist, Menschen durch gewisse sanfte Einwirkungen in einen ganz eigentümlichen seelischen Zustand zu versetzen, der mit dem Schlaf viel Ähnlichkeit hat und darum als *Hypnose* bezeichnet wird. Die Verfahren zur Herbeiführung der Hypnose haben auf den ersten Blick nicht viel untereinander gemein. Man kann hypnotisieren, indem man einen glänzenden Gegenstand durch einige Minuten unverwandt ins Auge fassen läßt, oder indem man eine Taschenuhr durch dieselbe Zeit an das Ohr der Versuchsperson hält, oder dadurch, daß man wiederholt über Gesicht und Glieder derselben mit seinen eigenen, flach gehaltenen Händen aus geringer Entfernung streicht. Man kann aber dasselbe erreichen, wenn man der Person, die man hypnotisieren will, das Eintreten des hypnotischen Zustandes und seiner Besonderheiten mit ruhiger Sicherheit ankündigt, ihr die Hypnose also »einredet«. Man kann auch beide Verfahren miteinander verbinden. Man läßt etwa die Person Platz nehmen, hält ihr einen Finger vor die Augen, trägt ihr auf, denselben starr anzusehen, und sagt ihr dann: Sie fühlen sich müde. Ihre Augen fallen schon zu, Sie können sie nicht offenhalten. Ihre Glieder sind schwer, Sie können sich nicht mehr rühren. Sie schlafen ein usw. Man merkt doch, daß diesen Verfahren allen eine Fesselung der Aufmerksamkeit gemeinsam ist; bei den erstangeführten handelt es sich um Ermüdung der Aufmerksamkeit durch schwache und gleichmäßige Sinnesreize. Wie es zugeht, daß das bloße Einreden genau den nämlichen Zustand hervorruft wie die anderen Verfahren, das ist noch nicht befriedigend aufgeklärt. Geübte Hypnotiseure geben an, daß man auf solche Weise bei etwa 80 Prozent der Versuchspersonen eine deutliche hypnotische Veränderung erzielt. Man hat aber keine Anzeichen, aus denen man im vorhinein erraten könnte, welche Personen hypnotisierbar sind und welche nicht. Ein Krankheitszustand gehört keineswegs zu den Bedingungen der Hypnose, normale Menschen sollen sich besonders leicht hypnotisieren lassen, und von den Nervösen ist ein Teil sehr schwer hypnotisierbar, während Geisteskranke ganz und gar widerspenstig sind. Der hypnotische Zustand hat sehr verschiedene Abstufungen; in seinem leichtesten Grade verspürt der Hypnotisierte nur etwas wie eine geringe Betäubung, der höchste und durch besondere

Merkwürdigkeiten ausgezeichnete Grad wird *Somnambulismus* genannt wegen seiner Ähnlichkeit mit dem als natürliche Erscheinung beobachteten *Schlafwandeln*. Die Hypnose ist aber keineswegs ein Schlaf wie unser nächtliches Schlafen oder wie der künstliche durch Schlafmittel erzeugte. Es treten Veränderungen in ihr auf, und es zeigen sich seelische Leistungen bei ihr erhalten, die dem normalen Schlafe fehlen.

Manche Erscheinungen der Hypnose, z. B. die Veränderungen der Muskeltätigkeit, haben nur wissenschaftliches Interesse. Das bedeutsamste aber und das für uns wichtigste Zeichen der Hypnose liegt in dem Benehmen des Hypnotisierten gegen seinen Hypnotiseur. Während der Hypnotisierte sich gegen die Außenwelt sonst verhält wie ein Schlafender, also sich mit all seinen Sinnen von ihr abgewendet hat, ist er *wach* für die Person, die ihn in Hypnose versetzt hat, hört und sieht nur diese, versteht sie und gibt ihr Antwort. Diese Erscheinung, die man den *Rapport* in der Hypnose heißt, findet ein Gegenstück in der Art, wie manche Menschen, z. B. die Mutter, die ihr Kind nährt, schlafen. Sie ist so auffällig, daß sie uns das Verständnis des Verhältnisses zwischen Hypnotisiertem und Hypnotiseur vermitteln sollte.

Daß sich die Welt des Hypnotisierten sozusagen auf den Hypnotiseur einschränkt, ist aber nicht das einzige. Es kommt dazu, daß der erstere vollkommen gefügig gegen den letzteren wird, *gehorsam und gläubig,* und zwar bei tiefer Hypnose in fast schrankenloser Weise. Und in der Ausführung dieses Gehorsams und dieser Gläubigkeit zeigt es sich nun als Charakter des hypnotischen Zustandes, daß der Einfluß des Seelenlebens auf das Körperliche beim Hypnotisierten außerordentlich erhöht ist. Wenn der Hypnotiseur sagt: Sie können Ihren Arm nicht bewegen, so fällt der Arm wie unbeweglich herab; der Hypnotisierte strengt offenbar alle seine Kraft an und kann ihn nicht bewegen. Wenn der Hypnotiseur sagt: Ihr Arm bewegt sich von selbst, Sie können ihn nicht aufhalten, so bewegt sich dieser Arm, und man sieht den Hypnotisierten vergebliche Anstrengungen machen, ihn ruhig zu stellen. Die Vorstellung, die der Hypnotiseur dem Hypnotisierten durch das Wort gegeben hat, hat genau jenes seelisch-körperliche Verhalten bei ihm hervorgerufen, das ihrem Inhalt entspricht. Darin liegt einerseits Gehorsam, anderseits aber Steigerung des körperlichen Einflusses einer Idee. Das Wort ist hier wirklich wieder zum Zauber geworden.

Dasselbe auf dem Gebiete der Sinneswahrnehmungen. Der Hypnotiseur sagt: Sie sehen eine Schlange, Sie riechen eine Rose, Sie hören die schönste Musik, und der Hypnotisierte sieht, riecht, hört, wie die ihm eingegebene Vorstellung es von ihm verlangt. Woher weiß man, daß der Hypnotisierte diese Wahrnehmungen wirklich hat? Man könnte meinen, er stelle sich nur so an; aber es ist doch kein Grund, daran zu zweifeln, denn er benimmt sich ganz so, als ob er sie wirklich hätte, äußert alle dazugehörigen Affekte, kann auch unter Umständen nach der Hypnose von seinen eingebildeten Wahrnehmungen und Erlebnissen berichten. Man merkt dann, daß er gesehen und gehört hat, wie wir im Traum sehen und hören, d. h. er hat *halluziniert*. Er ist offenbar so sehr gläubig gegen den Hypnotiseur, daß er *überzeugt* ist, eine Schlange müsse zu sehen sein, wenn der Hypnotiseur sie ihm ankündigt, und diese Überzeugung wirkt so stark auf das Körperliche, daß er die Schlange wirklich sieht, wie es übrigens gelegentlich auch bei nicht hypnotisierten Personen geschehen war.

Nebenbei bemerkt, eine solche Gläubigkeit, wie sie der Hypnotisierte für seinen Hypnotiseur bereit hat, findet sich außer der Hypnose im wirklichen Leben nur *beim Kinde gegen die geliebten Eltern,* und eine derartige Einstellung des eigenen Seelenlebens auf das einer anderen Person mit ähnlicher Unterwerfung hat ein einziges, aber dann vollwertiges Gegenstück in manchen *Liebesverhältnissen* mit voller Hingebung. Das Zusammentreffen von Alleinschätzung und gläubigem Gehorsam gehört überhaupt zur Kennzeichnung des Liebens.

Über den hypnotischen Zustand ist noch einiges zu berichten. Die Rede des Hypnotiseurs, welche die beschriebenen zauberhaften Wirkungen äußert, heißt man die *Suggestion,* und man hat sich gewöhnt, diesen Namen auch dort anzuwenden, wo zunächst bloß die Absicht vorliegt, eine ähnliche Wirkung hervorzubringen. Wie Bewegung und Empfindung, gehorchen auch alle anderen Seelentätigkeiten des Hypnotisierten dieser Suggestion, während er aus eigenem Antriebe nichts zu unternehmen pflegt. Man kann den hypnotischen Gehorsam für eine Reihe von höchst merkwürdigen Versuchen ausnützen, die tiefe Einblicke in das seelische Getriebe gestatten und dem Zuschauer eine unvertilgbare Überzeugung von der nicht geahnten Macht des Seelischen über das Körperliche schaffen. Wie man den Hypnotisierten nötigen kann zu sehen, was nicht da ist, so kann man ihm auch verbieten, etwas, was da ist und sich seinen Sinnen aufdrängen will, z. B. eine bestimmte Person, zu sehen (die sogenannte negative Halluzination), und diese Person findet es dann unmöglich, sich dem Hypnotisierten durch irgendwelche Reizungen bemerklich zu machen; sie wird von ihm »wie Luft« behandelt. Man kann dem Hypnotisierten die Suggestion erteilen, eine gewisse Handlung erst eine bestimmte Zeit nach dem Aufwachen aus der Hypnose auszuführen (die posthypnotische Suggestion), und der Hypnotisierte hält die Zeit ein und führt mitten in seinem wachen Zustand die suggerierte Handlung aus, ohne einen Grund für sie angeben zu können. Fragt man ihn dann, warum er dies jetzt getan hat, so beruft er sich entweder auf einen dunklen Drang, dem er nicht widerstehen konnte, oder er erfindet einen halbwegs einleuchtenden Vorwand, während er den wahren Grund, die ihm erteilte Suggestion, nicht erinnert.

Das Erwachen aus der Hypnose erfolgt mühelos durch das Machtwort des Hypnotiseurs: Wachen Sie auf. Bei den tiefsten Hypnosen fehlt dann die Erinnerung für alles, was während der Hypnose unter dem Einfluß des Hypnotiseurs erlebt wurde. Dieses Stück Seelenleben bleibt gleichsam abgesondert von dem sonstigen. Andere Hypnotisierte haben eine traumhafte Erinnerung, und noch andere erinnern sich zwar an alles, berichten aber, daß sie unter einem seelischen Zwang gestanden hatten, gegen den es keinen Widerstand gab.

Der wissenschaftliche Gewinn, den die Bekanntschaft mit den

hypnotischen Tatsachen Ärzten und Seelenforschern gebracht hat, kann nicht leicht überschätzt werden. Um nun aber die praktische Bedeutung der neuen Erkenntnisse zu würdigen, wolle man an Stelle des Hypnotiseurs den Arzt, an Stelle des Hypnotisierten den Kranken setzen. Scheint da die Hypnose nicht berufen, alle Bedürfnisse des Arztes, insofern er als »Seelenarzt« gegen den Kranken auftreten will, zu befriedigen? Die Hypnose schenkt dem Arzt eine Autorität, wie sie wahrscheinlich niemals ein Priester oder Wundermann besessen hat, indem sie alles seelische Interesse des Hypnotisierten auf die Person des Arztes vereinigt; sie schafft die Eigenmächtigkeit des Seelenlebens beim Kranken ab, in der wir das launenhafte Hemmnis für die Äußerung seelischer Einflüsse auf den Körper erkannt haben; sie stellt an und für sich eine Steigerung der Seelenherrschaft über das Körperliche her, die sonst nur unter den stärksten Affekteinwirkungen beobachtet wird, und durch die Möglichkeit, das in der Hypnose dem Kranken Eingegebene erst nachher im Normalzustand zum Vorschein kommen zu lassen (posthypnotische Suggestion), gibt sie dem Arzt die Mittel in die Hand, seine große Macht während der Hypnose zur Veränderung des Kranken im wachen Zustande zu verwenden. So ergäbe sich ein einfaches Muster für die Art der Heilung durch Seelenbehandlung. Der Arzt versetzt den Kranken in den Zustand der Hypnose, erteilt ihm die nach den jeweiligen Umständen abgeänderte Suggestion, daß er nicht krank ist, daß er nach dem Erwachen von seinen Leidenszeichen nichts verspüren wird, weckt ihn dann auf und darf sich der Erwartung hingeben, daß die Suggestion ihre Schuldigkeit gegen die Krankheit getan hat. Dieses Verfahren wäre etwa, wenn eine einzige Anwendung nicht genug genützt hat, die nötige Anzahl von Malen zu wiederholen.

Ein einziges Bedenken könnte Arzt und Patienten von der Anwendung selbst eines so vielversprechenden Heilverfahrens abhalten. Wenn sich nämlich ergeben sollte, daß die Versetzung in Hypnose ihren Nutzen durch einen Schaden auf anderer Seite wettmacht, z. B. eine dauernde Störung oder Schwächung im Seelenleben des Hypnotisierten hinterläßt.

Die bisher gemachten Erfahrungen reichen nun bereits aus, um dieses Bedenken zu beseitigen; einzelne Hypnotisierungen sind völlig harmlos, selbst häufig wiederholte Hypnosen im ganzen unschädlich. Nur eines ist hervorzuheben: wo die Verhältnisse eine fortdauernde Anwendung der Hypnose notwendig machen, da stellt sich eine Gewöhnung an die Hypnose und eine Abhängigkeit vom hypnotisierenden Arzt her, die nicht in der Absicht des Heilverfahrens gelegen sein kann.

Die hypnotische Behandlung bedeutet nun wirklich eine große Erweiterung des ärztlichen Machtbereiches und somit einen Fortschritt der Heilkunst. Man kann jedem Leidenden den Rat geben, sich ihr anzuvertrauen, wenn sie von einem kundigen und vertrauenswürdigen Arzte ausgeübt wird. Aber man sollte sich der Hypnose in anderer Weise bedienen, als es heute zumeist geschieht. Gewöhnlich greift man zu dieser Behandlungsart erst, wenn alle anderen Mittel im Stiche gelassen haben, der Leidende bereits verzagt und unmutig geworden ist. Dann verläßt man seinen Arzt, der nicht hypnotisieren kann oder es nicht ausübt, und wendet sich an einen fremden Arzt, der meist nichts anderes übt und nichts anderes kann als hypnotisieren. Beides ist unvorteilhaft für den Kranken. Der Hausarzt sollte selbst mit der hypnotischen Heilmethode vertraut sein und diese von Anfang an anwenden, wenn er den Fall und die Person dafür geeignet hält. Die Hypnose sollte dort, wo sie überhaupt brauchbar ist, gleichwertig neben den anderen Heilverfahren stehen, nicht eine letzte Zuflucht oder gar einen Abfall von der Wissenschaftlichkeit zur Kurpfuscherei bedeuten. Brauchbar aber ist das hypnotische Heilverfahren nicht nur bei allen nervösen Zuständen und den durch »Einbildung« entstandenen Störungen, sowie zur Entwöhnung von krankhaften Gewohnheiten (Trunksucht, Morphinsucht, geschlechtliche Verirrungen), sondern auch bei vielen Organkrankheiten, selbst entzündlichen, wo man die Aussicht hat, bei Fortbestand des Grundleidens die den Kranken zunächst belästigenden Zeichen desselben, wie die Schmerzen, Bewegungshemmung u. dgl. zu beseitigen. Die Auswahl der Fälle für die Verwendung des hypnotischen Verfahrens ist durchwegs von der Entscheidung des Arztes abhängig.

Nun ist es aber an der Zeit, den Eindruck zu zerstreuen, als wäre mit dem Hilfsmittel der Hypnose für den Arzt eine Zeit bequemer Wundertäterei angebrochen. Es sind noch mannigfache Umstände in Betracht zu ziehen, die geeignet sind, unsere Ansprüche an das hypnotische Heilverfahren erheblich herabzusetzen und die beim Kranken etwa rege gewordenen Hoffnungen auf ihr berechtigtes Maß zurückzuführen. Vor allem stellt sich die eine Grundvoraussetzung als unhaltbar heraus, daß es gelungen wäre, durch die Hypnose den Kranken die störende Eigenmächtigkeit in ihrem seelischen Verhalten zu benehmen. Sie bewahren dieselbe und beweisen sie bereits in ihrer Stellungnahme gegen den Versuch, sie zu hypnotisieren. Wenn oben gesagt wurde, daß etwa 80 Prozent der Menschen hypnotisierbar sind, so ist diese große Zahl nur dadurch zustande gekommen, daß man alle Fälle, die irgendeine Spur von Beeinflussung zeigen, zu den positiven Fällen gerechnet hat. Wirklich tiefe Hypnosen mit vollkommener Gefügigkeit, wie man sie bei der Beschreibung zum Muster wählt, sind eigentlich selten, jedenfalls nicht so häufig, wie es im Interesse der Heilung erwünscht wäre. Man kann den Eindruck dieser Tatsache wieder abschwächen, indem man hervorhebt, daß die Tiefe der Hypnose und die Gefügigkeit gegen die Suggestionen nicht gleichen Schritt miteinander halten, so daß man oft bei leichter hypnotischer Betäubung doch gute Wirkung der Suggestion beobachten kann. Aber auch, wenn man die hypnotische Gefügigkeit als das Wesentlichere des Zustandes selbständig nimmt, muß man zugestehen, daß die einzelnen Menschen ihre Eigenart darin zeigen, daß sie sich nur bis zu einem bestimmten Grad von Gefügigkeit beeinflussen lassen, bei dem sie dann haltmachen. Die einzelnen Personen zeigen also sehr verschiedene Grade von Brauchbarkeit für das hypnotische Heilverfahren. Gelänge es, Mittel aufzufinden, durch welche man alle diese besonderen Stufen des hypnotischen Zustandes bis zur vollkommenen Hypnose steigern könnte, so wäre die Eigenart der Kranken wieder aufgehoben, das

Ideal der Seelenbehandlung verwirklicht. Aber dieser Fortschritt ist bisher nicht geglückt; es hängt noch immer weit mehr vom Kranken als vom Arzt ab, welcher Grad von Gefügigkeit sich der Suggestion zur Verfügung stellen wird, d. h. es liegt wiederum im Belieben des Kranken.

Noch bedeutsamer ist ein anderer Gesichtspunkt. Wenn man die höchst merkwürdigen Erfolge der Suggestion im hypnotischen Zustand schildert, vergißt man gerne daran, daß es sich hierbei wie bei allen seelischen Wirkungen auch um Größen- oder Stärkenverhältnisse handelt. Wenn man einen gesunden Menschen in tiefe Hypnose versetzt hat und ihm nun aufträgt, in eine Kartoffel zu beißen, die man ihm als Birne vorstellt, oder ihm einredet, er sehe einen Bekannten, den er grüßen müsse, so wird man leicht volle Gefügigkeit sehen, weil kein ernster Grund beim Hypnotisieren vorhanden ist, welcher sich gegen die Suggestion sträuben könnte. Aber schon bei anderen Aufträgen, wenn man z. B. von einem sonst schamhaften Mädchen verlangt, sich zu entblößen, oder von einem ehrlichen Mann, sich einen wertvollen Gegenstand durch Diebstahl anzueignen, kann man einen Widerstand bei dem Hypnotisierten bemerken, der selbst so weit gehen kann, daß er der Suggestion den Gehorsam verweigert. Man lernt daraus, daß in der besten Hypnose die Suggestion nicht eine unbegrenzte Macht ausübt, sondern nur eine Macht von bestimmter Stärke. Kleine Opfer bringt der Hypnotisierte, mit großen hält er, ganz wie im Wachen, zurück. Hat man es nun mit einem Kranken zu tun, und drängt ihn durch die Suggestion zum Verzicht auf die Krankheit, so merkt man, daß dies für ihn ein großes und nicht ein kleines Opfer bedeutet. Die Macht der Suggestion mißt sich zwar auch dann mit der Kraft, welche die Krankheitserscheinungen geschaffen hat und sie festhält, aber die Erfahrung zeigt, daß letztere von einer ganz anderen Größenordnung ist als der hypnotische Einfluß. Derselbe Kranke, der sich in jede — nicht gerade anstößige — Traumlage, die man ihm eingibt, voll gefügig hineinfindet, kann vollkommen widerspenstig gegen die Suggestion bleiben, welche ihm etwa seine eingebildete Lähmung abspricht. Dazu kommt noch in der

Praxis, daß gerade nervöse Kranke meist schlecht hypnotisierbar sind, so daß nicht der volle hypnotische Einfluß, sondern nur ein Bruchteil desselben den Kampf gegen die starken Kräfte aufzunehmen hat, mit denen die Krankheit im Seelenleben verankert ist.

Der Suggestion ist also nicht von vornherein der Sieg über die Krankheit sicher, wenn einmal die Hypnose und selbst eine tiefe Hypnose gelungen ist. Es bedarf dann noch immer eines Kampfes, und der Ausgang ist sehr häufig ungewiß. Gegen ernstliche Störungen seelischer Herkunft richtet man daher mit einmaliger Hypnose nichts aus. Mit der Wiederholung der Hypnose fällt aber der Eindruck des Wunders, auf das sich der Kranke vielleicht gefaßt gemacht hat. Man kann es dann erzielen, daß bei wiederholten Hypnosen die anfänglich mangelnde Beeinflussung der Krankheit immer deutlicher wird, bis sich ein befriedigender Erfolg herstellt. Aber eine solche hypnotische Behandlung kann ebenso mühselig und zeitraubend verlaufen wie nur irgendeine andere.

Eine andere Art, wie sich die relative Schwäche der Suggestion im Vergleich mit dem zu bekämpfenden Leiden verrät, ist die, daß die Suggestion zwar die Aufhebung der Krankheitserscheinungen zustande bringt, aber nur für kurze Zeit. Nach Ablauf dieser Zeit sind die Leidenszeichen wieder da und müssen durch neuerliche Hypnose mit Suggestion wieder vertrieben werden. Wiederholt sich dieser Ablauf oft genug, so erschöpft er gewöhnlich die Geduld des Kranken wie die des Arztes und hat das Aufgeben der hypnotischen Behandlung zur Folge. Auch sind dies die Fälle, in denen sich bei dem Kranken die Abhängigkeit vom Arzt und eine Art Sucht nach der Hypnose herzustellen pflegen.

Es ist gut, wenn der Kranke diese Mängel der hypnotischen Heilmethode und die Möglichkeiten der Enttäuschung bei ihrer Anwendung kennt. Die Heilkraft der hypnotischen Suggestion ist ja etwas Tatsächliches, sie bedarf der übertreibenden Anpreisung nicht. Anderseits ist es leicht verständlich, wenn die Ärzte, denen die hypnotische Seelenbehandlung soviel mehr versprochen hatte, als sie halten konnte, nicht müde werden, nach anderen Verfahren zu suchen, welche eine eingreifendere oder minder unberechenbare Einwirkung auf die Seele des Kranken ermöglichen. Man darf sich der sicheren Erwartung hingeben, daß die zielbewußte moderne Seelenbehandlung, welche ja eine ganz junge Wiederbelebung alter Heilmethoden darstellt, den Ärzten noch weit kräftigere Waffen zum Kampfe gegen die Krankheit in die Hände geben wird. Eine tiefere Einsicht in die Vorgänge des Seelenlebens, deren erste Anfänge gerade auf den hypnotischen Erfahrungen ruhen, wird Mittel und Wege dazu weisen.

Über Psychotherapie

Meine Herren! Es sind ungefähr acht Jahre her, seitdem ich über Aufforderung Ihres betrauerten Vorsitzenden Professor von Reder in Ihrem Kreise über das Thema der Hysterie sprechen durfte. Ich hatte kurz zuvor (1895) in Gemeinschaft mit Doktor Josef Breuer die »Studien über Hysterie« veröffentlicht und den Versuch unternommen, auf Grund der neuen Erkenntnis, welche wir diesem Forscher verdanken, eine neuartige Behandlungsweise der Neurose einzuführen. Erfreulicherweise, darf ich sagen, haben die Bemühungen unserer »Studien« Erfolg gehabt; die in ihnen vertretenen Ideen von der Wirkungsweise psychischer Traumen durch Zurückhaltung von Affekt und die Auffassung der hysterischen Symptome als Erfolge einer aus dem Seelischen ins Körperliche versetzten Erregung, Ideen, für welche wir die Termini »Abreagieren« und »Konversion« geschaffen hatten, sind heute allgemein bekannt und verstanden. Es gibt — wenigstens in deutschen Landen — keine Darstellung der Hysterie, die ihnen nicht bis zu einem gewissen Grade Rechnung tragen würde, und keinen Fachgenossen, der nicht zum mindesten ein Stück weit mit dieser Lehre ginge. Und doch mögen diese Sätze und diese Termini, solange sie noch frisch waren, befremdend genug geklungen haben!
Ich kann nicht dasselbe von dem therapeutischen Verfahren sagen, das gleichzeitig mit unserer Lehre den Fachgenossen vorgeschlagen wurde. Dasselbe kämpft noch heute um seine Anerkennung. Man mag spezielle Gründe dafür anrufen. Die Technik des Verfahrens war damals noch unausgebildet; ich vermochte es nicht, dem ärztlichen Leser des Buches jene Anweisungen zu geben, welche ihn befähigt hätten, eine derartige Behandlung vollständig durchzuführen. Aber gewiß wirken auch Gründe allgemeiner Natur mit. Vielen Ärzten erscheint noch heute die Psychotherapie als ein Pro-

dukt des modernen Mystizismus und im Vergleiche mit unseren physikalisch-chemischen Heilmitteln, deren Anwendung auf physiologische Einsichten gegründet ist, als geradezu unwissenschaftlich, des Interesses eines Naturforschers unwürdig. Gestatten Sie mir nun, vor Ihnen die Sache der Psychotherapie zu führen und hervorzuheben, was an dieser Verurteilung als Unrecht oder Irrtum bezeichnet werden kann.

Lassen Sie mich also fürs erste daran mahnen, daß die Psychotherapie kein modernes Heilverfahren ist. Im Gegenteil, sie ist die älteste Therapie, deren sich die Medizin bedient hat. In dem lehrreichen Werke von Löwenfeld (Lehrbuch der gesamten Psychotherapie) können Sie nachlesen, welche die Methoden der primitiven und der antiken Medizin waren. Sie werden dieselben zum größten Teil der Psychotherapie zuordnen müssen; man versetzte die Kranken zum Zwecke der Heilung in den Zustand der »gläubigen Erwartung«, der uns heute noch das nämliche leistet. Auch nachdem die Ärzte andere Heilmittel aufgefunden haben, sind psychotherapeutische Bestrebungen der einen oder der anderen Art in der Medizin niemals untergegangen.

Fürs zweite mache ich Sie darauf aufmerksam, daß wir Ärzte auf die Psychotherapie schon darum nicht verzichten können, weil eine andere, beim Heilungsvorgang sehr in Betracht kommende Partei – nämlich die Kranken – nicht die Absicht hat, auf sie zu verzichten. Sie wissen, welche Aufklärungen wir hierüber der Schule von Nancy (Liébault, Bernheim) verdanken. Ein von der psychischen Disposition der Kranken abhängiger Faktor tritt, ohne daß wir es beabsichtigen, zur Wirkung eines jeden vom Arzte eingeleiteten Heilverfahrens hinzu, meist im begünstigenden, oft auch im hemmenden Sinne. Wir haben für diese Tatsache das Wort »Suggestion« anzuwenden gelernt, und Moebius hat uns gelehrt, daß die Unverläßlichkeit, die wir an so manchen unserer Heilmethoden beklagen, gerade auf die störende Einwirkung dieses übermächtigen Moments zurückzuführen ist. Wir Ärzte, Sie alle, treiben also beständig Psychotherapie, auch wo Sie es nicht wissen und nicht beabsichtigen; nur hat es einen Nachteil, daß Sie den psychischen Faktor in Ihrer Einwirkung auf den Kranken so ganz dem Kranken überlassen. Er wird auf diese Weise unkontrollierbar, undosierbar, der Steigerung unfähig. Ist es dann nicht berechtigtes Streben des Arztes, sich dieses Faktors zu bemächtigen, sich seiner mit Absicht zu bedienen, ihn zu lenken und zu verstärken? Nichts anderes als dies ist es, was die wissenschaftliche Psychotherapie Ihnen zumutet.

Zu dritt, meine Herren Kollegen, will ich Sie auf die altbekannte Erfahrung verweisen, daß gewisse Leiden, und ganz besonders die Psychoneurosen, seelischen Einflüssen weit zugänglicher sind als jeder anderen Medikation. Es ist keine moderne Rede, sondern ein Ausspruch alter Ärzte, daß diese Krankheiten nicht das Medikament heilt, sondern der Arzt, das heißt wohl die Persönlichkeit des Arztes, insofern er psychischen Einfluß durch sie ausübt. Ich weiß wohl, meine Herren Kollegen, daß bei Ihnen jene Anschauung sehr beliebt ist, welcher der Ästhetiker Vischer in seiner Faustparodie (Faust, der Tragödie III. Teil) klassischen Ausdruck geliehen hat:

>Ich weiß, das Physikalische
Wirkt öfters aufs Moralische.«

Aber sollte es nicht adäquater sein und häufiger zutreffen, daß man aufs Moralische eines Menschen mit moralischen, das heißt psychischen Mitteln einwirken kann?

Es gibt viele Arten und Wege der Psychotherapie. Alle sind gut, die zum Ziel der Heilung führen. Unsere gewöhnliche Tröstung: Es wird schon wieder gut werden! mit der wir den Kranken gegenüber so freigebig sind, entspricht einer der psychotherapeutischen Methoden; nur sind wir bei tieferer Einsicht in das Wesen der Neurosen nicht genötigt gewesen, uns auf die Tröstung einzuschränken. Wir haben die Technik der hypnotischen Suggestion, der Psychotherapie durch Ablenkung, durch Übung, durch Hervorrufung zweckdienlicher Affekte entwickelt. Ich verachte keine derselben und würde sie alle unter geeigneten Bedingungen ausüben. Wenn ich mich in Wirklichkeit auf ein einziges Heilverfahren beschränkt habe, auf die von Breuer »*kathartisch*« genannte Methode, die ich lieber die »*analytische*« heiße, so sind bloß subjektive Motive für mich maßgebend gewesen. Infolge meines Anteiles an der Aufstellung dieser Therapie fühle ich die persönliche Verpflichtung, mich ihrer Erforschung und dem Ausbau ihrer Technik zu widmen. Ich darf behaupten, die analytische Methode der Psychotherapie ist diejenige, welche am eindringlichsten wirkt, am weitesten trägt, durch welche man die ausgiebigste Veränderung des Kranken erzielt. Wenn ich für einen Moment den therapeutischen Standpunkt verlasse, kann ich für sie geltend machen, daß sie die interessanteste ist, uns allein etwas über die Entstehung und den Zusammenhang der Krankheitserscheinungen lehrt. Infolge der Einsichten in den Mechanismus des seelischen Krankseins, die sie uns eröffnet, könnte sie allein imstande sein, über sich selbst hinauszuführen und uns den Weg zu noch anderen Arten therapeutischer Beeinflussung zu weisen.

In bezug auf diese kathartische oder analytische Methode der Psychotherapie gestatten Sie mir nun, einige Irrtümer zu verbessern und einige Aufklärungen zu geben.

a) Ich merke, daß diese Methode sehr häufig mit der hypnotischen Suggestivbehandlung verwechselt wird, merke es daran, daß verhältnismäßig häufig auch Kollegen, deren Vertrauensmann ich sonst nicht bin, Kranke zu mir schicken, refraktäre Kranke natürlich, mit dem Auftrage, ich solle sie hypnotisieren. Nun habe ich seit etwa acht Jahren keine Hypnose mehr zu Zwecken der Therapie ausgeübt (vereinzelte Versuche ausgenommen) und pflege solche Sendungen mit dem Rate, wer auf die Hypnose baut, möge sie selbst machen, zu retournieren. In Wahrheit besteht zwischen der suggestiven Technik und der analytischen der größtmögliche Gegensatz, jener Gegensatz, den der große Leonardo da Vinci für die Künste in die Formeln *per via di porre* und *per via di levare* gefaßt hat. Die Malerei, sagt Leonardo, arbeitet *per via di porre*; sie setzt nämlich Farbenhäufchen hin, wo sie früher nicht waren, auf die nichtfarbige Leinwand; die Skulptur dagegen geht *per via di levare* vor, sie nimmt nämlich vom Stein so viel weg, als die Oberfläche der in ihm enthaltenen Statue noch bedeckt. Ganz ähnlich, meine Herren, sucht die Suggestivtechnik *per via di porre* zu wirken, sie kümmert sich nicht um Herkunft, Kraft und Bedeutung der Krankheitssymptome, sondern legt etwas auf, die Suggestion nämlich, wovon sie erwartet, daß es stark genug sein wird, die pathogene Idee an der Äußerung zu hindern. Die analytische Therapie dagegen will nicht auflegen, nichts Neues einführen, sondern wegnehmen, herausschaffen, und zu diesem Zwecke bekümmert sie sich um die Genese der krankhaften Symptome und den psychischen Zusammenhang der pathogenen Idee, deren Wegschaffung ihr Ziel ist. Auf diesem Wege der Forschung hat sie unserem Verständnis sehr bedeutende Förderung gebracht. Ich habe die Suggestionstechnik und mit ihr die Hypnose so frühzeitig aufgegeben, weil ich daran verzweifelte, die Suggestion so stark und so haltbar zu machen, wie es für die dauernde Heilung notwendig wäre. In allen schweren Fällen sah ich die darauf gelegte Suggestion wieder abbröckeln, und dann war das Kranksein oder ein dasselbe Ersetzendes wieder da. Außerdem mache ich dieser Technik den Vorwurf, daß sie uns die Einsicht in das psychische Kräftespiel verhüllt, z. B. uns den *Widerstand* nicht erkennen läßt, mit dem die Kranken an ihrer Krankheit festhalten, mit dem sie sich also auch gegen die Genesung sträuben, und der doch allein das Verständnis ihres Benehmens im Leben ermöglicht.

b) Es scheint mir der Irrtum unter den Kollegen weit verbreitet zu sein, daß die Technik der Forschung nach den Krankheitsanlässen und die Beseitigung der Erscheinungen durch diese Erforschung leicht und selbstverständlich sei. Ich schließe dies daraus, daß noch keiner von den vielen, die sich für meine Therapie interessieren und sichere Urteile über dieselbe von sich geben, mich je gefragt hat, wie ich es eigentlich mache. Das kann doch nur den einzigen Grund haben, daß sie meinen, es sei nichts zu fragen, es verstehe sich ganz von selbst. Auch höre ich mitunter mit Erstaunen, daß auf dieser oder jener Abteilung eines Spitals ein junger Arzt von seinem Chef den Auftrag erhalten hat, bei einer Hyste-

rischen eine »Psychoanalyse« zu unternehmen. Ich bin überzeugt, man würde ihm nicht einen exstirpierten Tumor zur
Untersuchung überlassen, ohne sich vorher versichert zu
haben, daß er mit der histologischen Technik vertraut ist.
Ebenso erreicht mich die Nachricht, dieser oder jener Kollege
richte sich Sprechstunden mit einem Patienten ein, um eine
psychische Kur mit ihm zu machen, während ich sicher bin,
daß er die Technik einer solchen Kur nicht kennt. Er muß
also erwarten, daß ihm der Kranke seine Geheimnisse entgegenbringen wird, oder sucht das Heil in irgendeiner Art
von Beichte oder Anvertrauen. Es würde mich nicht wundern,
wenn der so behandelte Kranke dabei eher zu Schaden als
zum Vorteil käme. Das seelische Instrument ist nämlich nicht
gar leicht zu spielen. Ich muß bei solchen Anlässen an die
Rede eines weltberühmten Neurotikers denken, der freilich
nie in der Behandlung eines Arztes gestanden, der nur in
der Phantasie eines Dichters gelebt hat. Ich meine den
Prinzen Hamlet von Dänemark. Der König hat die beiden
Höflinge Rosenkranz und Güldenstern über ihn geschickt,
um ihn auszuforschen, ihm das Geheimnis seiner Verstimmung zu entreißen. Er wehrte sie ab; da werden Flöten auf
die Bühne gebracht. Hamlet nimmt eine Flöte und bittet
den einen seiner Quäler, auf ihr zu spielen, es sei so leicht wie
lügen. Der Höfling weigert sich, denn er kennt keinen Griff,
und da er zu dem Versuch des Flötenspiels nicht zu bewegen
ist, bricht Hamlet endlich los: »Nun seht ihr, welch ein
nichtswürdiges Ding ihr aus mir macht? Ihr wollt auf mir
spielen; ihr wollt in das Herz meines Geheimnisses dringen;
ihr wollt mich von meiner tiefsten Note bis zum Gipfel meiner Stimme hinauf prüfen, und in diesem kleinen Instrument
hier ist viel Musik, eine vortreffliche Stimme, dennoch könnt
ihr es nicht zum Sprechen bringen. *Wetter, denkt ihr, daß
ich leichter zu spielen bin als eine Flöte? Nennt mich was
für ein Instrument ihr wollt, ihr könnt mich zwar verstim-
men, aber nicht auf mir spielen.*« (III. Akt, 2.)
c) Sie werden aus gewissen meiner Bemerkungen erraten
haben, daß der analytischen Kur manche Eigenschaften an-
haften, die sie von dem Ideal einer Therapie ferne halten.

Tuto, cito, iucunde; das Forschen und Suchen deutet nicht eben auf Raschheit des Erfolges, und die Erwähnung des Widerstandes bereitet Sie auf die Erwartung von Unannehmlichkeiten vor. Gewiß, die psychoanalytische Behandlung stellt an den Kranken wie an den Arzt hohe Ansprüche; von ersterem verlangt sie das Opfer voller Aufrichtigkeit, gestaltet sich für ihn zeitraubend und daher auch kostspielig; für den Arzt ist sie gleichfalls zeitraubend und wegen der Technik, die er zu erlernen und auszuüben hat, ziemlich mühselig. Ich finde es auch selbst ganz berechtigt, daß man bequemere Heilmethoden in Anwendung bringt, solange man eben die Aussicht hat, mit diesen letzteren etwas zu erreichen. Auf diesen Punkt kommt es allein an; erzielt man mit dem mühevolleren und langwierigeren Verfahren erheblich mehr als mit dem kurzen und leichten, so ist das erstere trotz alledem gerechtfertigt. Denken Sie, meine Herren, um wieviel die *Finsen*therapie des Lupus unbequemer und kostspieliger ist als das früher gebräuchliche Ätzen und Schaben, und doch bedeutet es einen großen Fortschritt, bloß weil es mehr leistet; es heilt nämlich den Lupus radikal. Nun will ich den Vergleich nicht gerade durchsetzen, aber ein ähnliches Vorrecht darf doch die psychoanalytische Methode für sich in Anspruch nehmen. In Wirklichkeit habe ich meine therapeutische Methode nur an schweren und schwersten Fällen ausarbeiten und versuchen können; mein Material waren zuerst nur Kranke, die alles erfolglos versucht und durch Jahre in Anstalten geweilt hatten. Ich habe kaum Erfahrung genug gesammelt, um Ihnen sagen zu können, wie sich meine Therapie bei jenen leichteren, episodisch auftretenden Erkrankungen verhält, die wir unter den verschiedenartigsten Einflüssen und auch spontan abheilen sehen. Die psychoanalytische Therapie ist an dauernd existenzunfähigen Kranken und für solche geschaffen worden, und ihr Triumph ist es, daß sie eine befriedigende Anzahl von solchen dauernd existenzfähig macht. Gegen diesen Erfolg erscheint dann aller Aufwand geringfügig. Wir können uns nicht verhehlen, daß wir vor dem Kranken zu verleugnen pflegen, daß eine schwere Neurose in ihrer Bedeutung für das ihr unterworfene Individuum hinter keiner Kachexie, keinem der gefürchteten Allgemeinleiden zurücksteht.

d) Die Indikationen und Gegenanzeigen dieser Behandlung sind infolge der vielen praktischen Beschränkungen, die meine Tätigkeit betroffen haben, kaum endgültig anzugeben. Indes will ich versuchen, einige Punkte mit Ihnen zu erörtern:

1) Man übersehe nicht über die Krankheit den sonstigen Wert einer Person und weise Kranke zurück, welche nicht einen gewissen Bildungsgrad und einen einigermaßen verläßlichen Charakter besitzen. Man darf nicht vergessen, daß es auch Gesunde gibt, die nichts taugen, und daß man nur allzu leicht geneigt ist, bei solchen minderwertigen Personen alles, was sie existenzunfähig macht, auf die Krankheit zu schieben, wenn sie irgendeinen Anflug von Neurose zeigen. Ich stehe auf dem Standpunkt, daß die Neurose ihren Träger keineswegs zum *dégénéré* stempelt, daß sie sich aber häufig genug mit den Erscheinungen der Degeneration vergesellschaftet an demselben Individuum findet. Die analytische Psychotherapie ist nun kein Verfahren zur Behandlung der neuropathischen Degeneration, sie findet im Gegenteil an derselben ihre Schranke. Sie ist auch bei Personen nicht anwendbar, die sich nicht selbst durch ihre Leiden zur Therapie gedrängt fühlen, sondern sich einer solchen nur infolge des Machtgebotes ihrer Angehörigen unterziehen. Die Eigenschaft, auf die es für die Brauchbarkeit zur psychoanalytischen Behandlung ankommt, die Erziehbarkeit, werden wir noch von einem anderen Gesichtspunkte würdigen müssen.

2) Wenn man sichergehen will, beschränke man seine Auswahl auf Personen, die einen Normalzustand haben, da man sich im psychoanalytischen Verfahren von diesem aus des Krankhaften bemächtigt. Psychosen, Zustände von Verworrenheit und tiefgreifender (ich möchte sagen: toxischer) Verstimmung sind also für die Psychoanalyse, wenigstens wie sie bis jetzt ausgeübt wird, ungeeignet. Ich halte es für durchaus nicht ausgeschlossen, daß man bei geeigneter Abänderung des Verfahrens sich über diese Gegenindikation hinaus-

setzen und so eine Psychotherapie der Psychosen in Angriff nehmen könne.

3) Das Alter der Kranken spielt bei der Auswahl zur psychoanalytischen Behandlung insofern eine Rolle, als bei Personen nahe an oder über fünfzig Jahre einerseits die Plastizität der seelischen Vorgänge zu fehlen pflegt, auf welche die Therapie rechnet — alte Leute sind nicht mehr erziehbar — und als anderseits das Material, welches durchzuarbeiten ist, die Behandlungsdauer ins Unabsehbare verlängert. Die Altersgrenze nach unten ist nur individuell zu bestimmen; jugendliche Personen noch vor der Pubertät sind oft ausgezeichnet zu beeinflussen.

4) Man wird nicht zur Psychoanalyse greifen, wenn es sich um die rasche Beseitigung drohender Erscheinungen handelt, also zum Beispiel bei einer hysterischen Anorexie.

Sie werden nun den Eindruck gewonnen haben, daß das Anwendungsgebiet der analytischen Psychotherapie ein sehr beschränktes ist, da Sie eigentlich nichts anderes als Gegenanzeigen von mir gehört haben. Nichtsdestoweniger bleiben Fälle und Krankheitsformen genug übrig, an denen diese Therapie sich erproben kann, alle chronischen Formen von Hysterie mit Resterscheinungen, das große Gebiet der Zwangszustände und Abulien und dergleichen.

Erfreulich ist es, daß man gerade den wertvollsten und sonst höchstentwickelten Personen auf solche Weise am ehesten Hilfe bringen kann. Wo aber mit der analytischen Psychotherapie nur wenig auszurichten war, da, darf man getrost behaupten, hätte irgendwelche andere Behandlung sicherlich gar nichts zustande gebracht.

e) Sie werden mich gewiß fragen wollen, wie es bei Anwendung der Psychoanalyse mit der Möglichkeit, Schaden zu stiften, bestellt ist. Ich kann Ihnen darauf erwidern, wenn Sie nur billig urteilen wollen, diesem Verfahren dasselbe kritische Wohlwollen entgegenbringen, das Sie für unsere anderen therapeutischen Methoden bereit haben, so werden Sie meiner Meinung zustimmen müssen, daß bei einer mit Verständnis geleiteten analytischen Kur ein Schaden für den Kranken nicht zu befürchten ist. Anders wird vielleicht urteilen, wer als Laie gewohnt ist, alles, was sich in einem Krankheitsfalle begibt, der Behandlung zur Last zu legen. Es ist ja nicht lange her, daß unseren Wasserheilanstalten ein ähnliches Vorurteil entgegenstand. So mancher, dem man riet, eine solche Anstalt aufzusuchen, wurde bedenklich, weil er einen Bekannten gehabt hatte, der als Nervöser in die Anstalt kam und dort verrückt wurde. Es handelte sich, wie Sie erraten, um Fälle von beginnender allgemeiner Paralyse, die man im Anfangsstadium noch in einer Wasserheilanstalt unterbringen konnte, und die dort ihren unaufhaltsamen Verlauf bis zur manifesten Geistesstörung genommen hatten; für die Laien war das Wasser Schuld und Urheber dieser traurigen Veränderung. Wo es sich um neuartige Beeinflussungen handelt, halten sich auch Ärzte nicht immer von solchen Urteilsfehlern frei. Ich erinnere mich, einmal bei einer Frau den Versuch mit Psychotherapie gemacht zu haben, bei der ein gutes Stück ihrer Existenz in der Abwechslung von Manie und Melancholie verflossen war. Ich übernahm sie zu Ende einer Melancholie; es schien zwei Wochen lang gutzugehen; in der dritten standen wir bereits zu Beginn der neuen Manie. Es war dies sicherlich eine spontane Veränderung des Krankheitsbildes, denn zwei Wochen sind keine Zeit, in welcher die analytische Psychotherapie irgend etwas zu leisten unternehmen kann, aber der hervorragende — jetzt schon verstorbene — Arzt, der mit mir die Kranke zu sehen bekam, konnte sich doch nicht der Bemerkung enthalten, daß an dieser »Verschlechterung« die Psychotherapie schuld sein dürfte. Ich bin ganz überzeugt, daß er sich unter anderen Bedingungen kritischer erwiesen hätte.

f) Zum Schlusse, meine Herren Kollegen, muß ich mir sagen, es geht doch nicht an, Ihre Aufmerksamkeit so lange zugunsten der analytischen Psychotherapie in Anspruch zu nehmen, ohne Ihnen zu sagen, worin diese Behandlung besteht und worauf sie sich gründet. Ich kann es zwar, da ich kurz sein muß, nur mit einer Andeutung tun. Diese Therapie ist also auf die Einsicht gegründet, daß unbewußte Vorstellungen — besser: die Unbewußtheit gewisser seelischer Vorgänge — die nächste Ursache der krankhaften Symptome sind. Eine solche Überzeugung vertreten wir gemeinsam mit der französischen Schule (Janet), die übrigens in arger Schematisierung das hysterische Symptom auf die unbewußte *idée fixe* zurückführt. Fürchten Sie nun nicht, daß wir dabei zu tief in die dunkelste Philosophie hineingeraten werden. Unser Unbewußtes ist nicht ganz dasselbe wie das der Philosophen, und überdies wollen die meisten Philosophen vom »unbewußten Psychischen« nichts wissen. Stellen Sie sich aber auf unseren Standpunkt, so werden Sie einsehen, daß die Übersetzung dieses Unbewußten im Seelenleben der Kranken in ein Bewußtes den Erfolg haben muß, deren Abweichung vom Normalen zu korrigieren und den Zwang aufzuheben, unter dem ihr Seelenleben steht. Denn der bewußte Wille reicht so weit als die bewußten psychischen Vorgänge, und jeder psychische Zwang ist durch das Unbewußte begründet. Sie brauchen auch niemals zu fürchten, daß der Kranke unter der Erschütterung Schaden nehme, welche der Eintritt des Unbewußten in sein Bewußtsein mit sich bringt, denn Sie können es sich theoretisch zurechtlegen, daß die somatische und affektive Wirkung der bewußt gewordenen Regung niemals so groß werden kann wie die der unbewußten. Wir beherrschen alle unsere Regungen doch nur dadurch, daß wir unsere höchsten, mit Bewußtsein verbundenen Seelenleistungen auf sie wenden.

Sie können aber auch einen anderen Gesichtspunkt für das Verständnis der psychoanalytischen Behandlung wählen. Die Aufdeckung und Übersetzung des Unbewußten geht unter beständigem *Widerstand* von seiten des Kranken vor sich. Das Auftauchen dieses Unbewußten ist mit Unlust verbunden, und wegen dieser Unlust wird es von ihm immer wieder zurückgewiesen. In diesen Konflikt im Seelenleben des Kranken greifen Sie nun ein; gelingt es Ihnen, den Kranken dazu zu bringen, daß er aus Motiven besserer Einsicht etwas akzeptiert, was er zufolge der automatischen Unlustregulierung bisher zurückgewiesen (verdrängt) hat, so haben Sie ein Stück Erziehungsarbeit an ihm geleistet. Es ist ja schon Erziehung, wenn Sie einen Menschen, der nicht gern frühmorgens das Bett verläßt, dazu bewegen, es doch zu tun. Als eine solche *Nacherziehung zur Überwindung innerer Widerstände* können Sie nun die psychoanalytische Behandlung ganz allgemein auffassen. In keinem Punkte aber ist solche Nacherziehung bei den Nervösen mehr vonnöten als betreffs des seelischen Elements in ihrem Sexualleben. Nirgends haben ja Kultur und Erziehung so großen Schaden gestiftet wie gerade hier, und hier sind auch, wie Ihnen die Erfahrung zeigen wird, die beherrschbaren Ätiologien der Neurosen zu finden; das andere ätiologische Element, der konstitutionelle Beitrag, ist uns ja als etwas Unabänderliches gegeben. Hieraus erwächst aber eine wichtige, an den Arzt zu stellende Anforderung. Er muß nicht sehr selbst ein integrer Charakter sein — »das Moralische versteht sich ja von selbst«, wie die Hauptperson in Th. Vischers »Auch Einer« zu sagen pflegt —, er muß auch für seine eigene Person die Mischung von Lüsternheit und Prüderie überwunden haben, mit welcher leider so viele andere den sexuellen Problemen entgegenzutreten gewohnt sind.

Hier ist vielleicht der Platz für eine weitere Bemerkung. Ich weiß, daß meine Betonung der Rolle des Sexuellen für die Entstehung der Psychoneurosen in weiteren Kreisen bekanntgeworden ist. Ich weiß aber auch, daß Einschränkungen und nähere Bestimmungen beim großen Publikum wenig nützen; die Menge hat dafür wenig Raum in ihrem Gedächtnis und behält von einer Behauptung doch nur den rohen Kern, schafft sich ein leicht zu merkendes Extrem. Es mag auch manchen Ärzten so ergangen sein, daß ihnen als Inhalt meiner Lehre vorschwebt, ich führe die Neurosen in letzter Linie auf sexuelle Entbehrung zurück. An dieser fehlt es nicht unter den Lebensbedingungen unserer Gesellschaft. Wie nahe mag es nun bei solcher Voraussetzung liegen, den mühseligen Umweg über die psychische Kur zu vermeiden und direkt die Heilung anzustreben, indem man die sexuelle Betätigung als Heilmittel empfiehlt! Ich weiß nun nicht, was mich bewegen könnte, diese Folgerung zu unterdrücken, wenn sie berechtigt wäre. Die Sache liegt aber anders. Die sexuelle Bedürftigkeit und Entbehrung, das ist bloß der eine Faktor, der beim Mechanismus der Neurose ins Spiel tritt; bestünde er allein, so würde nicht Krankheit, sondern Ausschweifung die Folge sein. Der andere, ebenso unerläßliche Faktor, an den man allzu bereitwillig vergißt, ist die Sexualabneigung der Neurotiker, ihre Unfähigkeit zum Lieben, jener psychische Zug, den ich »Verdrängung« genannt habe. Erst aus dem Konflikt zwischen beiden Strebungen geht die neurotische Erkrankung hervor und darum kann der Rat der sexuellen Betätigung bei den Psychoneurosen eigentlich nur selten als guter Rat bezeichnet werden.

Lassen Sie mich mit dieser abwehrenden Bemerkung schließen. Wir wollen hoffen, daß Ihr von jedem feindseligen Vorurteil gereinigtes Interesse für die Psychotherapie uns darin unterstützen wird, auch in der Behandlung der schweren Fälle von Psychoneurosen Erfreuliches zu leisten.

Über Psychoanalyse

Fünf Vorlesungen, gehalten zur zwanzigjährigen Gründungsfeier der Clark University in Worcester, Mass., September 1909

Herrn G. Stanley Hall, Ph. D., L. L. D.
Präsident der Clark University
Professor der Psychologie und Pädagogik
in Dankbarkeit zugeeignet

I

Meine Damen und Herren! Es ist mir ein neuartiges und verwirrendes Gefühl, als Vortragender vor Wißbegierigen der Neuen Welt zu stehen. Ich nehme an, daß ich diese Ehre nur der Verknüpfung meines Namens mit dem Thema der Psychoanalyse verdanke, und beabsichtige daher, Ihnen von Psychoanalyse zu sprechen. Ich will es versuchen, Ihnen in gedrängtester Kürze einen Überblick über die Geschichte der Entstehung und weiteren Fortbildung dieser neuen Untersuchungs- und Heilmethode zu geben.

Wenn es ein Verdienst ist, die Psychoanalyse ins Leben gerufen zu haben, so ist es nicht mein Verdienst.[1] Ich bin an den ersten Anfängen derselben nicht beteiligt gewesen. Ich war Student und mit der Ablegung meiner letzten Prüfungen beschäftigt, als ein anderer Wiener Arzt, Dr. Josef

---

1 [*Zusatz 1923:*] Vgl. aber hierzu die Äußerung in »Zur Geschichte der psychoanalytischen Bewegung« (1914; enthalten im Band X der Gesammelten Werke), mit welcher ich mich uneingeschränkt zur Verantwortung für die Psychoanalyse bekenne.

Breuer,[2] dieses Verfahren zuerst an einem hysterisch er-krankten Mädchen anwendete (1880 bis 1882). Mit dieser Kranken- und Behandlungsgeschichte wollen wir uns nun zunächst beschäftigen. Sie finden dieselbe ausführlich darge-stellt in den später von Breuer und mir veröffentlichten »Stu-dien über Hysterie«.[3]

Vorher nur noch eine Bemerkung. Ich habe nicht ohne Be-friedigung erfahren, daß die Mehrzahl meiner Zuhörer nicht dem ärztlichen Stande angehört. Besorgen Sie nun nicht, daß es besonderer ärztlicher Vorbildung bedarf, um meinen Mitteilungen zu folgen. Wir werden allerdings ein Stück weit mit den Ärzten gehen, aber bald werden wir uns absondern und Dr. Breuer auf einen ganz eigenartigen Weg begleiten.

Dr. Breuers Patientin, ein einundzwanzigjähriges, geistig hochbegabtes Mädchen, entwickelte im Verlauf ihrer über zwei Jahre ausgedehnten Krankheit eine Reihe von körper-lichen und seelischen Störungen, die es wohl verdienten, ernst genommen zu werden. Sie hatte eine steife Lähmung der beiden rechtsseitigen Extremitäten mit Unempfindlich-keit derselben, zeitweise dieselbe Affektion an den Gliedern der linken Körperseite, Störungen der Augenbewegungen und mannigfache Beeinträchtigungen des Sehvermögens, Schwierigkeiten der Kopfhaltung, eine intensive Tussis ner-vosa, Ekel vor Nahrungsaufnahme und einmal durch meh-rere Wochen eine Unfähigkeit zu trinken trotz quälenden Durstes, eine Herabsetzung des Sprechvermögens, die bis zum Verlust der Fähigkeit fortschritt, ihre Muttersprache zu sprechen oder zu verstehen, endlich Zustände von Abwesen-heit, Verworrenheit, Delirien, Alteration ihrer ganzen Per-sönlichkeit, denen wir unsere Aufmerksamkeit später werden zuwenden müssen.

2 Dr. Josef Breuer, geb. 1842; korrespondierendes Mitglied der k. Akademie der Wissenschaften, bekannt durch Arbeiten über die Atmung und zur Physiolo-gie des Gleichgewichtssinnes.
3 Studien über Hysterie, Wien, 1895. 4. Aufl., 1922. [Enthalten in Bd. I. der Gesammelten Werke.] Stücke meines Anteils an diesem Buche sind von Dr. A. A. Brill in New York ins Englische übertragen worden (Selected papers on Hysteria and other Psychoneuroses by S. Freud, Nr. 4 der »Nervous and Men-tal Disease Monograph Series«, New York, Third enlarged edition 1920).

Wenn Sie von einem solchen Krankheitsbilde hören, so werden Sie, auch ohne Ärzte zu sein, der Annahme zuneigen, daß es sich um ein schweres Leiden, wahrscheinlich des Gehirns, handle, welches wenig Aussicht auf Herstellung biete und zur baldigen Auflösung der Kranken führen dürfte. Lassen Sie sich indes von den Ärzten belehren, daß für eine Reihe von Fällen mit so schweren Erscheinungen eine andere und weitaus günstigere Auffassung berechtigt ist. Wenn ein solches Krankheitsbild bei einem jugendlichen weiblichen Individuum auftritt, dessen lebenswichtige innere Organe (Herz, Niere) sich der objektiven Untersuchung normal erweisen, das aber heftige gemütliche Erschütterungen erfahren hat, und wenn die einzelnen Symptome in gewissen feineren Charakteren von der Erwartung abweichen, dann nehmen die Ärzte einen solchen Fall nicht zu schwer. Sie behaupten, daß dann nicht ein organisches Leiden des Gehirns vorliegt, sondern jener rätselhafte, seit den Zeiten der griechischen Medizin Hysterie benannte Zustand, der eine ganze Anzahl von Bildern ernster Erkrankung vorzutäuschen vermöge. Sie halten dann das Leben für nicht bedroht und eine selbst vollkommene Herstellung der Gesundheit für wahrscheinlich. Die Unterscheidung einer solchen Hysterie von einem schweren organischen Leiden ist nicht immer sehr leicht. Wir brauchen aber nicht zu wissen, wie eine Differentialdiagnose dieser Art gemacht wird; uns mag die Versicherung genügen, daß gerade der Fall von Breuers Patientin ein solcher ist, bei dem kein kundiger Arzt die Diagnose der Hysterie verfehlen wird. Wir können auch an dieser Stelle aus dem Krankheitsbericht nachtragen, daß ihre Erkrankung auftrat, während sie ihren zärtlich geliebten Vater in seiner schweren, zum Tode führenden Krankheit pflegte, und daß sie infolge ihrer eigenen Erkrankung von der Pflege zurücktreten mußte.

Soweit hat es uns Vorteil gebracht, mit den Ärzten zu gehen, und nun werden wir uns bald von ihnen trennen. Sie dürfen nämlich nicht erwarten, daß die Aussicht eines Kranken auf ärztliche Hilfeleistung dadurch wesentlich gesteigert wird, daß die Diagnose der Hysterie an die Stelle des Urteils auf ernste organische Hirnaffektion tritt. Gegen die schweren Erkrankungen des Gehirns ist die ärztliche Kunst in den meisten Fällen ohnmächtig, aber auch gegen die hysterische Affektion weiß der Arzt nichts zu tun. Er muß es der gütigen Natur überlassen, wann und wie sie seine hoffnungsvolle Prognose verwirklichen will.[1]

Mit der Erkennung der Hysterie wird also für den Kranken wenig geändert; desto mehr ändert sich für den Arzt. Wir können beobachten, daß er sich gegen den Hysterischen ganz anders einstellt als gegen den organisch Kranken. Er will dem ersteren nicht dieselbe Teilnahme entgegenbringen wie dem letzteren, da sein Leiden weit weniger ernsthaft ist und doch den Anspruch zu erheben scheint, für ebenso ernsthaft zu gelten. Aber es wirkt noch anderes mit. Der Arzt, der durch sein Studium so vieles kennengelernt hat, was dem Laien verschlossen ist, hat sich von den Krankheitsursachen und Krankheitsveränderungen, z. B. im Gehirn eines an Apoplexie oder Neubildung Leidenden, Vorstellungen bilden können, die bis zu einem gewissen Grade zutreffend sein müssen, da sie ihm das Verständnis der Einzelheiten des Krankheitsbildes gestatten. Vor den Details der hysterischen Phänomene läßt ihn aber all sein Wissen, seine anatomisch-physiologische und pathologische Vorbildung im Stiche. Er kann die Hysterie nicht verstehen, er steht ihr selbst wie ein Laie gegenüber. Und das ist nun niemandem recht, der sonst auf sein Wissen so große Stücke hält. Die Hysterischen gehen also seiner Sympathie verlustig; er betrachtet sie wie Personen, welche die Gesetze seiner Wissenschaft übertreten, wie die Rechtgläubigen die Ketzer ansehen; er traut ihnen alles mögliche Böse zu, beschuldigt sie der Übertreibung und der absichtlichen Täuschung, Simulation; und er bestraft sie durch die Entziehung seines Interesses.

Diesen Vorwurf hat nun Dr. Breuer bei seiner Patientin nicht verdient; er schenkte ihr Sympathie und Interesse, obwohl

1 Ich weiß, daß diese Behauptung heute nicht mehr zutrifft, aber im Vortrage versetze ich mich und meine Hörer zurück in die Zeit vor 1880. Wenn es seither anders geworden ist, so haben gerade die Bemühungen, deren Geschichte ich skizziere, daran einen großen Anteil.

er ihr anfangs nicht zu helfen verstand. Wahrscheinlich erleichterte sie es ihm auch durch die vorzüglichen Geistes- und Charaktereigenschaften, für die er in der von ihm abgefaßten Krankengeschichte Zeugnis ablegt. Seine liebevolle Beobachtung fand auch bald den Weg, der die erste Hilfeleistung ermöglichte.

Es war bemerkt worden, daß die Kranke in ihren Zuständen von Absenz, psychischer Alteration mit Verworrenheit, einige Worte vor sich hin zu murmeln pflegte, welche den Eindruck machten, als stammten sie aus einem Zusammenhange, der ihr Denken beschäftigte. Der Arzt, der sich diese Worte berichten ließ, versetzte sie nun in eine Art von Hypnose und sagte ihr jedesmal diese Worte wieder vor, um sie zu veranlassen, daß sie an dieselben anknüpfe. Die Kranke ging darauf ein und reproduzierte so vor dem Arzt die psychischen Schöpfungen, die sie während der Absenzen beherrscht und sich in jenen vereinzelt geäußerten Worten verraten hatten. Es waren tieftraurige, oft poetisch schöne Phantasien — Tagträume würden wir sagen —, die gewöhnlich die Situation eines Mädchens am Krankenbett seines Vaters zum Ausgangspunkt nahmen. Hatte sie eine Anzahl solcher Phantasien erzählt, so war sie wie befreit und ins normale seelische Leben zurückgeführt. Das Wohlbefinden, das durch mehrere Stunden anhielt, wich dann am nächsten Tage einer neuerlichen Absenz, welche auf dieselbe Weise durch Aussprechen der neu gebildeten Phantasien aufgehoben wurde. Man konnte sich dem Eindrucke nicht entziehen, daß die psychische Veränderung, die sich in den Absenzen äußerte, eine Folge des Reizes sei, der von diesen höchst affektvollen Phantasiebildungen ausging. Die Patientin selbst, die um diese Zeit ihres Krankseins merkwürdigerweise nur englisch sprach und verstand, gab dieser neuartigen Behandlung den Namen »talking cure« oder bezeichnete sie scherzhaft als »chimney sweeping«.

Es ergab sich bald wie zufällig, daß man durch solches Reinfegen der Seele noch mehr erreichen könne als vorübergehende Beseitigung der immer wiederkehrenden seelischen Trübungen. Es ließen sich auch Leidenssymptome zum Verschwinden bringen, wenn in der Hypnose unter Affektäußerung erinnert wurde, bei welchem Anlaß und kraft welches Zusammenhangs diese Symptome zuerst aufgetreten waren. »Es war im Sommer eine Zeit intensiver Hitze gewesen und Patientin hatte sehr arg durch Durst gelitten; denn, ohne einen Grund angeben zu können, war es ihr plötzlich unmöglich geworden, zu trinken. Sie nahm das ersehnte Glas Wasser in die Hand, aber sowie es die Lippen berührte, stieß sie es weg wie ein Hydrophobischer. Dabei war sie offenbar für diese paar Sekunden in einer Absenz. Sie lebte nur von Obst, Melonen u. dgl., um den qualvollen Durst zu mildern. Als das etwa sechs Wochen gedauert hatte, räsonierte sie einmal in der Hypnose über ihre englische Gesellschafterin, die sie nicht liebte, und erzählte dann mit allen Zeichen des Abscheus, wie sie auf deren Zimmer gekommen sei, und da deren kleiner Hund, das ekelhafte Tier, aus einem Glas getrunken habe. Sie habe nichts gesagt, denn sie wollte höflich sein. Nachdem sie ihrem steckengebliebenen Ärger noch energisch Ausdruck gegeben, verlangte sie zu trinken, trank ohne Hemmung eine große Menge Wasser und erwachte aus der Hypnose mit dem Glas an den Lippen. Die Störung war damit für immer verschwunden.«[1]

Gestatten Sie, daß ich Sie bei dieser Erfahrung einen Moment aufhalte! Niemand hatte noch ein hysterisches Symptom durch solche Mittel beseitigt und war dabei so tief in das Verständnis seiner Verursachung eingedrungen. Es mußte eine folgenschwere Entdeckung werden, wenn sich die Erwartung bestätigen ließ, daß noch andere, daß vielleicht die Mehrzahl der Symptome bei der Kranken auf solche Weise entstanden und auf solche Weise aufzuheben war. Breuer scheute die Mühe nicht, sich davon zu überzeugen, und forschte nun planmäßig der Pathogenese der anderen und ernsteren Leidenssymptome nach. Es war wirklich so; fast alle Symptome waren so entstanden als Reste, als Niederschläge, wenn Sie wollen, von affektvollen Erlebnissen, die wir darum später »psychische Traumen« genannt haben, und

---

1 Studien über Hysterie, 4. Aufl., p. 26.

ihre Besonderheit klärte sich durch die Beziehung zu der sie verursachenden traumatischen Szene auf. Sie waren, wie das Kunstwort lautet, durch die Szenen, deren Gedächtnisreste sie darstellten, *determiniert*, brauchten nicht mehr als willkürliche oder rätselhafte Leistungen der Neurose beschrieben zu werden. Nur einer Abweichung von der Erwartung sei gedacht. Es war nicht immer ein einziges Erlebnis, welches das Symptom zurückließ, sondern meist waren zahlreiche, oft sehr viele ähnliche, wiederholte Traumen zu dieser Wirkung zusammengetreten. Diese ganze Kette von pathogenen Erinnerungen mußte dann in chronologischer Reihenfolge reproduziert werden, und zwar umgekehrt, die letzte zuerst und die erste zuletzt, und es war ganz unmöglich, zum ersten und oft wirksamsten Trauma mit Überspringung der später erfolgten vorzudringen.

Sie werden gewiß noch andere Beispiele von Verursachung hysterischer Symptome als das der Wasserscheu durch den Ekel vor dem aus dem Glas trinkenden Hund von mir hören wollen. Ich muß mich aber, wenn ich mein Programm einhalten will, auf sehr wenige Proben beschränken. So erzählt *Breuer*, daß ihre Sehstörungen sich auf Anlässe zurückführten »in der Art, daß Patientin mit Tränen im Auge, am Krankenbett sitzend, plötzlich vom Vater gefragt wurde, wieviel Uhr es sei, undeutlich sah, sich anstrengte, die Uhr nahe ans Auge brachte, und nun das Zifferblatt sehr groß erschien (Makropsie und Strabismus conv.); oder Anstrengungen machte, die Tränen zu unterdrücken, damit sie der Kranke nicht sehe«.[1] Alle pathogenen Eindrücke stammten übrigens aus der Zeit, da sie sich an der Pflege des erkrankten Vaters beteiligte. »Einmal wachte sie nachts in großer Angst um den hochfiebernden Kranken und in Spannung, weil von Wien ein Chirurg zur Operation erwartet wurde. Die Mutter hatte sich für einige Zeit entfernt, und Anna saß am Krankenbette, den rechten Arm über die Stuhllehne gelegt. Sie geriet in einen Zustand von Wachträumen und sah, wie von der Wand her eine schwarze Schlange sich dem Kranken

[1] Studien über Hysterie, 4. Aufl., p. 31.

näherte, um ihn zu beißen. (Es ist sehr wahrscheinlich, daß auf der Wiese hinter dem Hause wirklich einige Schlangen vorkamen, über die das Mädchen schon früher erschrocken war, und die nun das Material der Halluzination abgaben.) Sie wollte das Tier abwehren, war aber wie gelähmt; der rechte Arm, über die Stuhllehne hängend, war ›eingeschlafen‹, anästhetisch und paretisch geworden, und als sie ihn betrachtete, verwandelten sich die Finger in kleine Schlangen mit Totenköpfen (Nägel). Wahrscheinlich machte sie Versuche, die Schlange mit der gelähmten rechten Hand zu verjagen, und dadurch trat die Anästhesie und Lähmung derselben in Assoziation mit der Schlangenhalluzination. Als diese verschwunden war, wollte sie in ihrer Angst beten, aber jede Sprache versagte, sie konnte in keiner sprechen, bis sie endlich einen *englischen* Kindervers fand und nun auch in dieser Sprache fortdenken und beten konnte.«[1] Mit der Erinnerung dieser Szene in der Hypnose war auch die seit Beginn der Krankheit bestehende steife Lähmung des rechten Armes beseitigt und die Behandlung beendigt.

Als ich eine Anzahl von Jahren später die Breuersche Untersuchungs- und Behandlungsmethode an meinen eigenen Kranken zu üben begann, machte ich Erfahrungen, die sich mit den seinigen vollkommen deckten. Bei einer etwa vierzigjährigen Dame bestand ein Tic, ein eigentümlich schnalzendes Geräusch, das sie bei jeder Aufregung und auch ohne ersichtlichen Anlaß hervorbrachte. Es hatte seinen Ursprung in zwei Erlebnissen, denen gemeinsam war, daß sie sich vornahm, jetzt ja keinen Lärm zu machen, und bei denen wie durch eine Art von Gegenwillen gerade dieses Geräusch die Stille durchbrach; das eine Mal, als sie ihr krankes Kind endlich mühselig eingeschläfert hatte und sich sagte, sie müsse jetzt ganz still sein, um es nicht zu wecken, und das andere Mal, als während einer Wagenfahrt mit ihren beiden Kindern im Gewitter die Pferde scheu wurden, und sie sorgfältig jeden Lärm vermeiden wollte, um die Tiere nicht noch mehr zu schrecken.[2] Ich gebe dieses Beispiel anstatt vieler

1 l. c., p. 30.
2 l. c., 4. Aufl., p. 43 u. 46.

anderer, die in den »Studien über Hysterie« niedergelegt sind.[1]

Meine Damen und Herren, wenn Sie mir die Verallgemeinerung gestatten, die ja bei so abgekürzter Darstellung unvermeidlich ist, so können wir unsere bisherige Erkenntnis in die Formel fassen: *Unsere hysterisch Kranken leiden an Reminiszenzen.* Ihre Symptome sind Reste und Erinnerungssymbole für gewisse (traumatische) Erlebnisse. Ein Vergleich mit anderen Erinnerungssymbolen auf anderen Gebieten wird uns vielleicht tiefer in das Verständnis dieser Symbolik führen. Auch die Denkmäler und Monumente, mit denen wir unsere großen Städte zieren, sind solche Erinnerungssymbole. Wenn Sie einen Spaziergang durch London machen, so finden Sie vor einem der größten Bahnhöfe der Stadt eine reich verzierte gotische Säule, das *Charing Cross.* Einer der alten Plantagenetkönige im XIII. Jahrhundert, der den Leichnam seiner geliebten Königin Eleanor nach Westminster überführen ließ, errichtete gotische Kreuze an jeder der Stationen, wo der Sarg niedergestellt wurde, und *Charing Cross* ist das letzte der Denkmäler, welche die Erinnerung an diesen Trauerzug erhalten sollten.[2] An einer anderen Stelle der Stadt, nicht weit von London Bridge, erblicken Sie eine modernere, hochragende Säule, die kurzweg *The Monument* genannt wird. Sie soll zur Erinnerung an das große Feuer mahnen, welches im Jahre 1666 dort in der Nähe ausbrach und einen großen Teil der Stadt zerstörte. Diese Monumente sind also Erinnerungssymbole wie die hysterischen Symptome; soweit scheint die Vergleichung berechtigt. Aber was würden Sie zu einem Londoner sagen, der heute noch vor dem Denkmal des Leichenzuges der Königin Eleanor in Wehmut stehenbliebe, anstatt mit der von den modernen Arbeitsverhältnissen geforderten Eile seinen Geschäften nachzugehen oder sich der eigenen jugendfrischen Königin seines

1 Eine Auswahl aus diesem Buche, vermehrt durch einige spätere Abhandlungen über Hysterie, liegt gegenwärtig in einer englischen, von Dr. A. A. Brill in New York besorgten Übersetzung vor.
2 Vielmehr die spätere Nachbildung eines solchen Denkmals. Der Name *Charing* selbst soll, wie mir Dr. E. *Jones* mitteilte, aus den Worten *Chère reine* hervorgegangen sein.

Herzens zu erfreuen? Oder zu einem anderen, der vor dem »Monument« die Einäscherung seiner geliebten Vaterstadt beweinte, die doch seither längst soviel glänzender wiedererstanden ist? So wie diese beiden unpraktischen Londoner benehmen sich aber die Hysterischen und Neurotiker alle; nicht nur, daß sie die längst vergangenen schmerzlichen Erlebnisse erinnern, sie hängen noch affektvoll an ihnen, sie kommen von der Vergangenheit nicht los und vernachlässigen für sie die Wirklichkeit und die Gegenwart. Diese Fixierung des Seelenlebens an die pathogenen Traumen ist einer der wichtigsten und praktisch bedeutsamsten Charaktere der Neurose.

Ich gebe Ihnen gern den Einwand zu, den Sie jetzt wahrscheinlich bilden, indem Sie an die Krankengeschichte der *Breuer*schen Patientin denken. Alle ihre Traumen entstammten ja der Zeit, da sie den kranken Vater pflegte, und ihre Symptome können nur als Erinnerungszeichen für seine Krankheit und seinen Tod aufgefaßt werden. Sie entsprechen also einer Trauer, und eine Fixierung an das Andenken des Verstorbenen ist so kurze Zeit nach dem Ableben desselben gewiß nichts Pathologisches, entspricht vielmehr einem normalen Gefühlsvorgang. Ich gestehe Ihnen dieses zu; die Fixierung an die Traumen ist bei der Patientin *Breuers* nichts Auffälliges. Aber in anderen Fällen, wie in dem von mir behandelten Tic, dessen Veranlassungen um mehr als fünfzehn und zehn Jahre zurücklagen, ist der Charakter des abnormen Haftens am Vergangenen sehr deutlich und die Patientin *Breuers* hätte ihn wahrscheinlich gleichfalls entwickelt, wenn sie nicht so kurze Zeit nach dem Erleben der Traumen und der Entstehung der Symptome zur *kathartischen* Behandlung gekommen wäre.

Wir haben bisher nur die Beziehung der hysterischen Symptome zur Lebensgeschichte der Kranken erörtert; aus zwei weiteren Momenten der *Breuer*schen Beobachtung können wir aber auch einen Hinweis darauf gewinnen, wie wir den Vorgang der Erkrankung und der Wiederherstellung aufzufassen haben. Fürs erste ist hervorzuheben, daß die Kranke *Breuers* fast in allen pathogenen Situationen eine starke Erregung zu unterdrücken hatte, anstatt ihr durch die entsprechenden Affektzeichen, Worte und Handlungen, Ablauf zu ermöglichen. In dem kleinen Erlebnis mit dem Hund ihrer Gesellschafterin unterdrückte sie aus Rücksicht auf diese jede Äußerung ihres sehr intensiven Ekels; während sie am Bette des Vaters wachte, trug sie beständig Sorge, den Kranken nichts von ihrer Angst und ihrer schmerzlichen Verstimmung merken zu lassen. Als sie später diese selben Szenen vor ihrem Arzt reproduzierte, trat der damals gehemmte Affekt mit besonderer Heftigkeit, als ob er sich so lange aufgespart hätte, auf. Ja, das Symptom, welches von dieser Szene erübrigt war, gewann seine höchste Intensität, während man sich seiner Verursachung näherte, um nach der völligen Erledigung derselben zu verschwinden. Andererseits konnte man die Erfahrung machen, daß das Erinnern der Szene beim Arzte wirkungslos blieb, wenn es aus irgendeinem Grunde einmal ohne Affektentwicklung ablief. Die Schicksale dieser Affekte, die man sich als verschiebbare Größen vorstellen konnte, waren also das Maßgebende für die Erkrankung wie für die Wiederherstellung. Man sah sich zur Annahme gedrängt, daß die Erkrankung darum zustande kam, weil den in den pathogenen Situationen entwickelten Affekten ein normaler Ausweg versperrt war, und daß das Wesen der Erkrankung darin bestand, daß nun diese »eingeklemmten« Affekte einer abnormen Verwendung unterlagen. Zum Teil blieben sie als dauernde Belastungen des Seelenlebens und Quellen beständiger Erregung für dasselbe bestehen; zum Teil erfuhren sie eine Umsetzung in ungewöhnliche körperliche *Innervationen* und *Hemmungen*, die sich als die körperlichen Symptome des Falles darstellten. Wir haben für diesen letzteren Vorgang den Namen der »*hysterischen Konversion*« geprägt. Ein gewisser Anteil unserer seelischen Erregung wird ohnedies normalerweise auf die Wege der körperlichen Innervation geleitet und ergibt das, was wir als »Ausdruck der Gemütsbewegungen« kennen. Die hysterische Konversion übertreibt nun diesen Anteil des Ablaufes eines mit Affekt besetzten seelischen Vorganges; sie entspricht einem weit intensiveren, auf neue Bahnen geleiteten Ausdruck der Gemütsbewegung. Wenn ein Strombett in zwei Kanälen fließt, so wird eine Überfüllung des einen stattfinden, sobald die Strömung in dem anderen auf ein Hindernis stößt.

Sie sehen, wir sind im Begriffe zu einer rein psychologischen Theorie der Hysterie zu gelangen, in welcher wir den Affektvorgängen den ersten Rang anweisen. Eine zweite Beobachtung Breuers nötigt uns nun, in der Charakteristik des krankhaften Geschehens den Bewußtseinszuständen eine große Bedeutung einzuräumen. Die Kranke Breuers zeigte mannigfaltige seelische Verfassungen, Zustände von Abwesenheit, Verworrenheit und Charakterveränderung neben ihrem Normalzustand. Im Normalzustand wußte sie nun nichts von jenen pathogenen Szenen und von deren Zusammenhang mit ihren Symptomen; sie hatte diese Szenen vergessen oder jedenfalls den pathogenen Zusammenhang zerrissen. Wenn man sie in die Hypnose versetzte, gelang es nach Aufwendung beträchtlicher Arbeit, ihr diese Szenen ins Gedächtnis zurückzurufen, und durch diese Arbeit des Wiedererinnerns wurden die Symptome aufgehoben. Man wäre in großer Verlegenheit, wie man diese Tatsache deuten sollte, wenn nicht die Erfahrungen und Experimente des Hypnotismus den Weg dazu gewiesen hätten. Durch das Studium der hypnotischen Phänomene hat man sich an die anfangs befremdliche Auffassung gewöhnt, daß in einem und demselben Individuum mehrere seelische Gruppierungen möglich sind, die ziemlich unabhängig voneinander bleiben können, voneinander »nichts wissen«, und die das Bewußtsein alternierend an sich reißen. Fälle solcher Art, die man als *double conscience* bezeichnet, kommen gelegentlich auch spontan zur Beobachtung. Wenn bei solcher Spaltung der Persönlichkeit das Bewußtsein konstant an den einen der beiden Zustände gebunden bleibt, so heißt man diesen den *bewußten* Seelenzustand, den von ihm abgetrennten den *unbewußten*. In den bekannten Phänomenen der sogenannten posthypnotischen Suggestion, wobei ein in der Hypnose gegebener Auftrag sich später im Normalzustand gebieterisch durchsetzt, hat man ein vorzügliches Vorbild für die Beeinflussungen, die der bewußte Zustand durch den für ihn unbewußten erfahren kann, und nach diesem Muster gelingt es allerdings, sich die Erfahrungen bei der Hysterie zurechtzulegen. Breuer entschloß sich zur Annahme, daß die hysterischen Symptome in solchen besonderen seelischen Zuständen, die er *hypnoide* nannte, entstanden seien. Erregungen, die in solche hypnoide Zustände hineingeraten, werden leicht pathogen, weil diese Zustände nicht die Bedingungen für einen normalen Ablauf der Erregungsvorgänge bieten. Es entsteht also aus dem Erregungsvorgang ein ungewöhnliches Produkt, eben das Symptom, und dieses ragt wie ein Fremdkörper in den Normalzustand hinein, dem dafür die Kenntnis der hypnoiden pathogenen Situation abgeht. Wo ein Symptom besteht, da findet sich auch eine Amnesie, eine Erinnerungslücke, und die Ausfüllung dieser Lücke schließt die Aufhebung der Entstehungsbedingungen des Symptoms in sich ein.

Ich fürchte, daß Ihnen dieses Stück meiner Darstellung nicht sehr durchsichtig erschienen ist. Aber haben Sie Nachsicht, es handelt sich um neue und schwierige Anschauungen, die vielleicht nicht viel klarer gemacht werden können; ein Beweis dafür, daß wir mit unserer Erkenntnis noch nicht sehr weit vorgedrungen sind. Die Breuersche Aufstellung der *hypnoiden* Zustände hat sich übrigens als hemmend und überflüssig erwiesen und ist von der heutigen Psychoanalyse fallengelassen worden. Sie werden später wenigstens andeutungsweise hören, welche Einflüsse und Vorgänge hinter der von Breuer aufgestellten Schranke der hypnoiden Zustände zu entdecken waren. Sie werden auch mit Recht den Eindruck empfangen haben, daß die Breuersche Forschung Ihnen nur eine sehr unvollständige Theorie und unbefriedigende Aufklärung der beobachteten Erscheinungen geben konnte, aber vollkommene Theorien fallen nicht vom Himmel, und Sie werden mit noch größerem Recht mißtrauisch sein, wenn Ihnen jemand eine lückenlose und abgerundete Theorie bereits zu Anfang seiner Beobachtungen anbietet. Eine solche wird gewiß nur das Kind seiner Spekulation sein können und nicht die Frucht voraussetzungsloser Erforschung des Tatsächlichen.

II

Meine Damen und Herren! Etwa gleichzeitig, während Breuer mit seiner Patientin die *»talking cure«* übte, hatte Meister Charcot in Paris jene Untersuchungen über die Hysterischen der Salpêtrière begonnen, von denen ein neues Verständnis der Krankheit ausgehen sollte. Diese Resultate konnten damals in Wien noch nicht bekannt sein. Als aber etwa ein Dezennium später Breuer und ich die vorläufige Mitteilung über den psychischen Mechanismus hysterischer Phänomene veröffentlichten, welche an die kathartische Behandlung bei Breuers erster Patientin anknüpfte, da befanden wir uns ganz im Banne der Charcotschen Forschungen. Wir stellten die pathogenen Erlebnisse unserer Kranken als psychische Traumen jenen körperlichen Traumen gleich, deren Einfluß auf hysterische Lähmungen Charcot festgestellt hatte, und Breuers Aufstellung der hypnoiden Zustände ist selbst nichts anderes als ein Reflex der Tatsache, daß Charcot jene traumatischen Lähmungen in der Hypnose künstlich reproduziert hatte.

Der große französische Beobachter, dessen Schüler ich 1885 und 1886 wurde, war selbst psychologischen Auffassungen nicht geneigt; erst sein Schüler P. Janet versuchte ein tieferes Eindringen in die besonderen psychischen Vorgänge bei der Hysterie, und wir folgten seinem Beispiele, als wir die seelische Spaltung und den Zerfall der Persönlichkeit in das Zentrum unserer Auffassung rückten. Sie finden bei Janet eine Theorie der Hysterie, welche den in Frankreich herrschenden Lehren über die Rolle der Erblichkeit und der Degeneration Rechnung trägt. Die Hysterie ist nach ihm eine Form der degenerativen Veränderung des Nervensystems, welche sich durch eine angeborene Schwäche der psychischen Synthese kundgibt. Die hysterisch Kranken seien von Anfang an unfähig, die Mannigfaltigkeit der seelischen Vorgänge zu einer Einheit zusammenzuhalten, und daher komme die Neigung zur seelischen Dissoziation. Wenn Sie mir ein banales, aber deutliches Gleichnis gestatten, Janets Hysterische erinnert an eine schwache Frau, die ausgegangen ist, um Einkäufe zu machen, und nun mit einer Menge von Schachteln und Paketen beladen zurückkommt. Sie kann den ganzen Haufen mit ihren zwei Armen und zehn Fingern nicht bewältigen, und so entfällt ihr zuerst ein Stück. Bückt sie sich, um dieses aufzuheben, so macht sich dafür ein anderes los usw. Es stimmt nicht gut zu dieser angenommenen seelischen Schwäche der Hysterischen, daß man bei ihnen außer den Erscheinungen verminderter Leistung auch Beispiele von teilweiser Steigerung der Leistungsfähigkeit, wie zur Entschädigung, beobachten kann. Zur Zeit, als Breuers Patientin ihre Muttersprache und alle anderen Sprachen bis auf Englisch vergessen hatte, erreichte ihre Beherrschung des Englischen eine solche Höhe, daß sie imstande war, wenn man ihr ein deutsches Buch vorlegte, eine tadellose und fließende englische Übersetzung desselben vom Blatt herunterzulesen.

Als ich es später unternahm, die von Breuer begonnenen Untersuchungen auf eigene Faust fortzusetzen, gelangte ich bald zu einer anderen Ansicht über die Entstehung der hysterischen Dissoziation (Bewußtseinsspaltung). Eine solche, für alles weitere entscheidende Divergenz mußte sich notwendigerweise ergeben, da ich nicht wie Janet von Laboratoriumsversuchen, sondern von therapeutischen Bemühungen ausging.

Mich trieb vor allem das praktische Bedürfnis. Die kathartische Behandlung, wie sie Breuer geübt hatte, setzte voraus, daß man den Kranken in tiefe Hypnose bringe, denn nur im hypnotischen Zustand fand er die Kenntnis jener pathogenen Zusammenhänge, die ihm in seinem Normalzustand abging. Nun war mir die Hypnose als ein launenhaftes und sozusagen mystisches Hilfsmittel bald unliebsam geworden; als ich aber die Erfahrung machte, daß es mir trotz aller Bemühungen nicht gelingen wollte, mehr als einen Bruchteil meiner Kranken in den hypnotischen Zustand zu versetzen, beschloß ich, die Hypnose aufzugeben und die kathartische Behandlung von ihr unabhängig zu machen. Weil ich den psychischen Zustand meiner meisten Patienten nicht nach meinem Belieben verändern konnte, richtete ich mich darauf ein, mit ihrem Normalzustand zu arbeiten. Das schien allerdings vorerst ein sinn- und aussichtsloses Unternehmen zu sein. Es war die Aufgabe gestellt, etwas vom Kranken zu erfahren, was man nicht wußte und was er selbst nicht wußte; wie konnte man hoffen, dies doch in Erfahrung zu bringen? Da kam mir die Erinnerung an einen sehr merkwürdigen und lehrreichen Versuch zu Hilfe, den ich bei Bernheim in Nancy mitangesehen hatte. Bernheim zeigte uns damals, daß die Personen, welche er in hypnotischen Somnambulismus versetzt und in diesem Zustand allerlei hatte erleben lassen, die Erinnerung an das somnambul Erlebte doch nur zum Schein verloren hatten, und daß es möglich war, bei ihnen diese Erinnerungen auch im Normalzustand zu erwecken. Wenn er sie nach den somnambulen Erlebnissen befragte, so behaupteten sie anfangs zwar, nichts zu wissen, aber wenn er nicht nachgab, drängte, ihnen versicherte, sie wüßten es doch, so kamen die vergessenen Erinnerungen jedesmal wieder.

So machte ich es also auch mit meinen Patienten. Wenn ich mit ihnen bis zu einem Punkte gekommen war, an dem sie behaupteten, nichts weiter zu wissen, so versicherte ich ihnen, sie wüßten es doch, sie sollten es nur sagen, und ich getraute mich der Behauptung, daß die Erinnerung die richtige sein würde, die ihnen in dem Moment käme, da ich meine Hand auf ihre Stirne legte. Auf diese Weise gelang es mir, ohne Anwendung der Hypnose, von den Kranken alles zu erfahren, was zur Herstellung des Zusammenhanges zwischen den vergessenen pathogenen Szenen und den von ihnen erübrigten Symptomen erforderlich war. Aber es war ein mühseliges, ein auf die Dauer erschöpfendes Verfahren, das sich für eine endgültige Technik nicht eignen konnte.

Ich gab es jedoch nicht auf, ohne aus den dabei gemachten Wahrnehmungen die entscheidenden Schlüsse zu ziehen. Ich hatte es also bestätigt gefunden, daß die vergessenen Erinnerungen nicht verloren waren. Sie waren im Besitze des Kranken und bereit, in Assoziation an das von ihm noch Gewußte aufzutauchen, aber irgendeine Kraft hinderte sie daran, bewußt zu werden, und nötigte sie, unbewußt zu bleiben. Die

Existenz dieser Kraft konnte man mit Sicherheit annehmen, denn man verspürte eine ihr entsprechende Anstrengung, wenn man sich bemühte, im Gegensatz zu ihr die unbewußten Erinnerungen ins Bewußtsein des Kranken einzuführen. Man bekam die Kraft, welche den krankhaften Zustand aufrechterhielt, als *Widerstand* des Kranken zu spüren.

Auf diese Idee des Widerstandes habe ich nun meine Auffassung der psychischen Vorgänge bei der Hysterie gegründet. Es hatte sich als notwendig zur Herstellung erwiesen, diese Widerstände aufzuheben; vom Mechanismus der Heilung aus konnte man sich jetzt ganz bestimmte Vorstellungen über den Hergang bei der Erkrankung bilden. Dieselben Kräfte, die sich heute als Widerstand dem Bewußtmachen des Vergessenen widersetzten, mußten seinerzeit dieses Vergessen bewirkt und die betreffenden pathogenen Erlebnisse aus dem Bewußtsein gedrängt haben. Ich nannte diesen von mir supponierten Vorgang *Verdrängung* und betrachtete ihn als erwiesen durch die unleugbare Existenz des *Widerstandes*.

Man konnte sich aber auch die Frage vorlegen, welches diese Kräfte und welche die Bedingungen der Verdrängung seien, in der wir nun den pathogenen Mechanismus der Hysterie erkennen. Eine vergleichende Untersuchung der pathogenen Situationen, die man durch die kathartische Behandlung kennengelernt hatte, gestattete hierauf Antwort zu geben. Bei all diesen Erlebnissen hatte es sich darum gehandelt, daß eine Wunschregung aufgetaucht war, welche in scharfem Gegensatze zu den sonstigen Wünschen des Individuums stand, sich als unverträglich mit den ethischen und ästhetischen Ansprüchen der Persönlichkeit erwies. Es hatte einen kurzen Konflikt gegeben, und das Ende dieses inneren Kampfes war, daß die Vorstellung, welche als der Träger jenes unvereinbaren Wunsches vor dem Bewußtsein auftrat, der Verdrängung anheimfiel und mit den zu ihr gehörigen Erinnerungen aus dem Bewußtsein gedrängt und vergessen wurde. Die Unverträglichkeit der betreffenden Vorstellung mit dem Ich des Kranken war also das Motiv der Verdrängung; die ethischen und anderen Anforderungen des Individuums waren die verdrängenden Kräfte. Die Annahme der unverträglichen Wunschregung oder die Fortdauer des Konflikts hätten hohe Grade von Unlust hervorgerufen; diese Unlust wurde durch die Verdrängung erspart, die sich in solcher Art als eine der Schutzvorrichtungen der seelischen Persönlichkeit erwies.

Ich will Ihnen anstatt vieler einen einzigen meiner Fälle erzählen, in welchem Bedingungen und Nutzen der Verdrängung deutlich genug zu erkennen sind. Freilich muß ich für meinen Zweck auch diese Krankengeschichte verkürzen und wichtige Voraussetzungen derselben beiseite lassen. Ein junges Mädchen, welches kurz vorher den geliebten Vater verloren hatte, an dessen Pflege sie beteiligt gewesen war — eine Situation analog der bei der Patientin Breuers —, brachte, als ihre ältere Schwester sich verheiratete, dem neuen Schwager eine besondere Sympathie entgegen, die sich leicht als verwandtschaftliche Zärtlichkeit maskieren konnte. Diese Schwester erkrankte bald und starb, während die Patientin mit ihrer Mutter abwesend war. Die Abwesenden wurden eiligst zurückgerufen, ohne in sichere Kenntnis des schmerzlichen Ereignisses gesetzt zu werden. Als das Mädchen an das Bett der toten Schwester trat, tauchte für einen kurzen Moment eine Idee in ihr auf, die sich etwa in den Worten ausdrücken ließe: *Jetzt ist er frei und kann mich heiraten.* Wir dürfen als sicher annehmen, daß diese Idee, welche die ihr selbst nicht bewußte intensive Liebe zum Schwager ihrem Bewußtsein verriet, durch den Aufruhr ihrer Gefühle im nächsten Moment der Verdrängung überliefert wurde. Das Mädchen erkrankte an schweren hysterischen Symptomen, und als ich sie in Behandlung genommen hatte, stellte es sich heraus, daß sie jene Szene am Bette der Schwester und die in ihr auftretende häßlich-egoistische Regung gründlich vergessen hatte. Sie erinnerte sich daran in der Behandlung, reproduzierte den pathogenen Moment unter den Anzeichen heftigster Gemütsbewegung und wurde durch diese Behandlung gesund.

Vielleicht darf ich Ihnen den Vorgang der Verdrängung und deren notwendige Beziehung zum Widerstand durch ein grobes Gleichnis veranschaulichen, das ich gerade aus unserer gegenwärtigen Situation herausgreifen will. Nehmen Sie an, hier in diesem Saale und in diesem Auditorium, dessen musterhafte Ruhe und Aufmerksamkeit ich nicht genug zu preisen weiß, befände sich doch ein Individuum, welches sich störend benimmt und durch sein ungezogenes Lachen, Schwätzen, Scharren mit den Füßen meine Aufmerksamkeit von meiner Aufgabe abzieht. Ich erkläre, daß ich so nicht weiter vortragen kann, und daraufhin erheben sich einige kräftige Männer unter Ihnen und setzen den Störenfried nach kurzem Kampfe vor die Tür. Er ist also jetzt »verdrängt« und ich kann meinen Vortrag fortsetzen. Damit aber die Störung sich nicht wiederhole, wenn der Herausgeworfene versucht, wieder in den Saal einzudringen, rücken die Herren, welche meinen Willen zur Ausführung gebracht haben, ihre Stühle an die Türe an und etablieren sich so als »Widerstand« nach vollzogener Verdrängung. Wenn Sie nun noch die beiden Lokalitäten hier als das »Bewußte« und das »Unbewußte« aufs Psychische übertragen, so haben Sie eine ziemlich gute Nachbildung des Vorganges der Verdrängung vor sich.

Sie sehen nun, worin der Unterschied unserer Auffassung von der Janetschen gelegen ist. Wir leiten die psychische Spaltung nicht von einer angeborenen Unzulänglichkeit des seelischen Apparates zur Synthese ab, sondern erklären sie dynamisch durch den Konflikt widerstreitender Seelenkräfte, erkennen in ihr das Ergebnis eines aktiven Sträubens der beiden psychischen Gruppierungen gegeneinander. Aus unserer Auffassung erheben sich nun neue Fragestellungen in großer Anzahl. Die Situation des psychischen Konflikts ist ja eine überaus häufige, ein Bestreben des Ichs, sich peinlicher Erinnerungen zu erwehren, wird ganz regelmäßig beobachtet, ohne daß es zum Ergebnis einer seelischen Spaltung führte. Man kann den Gedanken nicht abweisen, daß es noch anderer Bedingungen bedarf, wenn der Konflikt die Dissoziation zur Folge haben soll. Ich gebe Ihnen auch gern zu, daß wir mit der Annahme der Verdrängung nicht am Ende, sondern erst am Anfang einer psychologischen Theorie stehen, aber wir können nicht anders als schrittweise vorrücken und müssen die Vollendung der Erkenntnis weiterer und tiefer eindringender Arbeit überlassen.

Unterlassen Sie auch den Versuch, den Fall der Patientin Breuers unter die Gesichtspunkte der Verdrängung zu bringen. Diese Krankengeschichte eignet sich hiezu nicht, weil sie mit Hilfe der hypnotischen Beeinflussung gewonnen worden ist. Erst wenn Sie die Hypnose ausschalten, können Sie die Widerstände und Verdrängungen bemerken und sich von dem wirklichen pathogenen Vorgang eine zutreffende Vorstellung bilden. Die Hypnose verdeckt den Widerstand und macht ein gewisses seelisches Gebiet frei zugänglich, dafür häuft sie den Widerstand an den Grenzen dieses Gebietes zu einem Walle auf, der alles Weitere unzugänglich macht.

Das Wertvollste, was wir aus der Breuerschen Beobachtung gelernt haben, waren die Aufschlüsse über den Zusammenhang der Symptome mit den pathogenen Erlebnissen oder psychischen Traumen, und nun dürfen wir nicht versäumen, diese Einsichten vom Standpunkte der Verdrängungslehre zu würdigen. Man sieht zunächst wirklich nicht ein, wie man von der Verdrängung aus zur Symptombildung gelangen kann. Anstatt eine komplizierte theoretische Ableitung zu geben, will ich an dieser Stelle auf unser früher gebrauchtes Bild für die Verdrängung zurückgreifen. Denken Sie daran, mit der Entfernung des störenden Gesellen und der Niederlassung der Wächter vor der Türe braucht die Angelegenheit nicht beendigt zu sein. Es kann sehr wohl geschehen, daß der Herausgeworfene, der jetzt erbittert und ganz rücksichtslos geworden ist, uns weiter zu schaffen gibt. Er ist zwar nicht mehr unter uns, wir sind seine Gegenwart, sein höhnisches Lachen, seine halblauten Bemerkungen losgeworden, aber in gewisser Hinsicht ist die Verdrängung doch erfolglos gewesen, denn er führt nun draußen einen unerträglichen Spektakel auf, und sein Schreien und mit den Fäusten an die Türe Pochen hemmt meinen Vortrag mehr als früher sein unartiges Benehmen. Unter diesen Verhältnissen würden wir es mit Freuden begrüßen müssen, wenn etwa unser verehrter Präsident Dr. Stanley Hall die Rolle des Vermittlers und Friedensstifters übernehmen wollte. Er würde mit dem ungebärdigen Gesellen draußen sprechen und dann sich an uns mit der Aufforderung wenden, ihn doch wieder einzulassen, er übernehme die Garantie, daß jener sich jetzt besser betragen werde. Auf Dr. Halls Autorität hin entschließen wir uns dazu, die Verdrängung wieder aufzuheben, und nun tritt wieder Ruhe und Frieden ein. Es ist dies wirklich keine unpassende Darstellung der Aufgabe, die dem Arzt bei der psychoanalytischen Therapie der Neurosen zufällt.

Um es jetzt direkter zu sagen: Wir kommen durch die Untersuchung der hysterisch Kranken und anderer Neurotiker zur Überzeugung, daß ihnen die Verdrängung der Idee, an welcher der unerträgliche Wunsch hängt, *mißlungen* ist. Sie haben sie zwar aus dem Bewußtsein und aus der Erinnerung getrieben und sich anscheinend eine große Summe Unlust erspart, *aber im Unbewußten besteht die verdrängte Wunschregung* weiter, lauert auf eine Gelegenheit, aktiviert zu werden, und versteht es dann, eine entstellte und unkenntlich gemachte *Ersatzbildung* für das Verdrängte ins Bewußtsein zu schicken, an welche sich bald dieselben Unlustempfindungen knüpfen, die man durch die Verdrängung erspart glaubte. Diese Ersatzbildung für die verdrängte Idee — das *Symptom* — ist gegen weitere Angriffe von seiten des abwehrenden Ichs gefeit, und an Stelle des kurzen Konflikts tritt jetzt ein in der Zeit nicht endendes Leiden. An dem Symptom ist neben den Anzeichen der Entstellung ein Rest von irgendwie vermittelter Ähnlichkeit mit der ursprünglich verdrängten Idee zu konstatieren; die Wege, auf denen sich die Ersatzbildung vollzog, lassen sich während der psychoanalytischen Behandlung des Kranken aufdecken, und zu seiner Heilung ist es notwendig, daß das Symptom auf diesen nämlichen Wegen wieder in die verdrängte Idee übergeführt werde. Ist das Verdrängte wieder der bewußten Seelentätigkeit zugeführt, was die Überwindung beträchtlicher Widerstände voraussetzt, so kann der so entstandene psychische Konflikt, den der Kranke vermeiden wollte, unter der Leitung des Arztes einen besseren Ausgang finden, als ihn die Verdrängung bot. Es gibt mehrere solcher zweckmäßigen Erledigungen, welche

Konflikt und Neurose zum glücklichen Ende führen, und die im einzelnen Falle auch miteinander kombiniert erzielt werden können. Entweder wird die Persönlichkeit des Kranken überzeugt, daß sie den pathogenen Wunsch mit Unrecht abgewiesen hat und veranlaßt, ihn ganz oder teilweise zu akzeptieren, oder dieser Wunsch wird selbst auf ein höheres und darum einwandfreies Ziel geleitet (was man seine *Sublimierung* heißt), oder man erkennt seine Verwerfung als zu Recht bestehend an, ersetzt aber den automatischen und darum unzureichenden Mechanismus der Verdrängung durch eine Verurteilung mit Hilfe der höchsten geistigen Leistungen des Menschen; man erreicht seine bewußte Beherrschung.

Verzeihen Sie mir, wenn es mir nicht gelungen ist, Ihnen diese Hauptgesichtspunkte der nun *Psychoanalyse* genannten Behandlungsmethode klarer faßlich darzustellen. Die Schwierigkeiten liegen nicht nur in der Neuheit des Gegenstandes. Welcher Art die unverträglichen Wünsche sind, die sich trotz der Verdrängung aus dem Unbewußten vernehmbar zu machen verstehen, und welche subjektiven oder konstitutionellen Bedingungen bei einer Person zutreffen müssen, damit sich ein solches Mißlingen der Verdrängung und eine Ersatz- oder Symptombildung vollziehe, darüber werden noch einige spätere Bemerkungen Aufschluß geben.

III

Meine Damen und Herren! Es ist nicht immer leicht die Wahrheit zu sagen, besonders wenn man kurz sein muß, und so bin ich heute genötigt, eine Unrichtigkeit zu korrigieren, die ich in meinem letzten Vortrag vorgebracht habe. Ich sagte Ihnen, wenn ich unter Verzicht auf die Hypnose in meine Kranken drang, mir doch mitzuteilen, was ihnen zu dem eben behandelten Problem einfiele — sie wüßten ja doch alles angeblich Vergessene, und der auftauchende Einfall werde gewiß das Gesuchte enthalten —, so machte ich tatsächlich die Erfahrung, daß der nächste Einfall meines Kranken das Richtige brachte und sich als die vergessene Fortsetzung der Erinnerung erwies. Nun, das ist nicht allgemein richtig; ich habe es nur der Abkürzung halber so einfach dargestellt. In Wirklichkeit traf es nur die ersten Male zu, daß sich das richtige Vergessene durch einfaches Drängen von meiner Seite einstellte. Setzte man das Verfahren fort, so kamen jedesmal Einfälle, die nicht die richtigen sein konnten, weil sie nicht passend waren, und die die Kranken selbst als unrichtig verwarfen. Das Drängen brachte hier keine weitere Hilfe, und man konnte wieder bedauern, die Hypnose aufgegeben zu haben.

In diesem Stadium der Ratlosigkeit klammerte ich mich an ein Vorurteil, dessen wissenschaftliche Berechtigung Jahre später durch C. G. Jung in Zürich und seine Schüler erwiesen wurde. Ich muß behaupten, es ist manchmal recht nützlich, Vorurteile zu haben. Ich brachte eine hohe Meinung von der Strenge der Determinierung seelischer Vorgänge mit und konnte nicht daran glauben, daß ein Einfall des Kranken, den er bei gespannter Aufmerksamkeit produzierte, ganz willkürlich und außer Beziehung zu der von uns gesuchten vergessenen Vorstellung sei; daß er mit dieser nicht identisch war, ließ sich aus der vorausgesetzten psychologischen Situation befriedigend erklären. In dem behandelten Kranken wirkten zwei Kräfte gegeneinander, einerseits sein bewußtes Bestreben, das in seinem Unbewußten vorhandene Vergessene ins Bewußtsein zu ziehen, andererseits der uns bekannte Widerstand, der sich gegen solches Bewußtwerden des Verdrängten oder seiner Abkömmlinge sträubte. War dieser Widerstand gleich Null oder sehr gering, so wurde das Vergessene ohne Entstellung bewußt; es lag also nahe, anzunehmen, daß die Entstellung des Gesuchten um so größer ausfallen werde, je größer der Widerstand gegen das Bewußtwerden des Gesuchten sei. Der Einfall des Kranken, der anstatt des Gesuchten kam, war also selbst entstanden wie ein Symptom; er war eine neue, künstliche und ephemere Ersatzbildung für das Verdrängte, und demselben um so unähnlicher, eine je größere Entstellung er unter dem Einfluß des Widerstandes erfahren hatte. Er mußte aber doch eine gewisse Ähnlichkeit mit dem Gesuchten aufweisen, kraft seiner Natur als Symptom, und bei nicht zu intensivem Widerstand mußte es möglich sein, aus dem Einfall das verborgene Gesuchte zu erraten. Der Einfall mußte sich zum verdrängten Element verhalten wie eine Anspielung, wie eine Darstellung desselben in *indirekter* Rede.

Wir kennen auf dem Gebiete des normalen Seelenlebens Fälle, in denen analoge Situationen wie die von uns angenommene auch ähnliche Ergebnisse liefern. Ein solcher Fall ist der des *Witzes*. Durch die Probleme der psychoanalytischen Technik bin ich denn auch genötigt worden, mich mit der Technik der Witzbildung zu beschäftigen. Ich will Ihnen ein einziges solches Beispiel erläutern, übrigens einen Witz in englischer Sprache.

Die Anekdote erzählt:[1] Zwei wenig skrupulösen Geschäftsleuten war es gelungen, sich durch eine Reihe recht gewagter Unternehmungen ein großes Vermögen zu erwerben, und nun ging ihr Bemühen dahin, sich der guten Gesellschaft aufzudrängen. Unter anderem erschien es ihnen als ein zweckmäßiges Mittel, sich von dem vornehmsten und teuersten Maler der Stadt, dessen Bilder als Ereignisse betrachtet wurden, malen zu lassen. Auf einer großen Soiree wurden die kostbaren Bilder zuerst gezeigt, und die beiden Hausherren führten selbst den einflußreichsten Kunstkenner und Kritiker zur Wand des Salons, an welcher die beiden Porträts nebeneinander aufgehängt waren, um ihm sein bewunderndes Urteil zu entlocken. Der sah die Bilder lange Zeit an, schüttelte dann den Kopf, als ob er etwas vermissen würde, und fragte bloß, auf den freien Raum zwischen den beiden Bildern deutend: »*And where is the Saviour?*« Ich sehe, Sie lachen alle über diesen guten Witz, in dessen Verständnis wir nun eindringen wollen. Wir verstehen, daß der Kunstkenner sagen will: Ihr seid ein Paar Spitzbuben, wie die, zwischen denen man den Heiland ans Kreuz hängte. Aber er sagt es nicht; anstatt dessen äußert er etwas, was zunächst sonderbar unpassend und nicht dazugehörig scheint, was

1 Der Witz und seine Beziehung zum Unbewußten. Wien 1905, 3. Aufl., 1921, p. 60. (Enthalten in Bd. VI der Gesammelten Werke.)

wir aber im nächsten Moment als eine *Anspielung* auf die von ihm beabsichtigte Beschimpfung und als einen vollgültigen Ersatz für dieselbe erkennen. Wir können nicht erwarten, daß sich beim Witz alle die Verhältnisse wiederfinden lassen, die wir bei der Entstehung des Einfalles bei unseren Patienten vermuten, aber auf die Identität in der Motivierung von Witz und Einfall wollen wir Gewicht legen. Warum sagt unser Kritiker den beiden Spitzbuben nicht direkt, was er ihnen sagen möchte? Weil neben seinem Gelüste, es ihnen unverhüllt ins Gesicht zu sagen, sehr gute Gegenmotive in ihm wirksam sind. Es ist nicht ungefährlich, Leute zu beleidigen, bei denen man zu Gaste ist, und die über die kräftigen Fäuste einer zahlreichen Dienerschaft verfügen. Man kann leicht jenem Schicksal verfallen, das ich im vorigen Vortrag in eine Analogie mit der »Verdrängung« brachte. Aus diesem Grunde bringt der Kritiker die beabsichtigte Beschimpfung nicht direkt, sondern in entstellter Form als eine »Anspielung mit Auslassung« zum Ausdruck, und dieselbe Konstellation verschuldet es nach unserer Meinung, daß unser Patient, anstatt des gesuchten Vergessenen, einen mehr oder minder entstellten *Ersatzeinfall* produziert.

Meine Damen und Herren! Es ist recht zweckmäßig, eine Gruppe von zusammengehörigen, mit Affekt besetzten Vorstellungselementen nach dem Vorgange der *Züricher* Schule (Bleuler, Jung u. a.) als einen »*Komplex*« zu bezeichnen. Wir sehen also, wenn wir bei einem Kranken von dem letzten, was er noch erinnert, ausgehen, um einen verdrängten Komplex zu suchen, so haben wir alle Aussicht, diesen zu erraten, wenn uns der Kranke eine genügende Anzahl seiner freien Einfälle zur Verfügung stellt. Wir lassen also den Kranken reden, was er will, und halten an der Voraussetzung fest, daß ihm nichts anderes einfallen kann, als was in indirekter Weise von dem gesuchten Komplex abhängt. Erscheint Ihnen dieser Weg, das Verdrängte aufzufinden, allzu umständlich, so kann ich Ihnen wenigstens die Versicherung geben, daß er der einzig gangbare ist.

Wenn wir diese Technik ausüben, so werden wir noch durch die Tatsache gestört, daß der Kranke häufig innehält, in

Stockungen gerät und behauptet, er wisse nichts zu sagen, es falle ihm überhaupt nichts ein. Träfe dies zu und hätte der Kranke recht, so wäre unser Verfahren wiederum als unzulänglich erwiesen. Allein eine feinere Beobachtung zeigt, daß ein solches Versagen der Einfälle eigentlich nie eintritt. Dieser Anschein kommt nur dadurch zustande, daß der Kranke den wahrgenommenen Einfall unter dem Einfluß der Widerstände, die sich in verschiedene kritische Urteile über den Wert des Einfalls kleiden, zurückhält oder wieder beseitigt. Man schützt sich dagegen, indem man ihm dieses Verhalten vorhersagt und von ihm fordert, daß er sich um diese Kritik nicht kümmere. Er soll unter völligem Verzicht auf solche kritische Auswahl alles sagen, was ihm in den Sinn kommt, auch wenn er es für unrichtig, für nicht dazugehörig, für unsinnig hält, vor allem auch dann, wenn es ihm unangenehm ist, sein Denken mit dem Einfall zu beschäftigen. Durch die Befolgung dieser Vorschrift sichern wir uns das Material, welches uns auf die Spur der verdrängten Komplexe führt.

Dieses Material von Einfällen, welche der Kranke geringschätzend von sich weist, wenn er unter dem Einflusse des Widerstandes anstatt unter dem des Arztes steht, stellt für den Psychoanalytiker gleichsam das Erz dar, dem er mit Hilfe von einfachen Deutungskünsten seinen Gehalt an wertvollem Metall entzieht. Wollen Sie sich bei einem Kranken eine rasche und vorläufige Kenntnis der verdrängten Komplexe schaffen, ohne noch auf deren Anordnung und Verknüpfung einzugehen, so bedienen Sie sich dazu der Prüfung mit dem *Assoziationsexperiment,* wie sie Jung[1] und seine Schüler ausgebildet haben. Dies Verfahren leistet dem Psychoanalytiker so viel wie die qualitative Analyse dem Chemiker; es ist in der Therapie der neurotisch Kranken entbehrlich, unentbehrlich aber zur objektiven Demonstration der Komplexe und bei der Untersuchung der Psychosen, die von der Züricher Schule so erfolgreich in Angriff genommen worden ist.

1 C. G. Jung. Diagnostische Assoziationsstudien, I. Bd., 1906.

Die Bearbeitung der Einfälle, welche sich dem Patienten ergeben, wenn er sich der psychoanalytischen Hauptregel unterwirft, ist nicht das einzige unserer technischen Mittel zur Erschließung des Unbewußten. Dem gleichen Zwecke dienen zwei andere Verfahren, die Deutung seiner Träume und die Verwertung seiner Fehl- und Zufallshandlungen.

Ich gestehe Ihnen, meine geehrten Zuhörer, daß ich lange geschwankt habe, ob ich Ihnen anstatt dieser gedrängten Übersicht über das ganze Gebiet der Psychoanalyse nicht lieber eine ausführliche Darstellung der *Traumdeutung* bieten soll.[1] Ein rein subjektives und anscheinend sekundäres Motiv hat mich davon zurückgehalten. Es erschien mir fast anstößig, in diesem praktischen Zielen zugewendeten Lande als »Traumdeuter« aufzutreten, ehe Sie noch wissen konnten, auf welche Bedeutung diese veraltete und verspottete Kunst Anspruch erheben kann. Die Traumdeutung ist in Wirklichkeit die Via Regia zur Kenntnis des Unbewußten, die sicherste Grundlage der Psychoanalyse und jenes Gebiet, auf welchem jeder Arbeiter seine Überzeugung zu gewinnen und seine Ausbildung anzustreben hat. Wenn ich gefragt werde, wie man Psychoanalytiker werden kann, so antworte ich, durch das Studium seiner eigenen Träume. Mit richtigem Takt sind alle Gegner der Psychoanalyse bisher einer Würdigung der »Traumdeutung« ausgewichen oder haben mit den seichtesten Einwendungen über sie hinwegzukommen getrachtet. Wenn Sie im Gegenteile die Lösungen der Probleme des Traumlebens anzunehmen vermögen, werden Ihnen die Neuheiten, welche die Psychoanalyse Ihrem Denken zumutet, keine Schwierigkeiten mehr bieten.

Vergessen Sie nicht, daß unsere nächtlichen Traumproduktionen einerseits die größte äußere Ähnlichkeit und innere Verwandtschaft mit den Schöpfungen der Geisteskrankheit zeigen, andererseits aber mit der vollen Gesundheit des Wachlebens verträglich sind. Es ist keine paradoxe Behauptung, daß, wer jenen »normalen« Sinnestäuschungen, Wahnideen und Charakteränderungen Verwunderung anstatt Ver-

[1] Die Traumdeutung, 1900 (7. Aufl. 1922; enthalten in Bd. II u. III der Gesammelten Werke).

ständnis entgegenbringt, auch nicht die leiseste Aussicht hat, die abnormen Bildungen krankhafter Seelenzustände anders als im laienhaften Sinne zu begreifen. Zu diesen Laien dürfen Sie heute getrost fast alle Psychiater zählen. Folgen Sie mir nun auf einen flüchtigen Streifzug durch das Gebiet der Traumprobleme.

Wir pflegen, wenn wir erwacht sind, die Träume so verächtlich zu behandeln, wie der Patient die Einfälle, die der Psychoanalytiker von ihm fordert. Wir weisen sie aber auch von uns ab, indem wir sie in der Regel rasch und vollständig vergessen. Unsere Geringschätzung gründet sich auf den fremdartigen Charakter selbst jener Träume, die nicht verworren und unsinnig sind, und auf die evidente Absurdität und Sinnlosigkeit anderer Träume; unsere Abweisung beruft sich auf die ungehemmt schamlosen und unmoralischen Strebungen, die in manchen Träumen offen zutage treten. Das Altertum hat diese Geringschätzung der Träume bekanntlich nicht geteilt. Die niederen Schichten unseres Volkes lassen sich in der Wertschätzung der Träume auch heute nicht irremachen; sie erwarten von ihnen wie die Alten die Enthüllung der Zukunft.

Ich bekenne, daß ich kein Bedürfnis nach mystischen Annahmen zur Ausfüllung der Lücken unserer gegenwärtigen Erkenntnis habe, und darum habe ich auch nie etwas finden können, was eine prophetische Natur der Träume bestätigte. Es läßt sich viel Andersartiges, was auch wunderbar genug ist, über die Träume sagen.

Zunächst, nicht alle Träume sind dem Träumer wesensfremd, unverständlich und verworren. Wenn Sie die Träume jüngster Kinder, von eineinhalb Jahren an, Ihrer Betrachtung unterziehen wollen, so finden sie dieselben ganz simpel und leicht aufzuklären. Das kleine Kind träumt immer die Erfüllung von Wünschen, die der Tag vorher in ihm erweckt und nicht befriedigt hat. Sie bedürfen keiner Deutungskunst, um diese einfache Lösung zu finden, sondern nur der Erkundigung nach den Erlebnissen des Kindes am Vortag (Traumtag). Es wäre nun gewiß die befriedigendste Lösung des Traumrätsels, wenn auch die Träume der Erwachsenen nichts anderes wären als die der Kinder, Erfüllungen von Wunschregungen, die ihnen der Traumtag gebracht hat. So ist es auch in Wirklichkeit; die Schwierigkeiten, welche dieser Lösung im Wege stehen, lassen sich durch eine eingehendere Analyse der Träume schrittweise beseitigen.

Da ist vor allem die erste und gewichtigste Einwendung, daß die Träume Erwachsener gewöhnlich einen unverständlichen Inhalt haben, der am wenigsten etwas von Wuncherfüllung erkennen läßt. Die Antwort lautet hier: Diese Träume haben eine Entstellung erfahren; der psychische Vorgang, der ihnen zugrunde liegt, hätte ursprünglich ganz anderen Ausdruck in Worten finden sollen. Sie müssen den *manifesten Trauminhalt*, wie Sie ihn am Morgen verschwommen erinnern und mühselig, anscheinend willkürlich, in Worte kleiden, unterscheiden von den *latenten Traumgedanken*, die Sie im Unbewußten als vorhanden anzunehmen haben. Diese Traumentstellung ist derselbe Vorgang, den Sie bei der Untersuchung der Bildung hysterischer Symptome kennengelernt haben; sie weist auch darauf hin, daß das gleiche Gegenspiel der seelischen Kräfte bei der Traumbildung wie bei der Symptombildung beteiligt ist. Der manifeste Trauminhalt ist der entstellte Ersatz für die unbewußten Traumgedanken, und diese Entstellung ist das Werk von abwehrenden Kräften des Ichs, Widerständen, welche den verdrängten Wünschen des Unbewußten den Zugang zum Bewußtsein im Wachleben überhaupt verwehren, in der Herabsetzung des Schlafzustandes aber wenigstens noch so stark sind, daß sie ihnen eine verhüllende Vermummung aufnötigen. Der Träumer erkennt dann den Sinn seiner Träume ebensowenig, wie der Hysterische die Beziehung und Bedeutung seiner Symptome.

Daß es latente Traumgedanken gibt, und daß zwischen ihnen und dem manifesten Trauminhalt wirklich die eben beschriebene Relation besteht, davon überzeugen Sie sich bei der Analyse der Träume, deren Technik mit der psychoanalytischen zusammenfällt. Sie sehen von dem scheinbaren Zusammenhang der Elemente im manifesten Traum ganz ab und suchen sich die Einfälle zusammen, die sich bei freier

Assoziation nach der psychoanalytischen Arbeitsregel zu jedem einzelnen Traumelement ergeben. Aus diesem Material erraten Sie die latenten Traumgedanken ganz so, wie Sie aus den Einfällen des Kranken zu seinen Symptomen und Erinnerungen seine versteckten Komplexe erraten haben. An den so gefundenen latenten Traumgedanken ersehen Sie ohne weiteres, wie vollberechtigt die Rückführung der Träume Erwachsener auf die Kinderträume ist. Was sich jetzt als der eigentliche Sinn des Traumes dem manifesten Trauminhalt substituiert, das ist immer klar verständlich, knüpft an die Lebenseindrücke des Vortages an, erweist sich als eine Erfüllung unbefriedigter Wünsche. Den manifesten Traum, den Sie aus der Erinnerung beim Erwachen kennen, können Sie dann nur beschreiben als eine *verkappte* Erfüllung *verdrängter* Wünsche.

Sie können durch eine Art von synthetischer Arbeit jetzt auch Einsicht nehmen in den Prozeß, der die Einstellung der unbewußten Traumgedanken zum manifesten Trauminhalt herbeigeführt hat. Wir heißen diesen Prozeß die »Traumarbeit«. Derselbe verdient unser vollstes theoretisches Interesse, weil wir an ihm wie sonst nirgends studieren können, welche ungeahnten psychischen Vorgänge im Unbewußten, oder genau ausgedrückt, *zwischen* zwei gesonderten psychischen Systemen wie dem Bewußten und dem Unbewußten, möglich sind. Unter diesen neu erkannten psychischen Vorgängen heben sich die der *Verdichtung* und der *Verschiebung* auffällig heraus. Die Traumarbeit ist ein Spezialfall der Einwirkungen verschiedener seelischer Gruppierungen aufeinander, also der Erfolge der seelischen Spaltung, und sie scheint in allem Wesentlichen identisch mit jener Entstellungsarbeit, welche die verdrängten Komplexe bei mißglückender Verdrängung in Symptome verwandelt.

Sie werden ferner bei der Analyse der Träume, am überzeugendsten Ihrer eigenen, mit Verwunderung die ungeahnt große Rolle entdecken, welche Eindrücke und Erlebnisse früher Jahre der Kindheit auf die Entwicklung des Menschen nehmen. Im Traumleben setzt das Kind im Menschen gleichsam seine Existenz mit Erhaltung all seiner Eigentümlichkeiten und Wunschregungen, auch der im späteren Leben unbrauchbar gewordenen, fort. Mit unabweislicher Macht drängt sich Ihnen auf, durch welche Entwicklungen, Verdrängungen, Sublimierungen und Reaktionsbildungen aus dem ganz anders veranlagten Kinde der sogenannte normale Mensch, der Träger und zum Teil das Opfer der mühsam errungenen Kultur, hervorgeht.

Auch darauf will ich Sie aufmerksam machen, daß wir bei der Analyse der Träume gefunden haben, das Unbewußte bediene sich, insbesondere für die Darstellung sexueller Komplexe, einer gewissen Symbolik, die zum Teil individuell variabel, zum anderen Teil aber typisch festgelegt ist, und die sich mit der Symbolik zu decken scheint, die wir hinter unseren Mythen und Märchen vermuten. Es wäre nicht unmöglich, daß die letzteren Schöpfungen der Völker ihre Aufklärung vom Traume her empfangen könnten.

Endlich muß ich Sie mahnen, daß Sie sich nicht durch den Einwand irremachen lassen, das Vorkommen von Angstträumen widerspreche unserer Auffassung des Traumes als Wunscherfüllung. Abgesehen davon, daß auch diese Angstträume der Deutung bedürfen, ehe man über sie urteilen kann, muß man ganz allgemein sagen, daß die Angst nicht so einfach am Trauminhalt hängt, wie man's sich ohne weitere Kenntnis mit Rücksicht auf die Bedingungen der neurotischen Angst vorstellt. Die Angst ist eine der Ablehnungsreaktionen des Ichs gegen stark gewordene verdrängte Wünsche, und daher auch im Traume sehr gut erklärlich, wenn die Traumbildung sich zu sehr in den Dienst der Erfüllung dieser verdrängten Wünsche gestellt hat.

Sie sehen, die Traumerforschung wäre an sich durch die Aufschlüsse gerechtfertigt, die sie über sonst schwer wißbare Dinge liefert. Wir sind aber im Zusammenhange mit der psychoanalytischen Behandlung der Neurotiker zu ihr gelangt. Nach dem bisher Gesagten können Sie leicht verstehen, wie die Traumdeutung, wenn sie nicht durch die Widerstände des Kranken allzusehr erschwert wird, zur Kenntnis der versteckten und verdrängten Wünsche des Kranken und der von ihnen genährten Komplexe führt, und ich kann zur dritten

Gruppe von seelischen Phänomenen übergehen, deren Studium zum technischen Mittel für die Psychoanalyse geworden ist.

Es sind dies die kleinen Fehlleistungen normaler wie nervöser Menschen, denen man sonst keine Bedeutung beizulegen pflegt, das Vergessen von Dingen, die sie wissen könnten und andere Male auch wirklich wissen (z. B. das zeitweilige Entfallen von Eigennamen), das Versprechen in der Rede, das sich uns selbst so häufig ereignet, das analoge Verschreiben und Verlesen, das Vergreifen bei Verrichtungen und das Verlieren oder Zerbrechen von Gegenständen u. dgl., lauter Dinge, für die man eine psychische Determinierung sonst nicht sucht, und die man als zufällige Ergebnisse, als Erfolge der Zerstreutheit, Unaufmerksamkeit und ähnlicher Bedingungen unbeanständet passieren läßt. Dazu kommen noch die Handlungen und Gesten, welche die Menschen ausführen, ohne sie überhaupt zu bemerken, geschweige denn, daß sie ihnen seelisches Gewicht beilegten, wie das Spielen, Tändeln mit Gegenständen, das Summen von Melodien, das Hantieren am eigenen Körper und an dessen Bekleidung und ähnliches.[1] Diese kleinen Dinge, die *Fehlleistungen* wie die *Symptom-* und *Zufallshandlungen* sind nicht so bedeutungslos, wie man durch eine Art von stillschweigendem Übereinkommen anzunehmen bereit ist. Sie sind durchaus sinnvoll, aus der Situation, in der sie vorfallen, meist leicht und sicher zu deuten, und es stellt sich heraus, daß sie wiederum Impulsen und Absichten Ausdruck geben, die zurückgestellt, dem eigenen Bewußtsein verborgen werden sollen, oder daß sie geradezu den nämlichen verdrängten Wunschregungen und Komplexen entstammen, die wir bereits als die Schöpfer der Symptome und die Bildner der Träume kennengelernt haben. Sie verdienen also die Würdigung von Symptomen, und ihre Beachtung kann wie die der Träume zur Aufdeckung des Verborgenen im Seelenleben führen. Mit ihrer Hilfe verrät der Mensch in der Regel die intimsten seiner Geheimnisse. Wenn sie besonders leicht und häufig zustande

[1] Zur Psychopathologie des Alltagslebens, 1905; 10. Aufl. 1924.

kommen, selbst beim Gesunden, dem die Verdrängung seiner unbewußten Regungen im ganzen gut gelungen ist, so haben sie es ihrer Geringfügigkeit und Unscheinbarkeit zu danken. Aber sie dürfen hohen theoretischen Wert beanspruchen, da sie uns die Existenz der Verdrängung und Ersatzbildung auch unter den Bedingungen der Gesundheit erweisen.

Sie merken es bereits, daß sich der Psychoanalytiker durch einen besonders strengen Glauben an die Determinierung des Seelenlebens auszeichnet. Für ihn gibt es in den psychischen Äußerungen nichts Kleines, nichts Willkürliches und Zufälliges; er erwartet überall dort eine ausreichende Motivierung, wo man gewöhnlich eine solche Forderung nicht erhebt; ja er ist auf eine *mehrfache Motivierung* desselben seelischen Effekts vorbereitet, während unser angeblich eingeborenes Kausalbedürfnis sich mit einer einzigen psychischen Ursache für befriedigt erklärt.

Halten Sie nun zusammen, was wir an Mitteln zur Aufdeckung des Verborgenen, Vergessenen, Verdrängten im Seelenleben besitzen, das Studium der hervorgerufenen Einfälle der Patienten bei freier Assoziation, ihrer Träume und ihrer Fehl- und Symptomhandlungen; fügen Sie noch hinzu die Verwertung anderer Phänomene, die sich während der psychoanalytischen Behandlung ergeben, über die ich später unter dem Schlagwort der »Übertragung« einige Bemerkungen machen werde, so werden Sie mit mir zu dem Schlusse kommen, daß unsere Technik bereits wirksam genug ist, um ihre Aufgabe lösen zu können, um das pathogene psychische Material dem Bewußtsein zuzuführen und so die durch die Bildung von Ersatzsymptomen hervorgerufenen Leiden zu beseitigen. Daß wir während der therapeutischen Bemühungen unsere Kenntnis vom Seelenleben der normalen und der kranken Menschen bereichern und vertiefen, kann gewiß nur als ein besonderer Reiz und Vorzug dieser Arbeit eingeschätzt werden.

Ich weiß nicht, ob Sie den Eindruck gewonnen haben, daß die Technik, durch deren Arsenal ich Sie eben geführt habe, eine besonders schwierige ist. Ich meine, sie ist dem Gegenstande, den sie bewältigen soll, durchaus angemessen. Aber so viel ist sicher, daß sie nicht selbstverständlich ist, daß sie erlernt werden muß wie die histologische oder die chirurgische. Es wird Sie vielleicht verwundern zu erfahren, daß wir in Europa eine Menge von Urteilen über die Psychoanalyse von Personen gehört haben, die von dieser Technik nichts wissen und sie nicht anwenden, und dann von uns wie im Hohne verlangen, wir sollten ihnen die Richtigkeit unserer Resultate beweisen. Es sind unter diesen Widersachern gewiß auch Personen, denen wissenschaftliche Denkweise sonst nicht fremd ist, die z. B. ein Ergebnis mikroskopischer Untersuchung nicht darum verwerfen würden, weil es am anatomischen Präparat nicht mit freiem Auge zu bestätigen ist, und nicht eher, als bis sie den Sachverhalt selbst mit Hilfe des Mikroskops beurteilt haben. Aber in Sachen der Psychoanalyse liegen die Verhältnisse wirklich ungünstiger für die Anerkennung. Die Psychoanalyse will das im Seelenleben Verdrängte zur bewußten Anerkennung bringen, und jeder, der sie beurteilt, ist selbst ein Mensch, der solche Verdrängungen besitzt, vielleicht sie nur mühsam aufrechterhält. Sie muß also bei ihm denselben Widerstand hervorrufen, den sie bei den Kranken weckt, und dieser Widerstand hat es leicht, sich in intellektuelle Ablehnung zu verkleiden und Argumente herbeizuziehen, ähnlich wie die, welche wir bei unseren Kranken mit der psychoanalytischen Grundregel abwehren. Wie bei unseren Kranken, so können wir auch bei unseren Gegnern häufig eine sehr auffällige affektive Beeinflussung des Urteilsvermögens im Sinne einer Herabsetzung konstatieren. Der Dünkel des Bewußtseins, der zum Beispiel den Traum so geringschätzig verwirft, gehört zu den stärksten Schutzeinrichtungen, die in uns ganz allgemein gegen das Durchdringen der unbewußten Komplexe vorgesehen sind, und darum ist es so schwierig, die Menschen zur Überzeugung von der Realität des Unbewußten zu bringen und sie Neues kennen zu lehren, was ihrer bewußten Kenntnis widerspricht.

IV

Meine Damen und Herren! Sie werden nun zu wissen verlangen, was wir mit Hilfe der beschriebenen technischen Mittel über die pathogenen Komplexe und verdrängten Wunschregungen der Neurotiker in Erfahrung gebracht haben.

Nun, vor allem eines: Die psychoanalytische Forschung führt
mit wirklich überraschender Regelmäßigkeit die Leidenssymptome der Kranken auf Eindrücke aus ihrem Liebesleben
zurück, zeigt uns, daß die pathogenen Wunschregungen von
der Natur erotischer Triebkomponenten sind, und nötigt uns
anzunehmen, daß Störungen der Erotik die größte Bedeutung
unter den zur Erkrankung führenden Einflüssen zugesprochen
werden muß, und zwar dies bei beiden Geschlechtern.

Ich weiß, diese Behauptung wird mir nicht gern geglaubt.
Selbst solche Forscher, die meinen psychologischen Arbeiten
bereitwillig folgen, sind geneigt zu meinen, daß ich den
ätiologischen Anteil der sexuellen Momente überschätze, und
wenden sich an mich mit der Frage, warum denn nicht auch
andere seelische Erregungen zu den beschriebenen Phänomenen der Verdrängung und Ersatzbildung Anlaß geben sollen. Nun, ich kann antworten: Ich weiß nicht, warum sie es
nicht sollten, habe auch nichts dagegen, aber die Erfahrung
zeigt, daß sie solche Bedeutung nicht haben, daß sie höch-
stens die Wirkung der sexuellen Momente unterstützen, nie
aber die letzteren ersetzen können. Dieser Sachverhalt wurde
von mir nicht etwa theoretisch postuliert; noch in den 1895
mit Dr. J. Breuer publizierten Studien über Hysterie stand
ich nicht auf diesem Standpunkte; ich mußte mich zu ihm
bekehren, als meine Erfahrungen zahlreicher wurden und
tiefer in den Gegenstand eindrangen. Meine Herren! Es befinden sich hier unter Ihnen einige meiner nächsten Freunde
und Anhänger, die die Reise nach Worcester mit mir gemacht
haben. Fragen Sie bei ihnen an und Sie werden hören, daß
sie alle der Behauptung von der maßgebenden Bedeutung
der sexuellen Ätiologie zuerst vollen Unglauben entgegen-
brachten, bis sie durch ihre eigenen analytischen Bemühungen
genötigt wurden, sie zu der ihrigen zu machen.

Die Überzeugung von der Richtigkeit des in Rede stehenden Satzes wird durch das Benehmen der Patienten nicht gerade erleichtert. Anstatt uns die Auskünfte über ihr Sexualleben bereitwillig entgegenzubringen, suchen sie dieses mit allen Mitteln zu verbergen. Die Menschen sind überhaupt nicht aufrichtig in sexuellen Dingen. Sie zeigen ihre Sexualität nicht frei, sondern tragen eine dicke Oberkleidung aus — Lügengewebe zu ihrer Verhüllung, als ob es schlechtes Wetter gäbe in der Welt der Sexualität. Und sie haben nicht unrecht, Sonne und Wind sind in unserer Kulturwelt der sexuellen Betätigung wirklich nicht günstig; eigentlich kann niemand von uns seine Erotik frei den anderen enthüllen. Wenn Ihre Patienten aber erst gemerkt haben, daß sie sich's in Ihrer Behandlung behaglich machen dürfen, dann legen sie jene Lügenhülle ab, und dann erst sind Sie in der Lage, sich ein Urteil über unsere Streitfrage zu bilden. Leider sind auch die Ärzte in ihrem persönlichen Verhältnis zu den Fragen des Sexuallebens vor anderen Menschenkindern nicht bevorzugt, und viele von ihnen stehen unter dem Banne jener Vereinigung von Prüderie und Lüsternheit, welche das Verhalten der meisten »Kulturmenschen« in Sachen der Sexualität beherrscht.

Lassen Sie uns nun in der Mitteilung unserer Ergebnisse fortfahren. In einer anderen Reihe von Fällen führt die psychoanalytische Erforschung die Symptome allerdings nicht auf sexuelle, sondern auf banale traumatische Erlebnisse zurück. Aber diese Unterscheidung wird durch einen anderen Umstand bedeutungslos. Die zur gründlichen Aufklärung und endgültigen Herstellung eines Krankheitsfalles erforderliche Analysenarbeit macht nämlich in keinem Falle bei den Erlebnissen der Erkrankungszeit halt, sondern sie geht in allen Fällen bis in die Pubertät und in die frühe Kindheit des Erkrankten zurück, um erst dort auf die für die spätere Erkrankung bestimmenden Eindrücke und Vorfälle zu stoßen. Erst die Erlebnisse der Kindheit geben die Erklärung für die Empfindlichkeit gegen spätere Traumen, und nur durch die Aufdeckung und Bewußtmachung dieser fast regelmäßig vergessenen Erinnerungsspuren erwerben wir die Macht zur

Beseitigung der Symptome. Wir gelangen hier zu dem gleichen Ergebnis wie bei der Erforschung der Träume, daß es die unvergänglichen, verdrängten Wunschregungen der Kindheit sind, die ihre Macht zur Symptombildung geliehen haben, ohne welche die Reaktion auf spätere Traumen normal verlaufen wäre. Diese mächtigen Wunschregungen der Kindheit dürfen wir aber ganz allgemein als sexuelle bezeichnen.

Jetzt bin ich aber erst recht Ihrer Verwunderung sicher. Gibt es denn eine infantile Sexualität? werden Sie fragen. Ist das Kindesalter nicht vielmehr die Lebensperiode, die durch das Fehlen des Sexualtriebes ausgezeichnet ist? Nein, meine Herren, es ist gewiß nicht so, daß der Sexualtrieb zur Pubertätszeit in die Kinder fährt wie im Evangelium der Teufel in die Säue. Das Kind hat seine sexuellen Triebe und Betätigungen von Anfang an, es bringt sie mit auf die Welt, und aus ihnen geht durch eine bedeutungsvolle, an Etappen reiche Entwicklung die sogenannte normale Sexualität des Erwachsenen hervor. Es ist nicht einmal schwer, die Äußerungen dieser kindlichen Sexualbetätigung zu beobachten; es gehört vielmehr eine gewisse Kunst dazu, sie zu übersehen oder wegzudeuten.

Durch die Gunst des Schicksals bin ich in die Lage versetzt, einen Zeugen für meine Behauptungen aus Ihrer Mitte selbst anzurufen. Ich zeige Ihnen hier die Arbeit eines Dr. Sanford Bell, die 1902 im »American Journal of Psychology« abgedruckt worden ist. Der Autor ist ein Fellow der Clark University, desselben Instituts, in dessen Räumen wir jetzt stehen. In dieser Arbeit, betitelt: *A preliminary study of the emotion of love between the sexes*, die drei Jahre vor meinen »Drei Abhandlungen zur Sexualtheorie« erschienen ist, sagt der Autor ganz so, wie ich Ihnen eben sagte: *The emotion of sex-love ... does not make its appearance for the first time at the period of adolescence, as has been thought.* Er hat, wie wir in Europa sagen würden, im amerikanischen Stil gearbeitet, nicht weniger als 2500 positive Beobachtungen im Laufe von 15 Jahren gesammelt, darunter 800 eigene. Von den Zeichen, durch die sich diese Verliebtheiten kundgeben, äußert er: *The unprejudiced mind in observing these manifestations in hundreds of couples of children cannot escape referring them to sex origin. The most exacting mind is satisfied when to these observations are added the confessions of those who have as children experienced the emotion to a marked degree of intensity, and whose memories of childhood are relatively distinct.* Am meisten aber werden diejenigen von Ihnen, die an die infantile Sexualität nicht glauben wollten, überrascht sein zu hören, daß unter diesen früh verliebten Kindern nicht wenige sich im zarten Alter von drei, vier und fünf Jahren befinden.

Ich würde mich nicht wundern, wenn Sie diesen Beobachtungen eines engsten Landsmannes eher Glauben schenken würden als den meinigen. Mir selbst ist es vor kurzem geglückt, aus der Analyse eines fünfjährigen, an Angst leidenden Knaben, die dessen eigener Vater kunstgerecht mit ihm vorgenommen,[1] ein ziemlich vollständiges Bild der somatischen Triebäußerungen und der seelischen Produktionen auf einer frühen Stufe des kindlichen Liebeslebens zu gewinnen. Und ich darf Sie daran erinnern, daß mein Freund Dr. C. G. Jung Ihnen in diesem Saale vor wenigen Stunden die Beobachtung eines noch jüngeren Mädchens vorlas, welches aus dem gleichen Anlaß wie mein Patient — bei der Geburt eines Geschwisterchens — fast die nämlichen sinnlichen Regungen, Wunsch- und Komplexbildungen, mit Sicherheit erraten ließ. Ich verzweifle also nicht daran, daß Sie sich mit der anfänglich befremdlichen Idee der infantilen Sexualität befreunden werden, und möchte Ihnen noch das rühmliche Beispiel des Züricher Psychiaters E. Bleuler vorhalten, der noch vor wenigen Jahren öffentlich äußerte, »er stehe meinen sexuellen Theorien ohne Verständnis gegenüber«, und seither die infantile Sexualität in ihrem vollen Umfang durch eigene Beobachtungen bestätigt hat.[2]

1 Analyse der Phobie eines fünfjährigen Knaben (Jahrbuch für psychoanalytische und psychopathologische Forschungen. Bd. I, 1. Hälfte, 1909. Enthalten in Bd. VII der Gesammelten Werke).
2 Bleuler, Sexuelle Abnormitäten der Kinder. Jahrbuch der Schweizerischen Gesellschaft für Schulgesundheitspflege, IX, 1908.

Wenn die meisten Menschen, ärztliche Beobachter oder andere, vom Sexualleben des Kindes nichts wissen wollen, so ist dies nur zu leicht erklärlich. Sie haben ihre eigene infantile Sexualbetätigung unter dem Drucke der Erziehung zur Kultur vergessen und wollen nun an das Verdrängte nicht erinnert werden. Sie würden zu anderen Überzeugungen gelangen, wenn sie die Untersuchung mit einer Selbstanalyse, einer Revision und Deutung ihrer Kindheitserinnerungen beginnen würden.

Lassen Sie die Zweifel fallen und gehen Sie mit mir an eine Würdigung der infantilen Sexualität von den frühesten Jahren an.[1] Der Sexualtrieb des Kindes erweist sich als hoch zusammengesetzt, er läßt eine Zerlegung in viele Komponenten zu, die aus verschiedenen Quellen stammen. Er ist vor allem noch unabhängig von der Funktion der Fortpflanzung, in deren Dienst er sich später stellen wird. Er dient der Gewinnung verschiedener Arten von Lustempfindung, die wir nach Analogien und Zusammenhängen als Sexuallust zusammenfassen. Die Hauptquelle der infantilen Sexuallust ist die geeignete Erregung bestimmter, besonders reizbarer Körperstellen, außer den Genitalien der Mund-, After- und Harnröhrenöffnung, aber auch der Haut und anderer Sinnesoberflächen. Da in dieser ersten Phase des kindlichen Sexuallebens die Befriedigung am eigenen Körper gefunden und von einem fremden Objekt abgesehen wird, heißen wir die Phase nach einem von Havelock Ellis geprägten Wort die des Autoerotismus. Jene für die Gewinnung von sexueller Lust bedeutsamen Stellen nennen wir erogene Zonen. Das Ludeln oder Wonnesaugen der kleinsten Kinder ist ein gutes Beispiel einer solchen autoerotischen Befriedigung von einer erogenen Zone aus; der erste wissenschaftliche Beobachter dieses Phänomens, ein Kinderarzt namens Lindner in Budapest, hat es bereits richtig als Sexualbefriedigung gedeutet und dessen Übergang in andere und höhere Formen der Sexualbetätigung erschöpfend beschrieben.[2] Eine andere Sexualbe-

1 Drei Abhandlungen zur Sexualtheorie (Wien 1905; 5. Auflage 1922. Enthalten in Band V der Gesammelten Werke).
2 Jahrbuch für Kinderheilkunde, 1879.

friedigung dieser Lebenszeit ist die masturbatorische Erregung der Genitalien, die eine so große Bedeutung für das spätere Leben behält und von vielen Individuen überhaupt nie völlig überwunden wird. Neben diesen und anderen autoerotischen Betätigungen äußern sich sehr frühzeitig beim Kinde jene Triebkomponenten der Sexuallust oder, wie wir gern sagen, der Libido, die eine fremde Person als Objekt zur Voraussetzung nehmen. Diese Triebe treten in Gegensatzpaaren auf, als aktive und passive; ich nenne Ihnen als die wichtigsten Vertreter dieser Gruppe die Lust, Schmerzen zu bereiten (Sadismus), mit ihrem passiven Gegenspiel (Masochismus), und die aktive und passive Schaulust, von welch ersterer später die Wißbegierde abzweigt, wie von letzterer der Drang zur künstlerischen und schauspielerischen Schaustellung. Andere Sexualbetätigungen des Kindes fallen bereits unter den Gesichtspunkt der *Objektwahl*, bei welcher eine fremde Person zur Hauptsache wird, die ihre Bedeutung ursprünglich Rücksichten des Selbsterhaltungstriebes verdankt. Der Geschlechtsunterschied spielt aber in dieser kindlichen Periode noch keine ausschlaggebende Rolle; Sie können so jedem Kinde, ohne ihm unrecht zu tun, ein Stück homosexueller Begabung zusprechen.

Dieses zerfahrene, reichhaltige, aber dissoziierte Sexualleben des Kindes, in welchem der einzelne Trieb unabhängig von jedem anderen dem Lusterwerbe nachgeht, erfährt nun eine Zusammenfassung und Organisation nach zwei Hauptrichtungen, so daß mit Abschluß der Pubertätszeit der definitive Sexualcharakter des Individuums meist fertig ausgebildet ist. Einerseits unterordnen sich die einzelnen Triebe der Oberherrschaft der Genitalzone, wodurch das ganze Sexualleben in den Dienst der Fortpflanzung tritt und die Befriedigung ersterer nur noch als Vorbereitung und Begünstigung des eigentlichen Sexualaktes von Bedeutung bleibt. Anderseits drängt die Objektwahl den Autoerotismus zurück, so daß nun im Liebesleben alle Komponenten des Sexualtriebes an der geliebten Person befriedigt werden wollen. Aber nicht alle ursprünglichen Triebkomponenten werden zu einem Anteil an dieser endgültigen Feststellung des Sexuallebens zugelassen. Noch vor der Pubertätszeit sind unter dem Einfluß der Erziehung äußerst energische Verdrängungen gewisser Triebe durchgesetzt und seelische Mächte, wie Scham, Ekel, Moral, hergestellt worden, welche diese Verdrängungen wie Wächter unterhalten. Kommt dann im Pubertätsalter die Hochflut der sexuellen Bedürftigkeit, so findet sie an den genannten seelischen Reaktions- oder Widerstandsbildungen Dämme, welche ihr den Ablauf in die sogenannten normalen Wege vorschreiben und es ihr unmöglich machen, die der Verdrängung unterlegenen Triebe neu zu beleben. Es sind besonders die *koprophilen*, das heißt die mit den Exkrementen zusammenhängenden Lustregungen der Kindheit, welche von der Verdrängung am gründlichsten betroffen werden, und ferner die Fixierung an die Personen der primitiven Objektwahl.

Meine Herren! Ein Satz der allgemeinen Pathologie sagt aus, daß jeder Entwicklungsvorgang die Keime der pathologischen Disposition mit sich bringt, insofern er gehemmt, verzögert werden oder unvollkommen ablaufen kann. Dasselbe gilt für die so komplizierte Entwicklung der Sexualfunktion. Sie wird nicht bei allen Individuen glatt durchgemacht und hinterläßt dann entweder Abnormitäten oder Dispositionen zu späterer Erkrankung auf dem Wege der Rückbildung (Regression). Es kann geschehen, daß nicht alle Partialtriebe sich der Herrschaft der Genitalzone unterwerfen; ein solcher unabhängig gebliebener Trieb stellt dann das her, was wir eine *Perversion* nennen, und was das normale Sexualziel durch sein eigenes ersetzen kann. Es kommt, wie bereits erwähnt, sehr häufig vor, daß der Autoerotismus nicht völlig überwunden wird, wovon die mannigfaltigsten Störungen in der Folge Zeugnis ablegen. Die ursprüngliche Gleichwertigkeit beider Geschlechter als Sexualobjekte kann sich erhalten, und daraus wird sich eine Neigung zur homosexuellen Betätigung im reifen Leben ergeben, die sich unter Umständen zur ausschließlichen Homosexualität steigern kann. Diese Reihe von Störungen entspricht den direkten Entwicklungshemmungen der Sexualfunktion; sie umfaßt die *Perversionen* und den gar nicht seltenen allgemeinen *Infantilismus* des Sexuallebens.

Die Disposition zu den Neurosen ist auf andere Weise von einer Schädigung der Sexualentwicklung abzuleiten. Die Neurosen verhalten sich zu den Perversionen wie das Negativ zum Positiv; in ihnen sind dieselben Triebkomponenten als Träger der Komplexe und Symptombildner nachweisbar wie bei den Perversionen, aber sie wirken hier vom Unbewußten her; sie haben also eine Verdrängung erfahren, konnten sich aber derselben zum Trotze im Unbewußten behaupten. Die Psychoanalyse läßt uns erkennen, daß überstarke Äußerung dieser Triebe in sehr frühen Zeiten zu einer Art von partieller *Fixierung* führt, die nun einen schwachen Punkt im Gefüge der Sexualfunktion darstellt. Stößt die Ausübung der normalen Sexualfunktion im reifen Leben auf Hindernisse, so wird die Verdrängung der Entwicklungszeit gerade an jenen Stellen durchbrochen, wo die infantilen Fixierungen stattgefunden haben.

Sie werden jetzt vielleicht den Einwand machen: Aber das ist ja alles nicht Sexualität. Ich gebrauchte das Wort in einem viel weiteren Sinne, als Sie gewohnt sind, es zu verstehen. Das gebe ich Ihnen gern zu. Aber es fragt sich, ob nicht vielmehr Sie das Wort in viel zu engem Sinne gebrauchen, wenn Sie es auf das Gebiet der Fortpflanzung einschränken. Sie opfern dabei das Verständnis der Perversionen, den Zusammenhang zwischen Perversion, Neurose und normalem Sexualleben, und setzen sich außerstande, die leicht zu beobachtenden Anfänge des somatischen und seelischen Liebeslebens der Kinder nach ihrer wahren Bedeutung zu erkennen. Wie immer Sie aber über den Wortgebrauch entscheiden wollen, halten Sie daran fest, daß der Psychoanalytiker die Sexualität in jenem vollen Sinne erfaßt, zu dem man durch die Würdigung der infantilen Sexualität geleitet wird.

Kehren wir nun nochmals zur Sexualentwicklung des Kindes zurück. Wir haben hier manches nachzuholen, weil wir unsere Aufmerksamkeit mehr den somatischen als den seelischen Äußerungen des Sexuallebens geschenkt haben. Die primitive Objektwahl des Kindes, die sich von seiner Hilfsbedürftigkeit ableitet, fordert unser weiteres Interesse heraus. Sie wendet sich zunächst allen Pflegepersonen zu, die aber bald hinter den Eltern zurücktreten. Die Beziehung der Kinder zu ihren Eltern ist, wie direkte Beobachtung des Kindes und spätere analytische Erforschung des Erwachsenen übereinstimmend dartun, nicht frei von Elementen sexueller Miterregung. Das Kind nimmt beide Elternteile und einen Teil besonders zum Objekt seiner erotischen Wünsche. Gewöhnlich folgt es dabei selbst einer Anregung der Eltern, deren Zärtlichkeit die deutlichsten Charaktere einer, wenn auch in ihren Zielen gehemmten, Sexualbetätigung hat. Der Vater bevorzugt in der Regel die Tochter, die Mutter den Sohn; das Kind reagiert hierauf, indem es sich als Sohn an die Stelle des Vaters, als Tochter an die Stelle der Mutter wünscht. Die Gefühle, die in diesen Beziehungen zwischen Eltern und Kindern und in den daran angelehnten zwischen den Geschwistern untereinander geweckt werden, sind nicht nur positiver, zärtlicher, sondern auch negativer, feindseliger Art. Der so gebildete Komplex ist zur baldigen Verdrängung bestimmt, aber er übt noch vom Unbewußten her eine großartige und nachhaltige Wirkung aus. Wir dürfen die Vermutung aussprechen, daß er mit seinen Ausläufern den *Kernkomplex* einer jeden Neurose darstellt, und wir sind darauf gefaßt, ihn auf anderen Gebieten des Seelenlebens nicht minder wirksam anzutreffen. Der Mythus vom König *Ödipus*, der seinen Vater tötet und seine Mutter zum Weib gewinnt, ist eine noch wenig abgeänderte Offenbarung des infantilen Wunsches, dem sich späterhin die *Inzest*schranke abweisend entgegenstellt. Die *Hamlet*-Dichtung Shakespeares ruht auf demselben Boden des besser verhüllten Inzestkomplexes.

Um die Zeit, da das Kind von dem noch unverdrängten Kernkomplex beherrscht wird, setzt ein bedeutungsvolles Stück seiner intellektuellen Betätigung im Dienste der Sexualinteressen ein. Es beginnt zu forschen, woher die Kinder kommen, und errät in Verwertung der ihm gebotenen Anzeichen mehr von den wirklichen Verhältnissen, als die Erwachsenen ahnen können. Gewöhnlich hat die materielle Bedrohung durch ein neu angekommenes Kind, in dem es zunächst nur den Konkurrenten erblickt, sein Forscherinteresse geweckt. Unter dem Einfluß der in ihm selbst tätigen Partialtriebe gelangt es zu einer Anzahl von »*infantilen Sexualtheorien*«, wie daß es beiden Geschlechtern das gleiche männliche Genitale zuspricht, daß es die Kinder durch Essen empfangen und durch das Ende des Darmes geboren werden läßt, und daß es den Verkehr der Geschlechter als einen feindseligen Akt, eine Art von Überwältigung erfaßt. Aber gerade die Unfertigkeit seiner sexuellen Konstitution und die Lücke in seinen Kenntnissen, die durch die Latenz des weiblichen Geschlechtskanals gegeben ist, nötigt den infantilen Forscher, seine Arbeit als erfolglos einzustellen. Die Tatsache dieser Kinderforschung selbst, sowie die einzelnen durch sie zutage geförderten infantilen Sexualtheorien bleiben von bestimmender Bedeutung für die Charakterbildung des Kindes und den Inhalt seiner späteren neurotischen Erkrankung.

Es ist unvermeidlich und durchaus normal, daß das Kind die Eltern zu Objekten seiner ersten Liebeswahl mache. Aber seine Libido soll nicht an diese ersten Objekte fixiert bleiben, sondern sie späterhin bloß zum Vorbild nehmen und von ihnen zur Zeit der definitiven Objektwahl auf fremde Personen hinübergleiten. Die *Ablösung* des Kindes von den Eltern wird so zu einer unentrinnbaren Aufgabe, wenn die soziale Tüchtigkeit des jungen Individuums nicht gefährdet werden soll. Während der Zeit, da die Verdrängung die Auslese unter den Partialtrieben der Sexualität trifft, und später, wenn der Einfluß der Eltern gelockert werden soll, der den Aufwand für diese Verdrängungen im wesentlichen bestritten hat, fallen der Erziehungsarbeit große Aufgaben zu, die gegenwärtig gewiß nicht immer in verständnisvoller und einwandfreier Weise erledigt werden.

Meine Damen und Herren! Urteilen Sie nicht etwa, daß wir uns mit diesen Erörterungen über das Sexualleben und die psychosexuelle Entwicklung des Kindes allzuweit von der Psychoanalyse und von der Aufgabe der Beseitigung nervöser Störungen entfernt haben. Wenn Sie wollen, können Sie die psychoanalytische Behandlung nur als eine fortgesetzte Erziehung zur Überwindung von Kindheitsresten beschreiben.

V

Meine Damen und Herren! Mit der Aufdeckung der infantilen Sexualität und der Zurückführung der neurotischen Symptome auf erotische Triebkomponenten sind wir zu einigen unerwarteten Formeln über das Wesen und die Tendenzen der neurotischen Erkrankungen gelangt. Wir sehen, daß die Menschen erkranken, wenn ihnen infolge äußerer Hindernisse oder inneren Mangels an Anpassung die Befriedigung ihrer erotischen Bedürfnisse in der *Realität* versagt ist. Wir sehen, daß sie sich dann in die *Krankheit flüchten,* um mit ihrer Hilfe eine Ersatzbefriedigung für das Versagte zu finden. Wir erkennen, daß die krankhaften Symptome ein Stück der Sexualbetätigung der Person oder deren ganzes Sexualleben enthalten, und finden in der Fernhaltung von der Realität die Haupttendenz, aber auch den Hauptschaden des Krankseins. Wir ahnen, daß der Widerstand unserer Kranken gegen die Herstellung kein einfacher, sondern aus mehreren Motiven zusammengesetzt ist. Es sträubt sich nicht nur das Ich des Kranken dagegen, die Verdrängungen aufzuheben, durch welche es sich aus den ursprünglichen Anlagen herausgehoben hat, sondern auch die Sexualtriebe mögen nicht auf ihre Ersatzbefriedigung verzichten, solange es unsicher ist, ob ihnen die Realität etwas Besseres bieten wird.

Die Flucht aus der unbefriedigenden Wirklichkeit in das, was wir wegen seiner biologischen Schädlichkeit Krankheit nennen, was aber niemals ohne einen unmittelbaren Lustgewinn für den Kranken ist, vollzieht sich auf dem Wege der Rückbildung *(Regression),* der Rückkehr zu früheren Phasen des Sexuallebens, denen seinerzeit die Befriedigung nicht abgegangen ist. Diese Regression ist anscheinend eine zweifache, eine *zeitliche,* insofern die Libido, das erotische Bedürfnis, auf zeitlich frühere Entwicklungsstufen zurückgreift, und eine *formale,* indem zur Äußerung dieses Bedürfnisses die ursprünglichen und primitiven psychischen Ausdrucksmittel verwendet werden. Beide Arten der Regression zielen aber auf die Kindheit und treffen zusammen in der Herstellung eines infantilen Zustandes des Sexuallebens.

Je tiefer Sie in die Pathogenese der nervösen Erkrankung eindringen, desto mehr wird sich Ihnen der Zusammenhang der Neurosen mit anderen Produktionen des menschlichen Seelenlebens, auch mit den wertvollsten derselben, enthüllen. Sie werden daran gemahnt, daß wir Menschen mit den hohen Ansprüchen unserer Kultur und unter dem Drucke unserer inneren Verdrängungen die Wirklichkeit ganz allgemein unbefriedigend finden und darum ein Phantasieleben unterhalten, in welchem wir durch Produktionen von Wunscherfüllungen die Mängel der Realität auszugleichen lieben. In diesen Phantasien ist sehr vieles von dem eigentlichen konstitutionellen Wesen der Persönlichkeit und auch von ihren für die Wirklichkeit verdrängten Regungen enthalten. Der energische und erfolgreiche Mensch ist der, dem es gelingt, durch Arbeit seine Wunschphantasien in Realität umzusetzen. Wo dies nicht gelingt infolge der Widerstände der Außenwelt und der Schwäche des Individuums, da tritt die Abwendung von der Realität ein, das Individuum zieht sich in seine befriedigendere Phantasiewelt zurück, deren Inhalt es im Falle der Erkrankung in Symptome umsetzt. Unter gewissen günstigen Bedingungen bleibt es ihm noch möglich, von diesen Phantasien aus einen anderen Weg in die Realität zu finden, anstatt sich ihr durch Regression ins Infantile dauernd zu entfremden. Wenn die mit der Realität verfeindete Person im Besitze der uns psychologisch noch rätselhaften *künstlerischen Begabung* ist, kann sie ihre Phantasien anstatt in Symptome in künstlerische Schöpfungen umsetzen, so dem Schicksal der Neurose entgehen und die Beziehung zur Realität auf diesem Umwege wiedergewinnen.[1] Wo bei bestehender Auflehnung gegen die reale Welt diese kostbare Begabung fehlt oder unzulänglich ist, da wird es wohl unvermeidlich, daß die Libido, der Herkunft der Phantasien folgend, auf dem Wege der Regression zur Wiederbelebung der infantilen Wünsche und somit zur Neurose gelangt. Die Neurose vertritt in unserer Zeit das Kloster, in welches sich alle die Personen zurückzuziehen pflegten, die das Leben ent-

1 Vgl. O. Rank, Der Künstler. Wien 1907, 2. Aufl. 1918.

täuscht hatte, oder die sich für das Leben zu schwach fühlten.

Lassen Sie mich an dieser Stelle das Hauptergebnis einfügen, zu welchem wir durch die psychoanalytische Untersuchung der Nervösen gelangt sind, daß die Neurosen keinen ihnen eigentümlichen psychischen Inhalt haben, der nicht auch beim Gesunden zu finden wäre, oder wie C. G. Jung es ausgedrückt hat, daß sie an denselben Komplexen erkranken, mit denen auch wir Gesunde kämpfen. Es hängt von quantitativen Verhältnissen, von den Relationen der miteinander ringenden Kräfte ab, ob der Kampf zur Gesundheit, zur Neurose oder zur kompensierenden Überleistung führt.

Meine Damen und Herren! Ich habe Ihnen die wichtigste Erfahrung noch vorenthalten, welche unsere Annahme von den sexuellen Triebkräften der Neurose bestätigt. Jedesmal wenn wir einen Nervösen psychoanalytisch behandeln, tritt bei ihm das befremdende Phänomen der sogenannten *Übertragung* auf, das heißt er wendet dem Arzte ein Ausmaß von zärtlichen, oft genug mit Feindseligkeit vermengten Regungen zu, welches in keiner realen Beziehung begründet ist und nach allen Einzelheiten seines Auftretens von den alten und unbewußt gewordenen Phantasiewünschen des Kranken abgeleitet werden muß. Jenes Stück seines Gefühlslebens, das er sich nicht mehr in die Erinnerung zurückrufen kann, erlebt der Kranke also in seinem Verhältnisse zum Arzt wieder, und erst durch solches Wiedererleben in der »Übertragung« wird er von der Existenz wie von der Macht dieser unbewußten sexuellen Regungen überzeugt. Die Symptome, welche, um ein Gleichnis aus der Chemie zu gebrauchen, die Niederschläge von früheren Liebeserlebnissen (im weitesten Sinne) sind, können auch nur in der erhöhten Temperatur des Übertragungserlebnisses gelöst und in andere psychische Produkte übergeführt werden. Der Arzt spielt bei dieser Reaktion nach einem vortrefflichen Worte von S. Ferenczi[1] die Rolle eines *katalytischen Ferments*, das die bei dem Prozesse frei werdenden Affekte zeitweilig an sich reißt.

[1] S. Ferenczi, Introjektion und Übertragung. Jahrbuch für psychoanalytische und psychopathologische Forschungen, I. Band, 2. Hälfte, 1909.

Das Studium der Übertragung kann Ihnen auch den Schlüssel zum Verständnis der hypnotischen Suggestion geben, deren wir uns anfänglich als technisches Mittel zur Erforschung des Unbewußten bei unseren Kranken bedient hatten. Die Hypnose erwies sich damals als eine therapeutische Hilfe, aber als ein Hindernis der wissenschaftlichen Erkenntnis des Sachverhaltes, indem sie die psychischen Widerstände aus einem gewissen Gebiete wegräumte, um sie an den Grenzen desselben zu einem unübersteigbaren Wall aufzutürmen. Glauben Sie übrigens nicht, daß das Phänomen der Übertragung, über das ich Ihnen leider hier nur zu wenig sagen kann, durch die psychoanalytische Beeinflussung geschaffen wird. Die Übertragung stellt sich in allen menschlichen Beziehungen ebenso wie im Verhältnis des Kranken zum Arzte spontan her, sie ist überall der eigentliche Träger der therapeutischen Beeinflussung, und sie wirkt um so stärker, je weniger man ihr Vorhandensein ahnt. Die Psychoanalyse schafft sie also nicht, sie deckt sie bloß dem Bewußtsein auf, und bemächtigt sich ihrer, um die psychischen Vorgänge nach dem erwünschten Ziele zu lenken. Ich kann aber das Thema der Übertragung nicht verlassen ohne hervorzuheben, daß dieses Phänomen nicht nur für die Überzeugung des Kranken, sondern auch für die des Arztes entscheidend in Betracht kommt. Ich weiß, daß alle meine Anhänger erst durch ihre Erfahrungen mit der Übertragung von der Richtigkeit meiner Behauptungen über die Pathogenese der Neurosen überzeugt worden sind, und kann sehr wohl begreifen, daß man eine solche Sicherheit des Urteils nicht gewinnt, solange man selbst keine Psychoanalysen gemacht, also nicht selbst die Wirkungen der Übertragung beobachtet hat.

Meine Damen und Herren! Ich meine, es sind von der Seite des Intellekts besonders zwei Hindernisse gegen die Anerkennung der psychoanalytischen Gedankengänge zu würdigen: erstens die Ungewohntheit, mit der strengen und ausnahmslos geltenden Determinierung des seelischen Lebens zu rechnen, und zweitens die Unkenntnis der Eigentümlichkeiten, durch welche sich unbewußte seelische Vorgänge von den uns vertrauten bewußten unterscheiden. Einer der verbreitetsten Widerstände gegen die psychoanalytische Arbeit — bei Kranken wie bei Gesunden — führt sich auf das letztere der beiden Momente zurück. Man fürchtet, durch die Psychoanalyse zu schaden, man hat Angst davor, die verdrängten sexuellen Triebe ins Bewußtsein des Kranken zu rufen, als ob damit die Gefahr verbunden wäre, daß sie dann die höheren ethischen Strebungen bei ihm überwältigen könnten. Man merkt, daß der Kranke wunde Stellen in seinem Seelenleben hat, aber man scheut sich, dieselben zu berühren, damit sein Leiden nicht noch gesteigert werde. Wir können diese Analogie annehmen. Es ist freilich schonender, kranke Stellen nicht zu berühren, wenn man dadurch nichts anderes als Schmerz zu bereiten weiß. Aber der Chirurg läßt sich bekanntlich von der Untersuchung und Hantierung am Krankheitsherd nicht abhalten, wenn er einen Eingriff beabsichtigt, welcher dauernde Heilung bringen soll. Niemand denkt mehr daran, ihm die unvermeidlichen Beschwerden der Untersuchung oder die Reaktionserscheinungen der Operation zur Last zu legen, wenn diese nur ihre Absicht erreicht, und der Kranke durch die zeitweilige Verschlimmerung seines Zustandes eine endgültige Hebung desselben erwirbt. Ähnlich liegen die Verhältnisse für die Psychoanalyse; sie darf dieselben Ansprüche erheben wie die Chirurgie; der Zuwachs an Beschwerden, den sie dem Kranken während der Behandlung zumutet, ist bei guter Technik ungleich geringer, als was der Chirurg ihm auferlegt, und überhaupt gegen die Schwere des Grundleidens zu vernachlässigen. Der gefürchtete Endausgang aber einer Zerstörung des kulturellen Charakters durch die von der Verdrängung befreiten Triebe ist ganz unmöglich, denn diese Ängstlichkeit zieht nicht in Betracht, was uns unsere Erfahrungen mit Sicherheit gelehrt haben, daß die seelische und somatische Macht einer Wunschregung, wenn deren Verdrängung einmal mißlungen ist, ungleich stärker ausfällt, wenn sie unbewußt, als wenn sie bewußt ist, so daß sie durch das Bewußtmachen nur geschwächt werden kann. Der unbewußte Wunsch ist nicht zu beeinflussen, von allen Gegenstrebungen unabhängig, während der bewußte durch alles gleichfalls Bewußte und ihm

Widerstrebende gehemmt wird. Die psychoanalytische Arbeit stellt sich also als ein besserer Ersatz für die erfolglose Verdrängung geradezu in den Dienst der höchsten und wertvollsten kulturellen Strebungen.

Welches sind überhaupt die Schicksale der durch die Psychoanalyse freigelegten unbewußten Wünsche, auf welchen Wegen verstehen wir es, sie für das Leben des Individuums unschädlich zu machen? Dieser Wege sind mehrere. Am häufigsten ist der Erfolg, daß dieselben schon während der Arbeit durch die korrekte seelische Tätigkeit der ihnen entgegenstehenden besseren Regungen aufgezehrt werden. Die *Verdrängung* wird durch eine mit den besten Mitteln durchgeführte *Verurteilung* ersetzt. Dies ist möglich, weil wir zum großen Teil nur Folgen aus früheren Entwicklungsstadien des Ichs zu beseitigen haben. Das Individuum brachte seinerzeit nur eine Verdrängung des unbrauchbaren Triebes zustande, weil es damals selbst noch unvollkommen organisiert und schwächlich war; in seiner heutigen Reife und Stärke kann es vielleicht das ihm Feindliche tadellos beherrschen. Ein zweiter Ausgang der psychoanalytischen Arbeit ist der, daß die aufgedeckten unbewußten Triebe nun jener zweckmäßigen Verwendung zugeführt werden können, die sie bei ungestörter Entwicklung schon früher hätten finden sollen. Die Ausrottung der infantilen Wunschregungen ist nämlich keineswegs das ideale Ziel der Entwicklung. Der Neurotiker hat durch seine Verdrängungen viele Quellen seelischer Energie eingebüßt, deren Zuflüsse für seine Charakterbildung und Betätigung im Leben sehr wertvoll gewesen wären. Wir kennen einen weit zweckmäßigeren Vorgang der Entwicklung, die sogenannte *Sublimierung*, durch welchen die Energie infantiler Wunschregungen nicht abgesperrt wird, sondern verwertbar bleibt, indem den einzelnen Regungen statt des unbrauchbaren ein höheres, eventuell nicht mehr sexuelles Ziel gesetzt wird. Gerade die Komponenten des Sexualtriebes sind durch solche Fähigkeit zur Sublimierung, zur Vertauschung ihres Sexualzieles mit einem entlegeneren und sozial wertvolleren, besonders ausgezeichnet. Den auf solche Weise gewonnenen Energiebeiträgen zu unseren seelischen

Leistungen verdanken wir wahrscheinlich die höchsten kulturellen Erfolge. Eine frühzeitig vorgefallene Verdrängung schließt die Sublimierung des verdrängten Triebes aus; nach Aufhebung der Verdrängung ist der Weg zur Sublimierung wieder frei.

Wir dürfen es nicht versäumen, auch den dritten der möglichen Ausgänge der psychoanalytischen Arbeit ins Auge zu fassen. Ein gewisser Anteil der verdrängten libidinösen Regungen hat ein Anrecht auf direkte Befriedigung und soll sie im Leben finden. Unsere Kulturansprüche machen für die meisten der menschlichen Organisationen das Leben zu schwer, fördern dadurch die Abwendung von der Realität und die Entstehung der Neurosen, ohne einen Überschuß von kulturellem Gewinn durch dies Übermaß von Sexualverdrängung zu erzielen. Wir sollten uns nicht so weit überheben, daß wir das ursprünglich Animalische unserer Natur völlig vernachlässigen, dürfen auch nicht daran vergessen, daß die Glücksbefriedigung des einzelnen nicht aus den Zielen unserer Kultur gestrichen werden kann. Die Plastizität der Sexualkomponenten, die sich in ihrer Fähigkeit zur Sublimierung kundgibt, mag ja eine große Versuchung herstellen, durch deren immer weitergehende Sublimierung größere Kultureffekte zu erzielen. Aber so wenig wir darauf rechnen, bei unseren Maschinen mehr als einen gewissen Bruchteil der aufgewendeten Wärme in nutzbare mechanische Arbeit zu verwandeln, so wenig sollten wir es anstreben, den Sexualtrieb in seinem ganzen Energieausmaß seinen eigentlichen Zwecken zu entfremden. Es kann nicht gelingen, und wenn die Einschränkung der Sexualität zu weit getrieben werden soll, muß es alle Schädigungen eines Raubbaues mit sich bringen.

Ich weiß nicht, ob Sie nicht Ihrerseits die Mahnung, mit welcher ich schließe, als eine Überhebung auffassen werden. Ich getraue mich nur der indirekten Darstellung meiner Überzeugung, indem ich Ihnen einen alten Schwank erzähle, von dem Sie die Nutzanwendung machen sollen. Die deutsche Literatur kennt ein Städtchen *Schilda*, dessen Einwohnern alle möglichen klugen Streiche nachgesagt werden. Die Schildbürger, so wird erzählt, besaßen auch ein Pferd, mit dessen Kraftleistungen sie sehr zufrieden waren, an dem sie nur eines auszusetzen hatten, daß es soviel teuern Hafer verzehrte. Sie beschlossen, ihm diese Unart schonend abzugewöhnen, indem sie seine Ration täglich um mehrere Halme verringerten, bis sie es an die völlige Enthaltsamkeit gewöhnt hätten. Es ging eine Weile vortrefflich, das Pferd war bis auf einen Halm im Tag entwöhnt, am nächsten Tage sollte es endlich haferfrei arbeiten. Am Morgen dieses Tages wurde das tückische Tier tot aufgefunden; die Bürger von Schilda konnten sich nicht erklären, woran es gestorben war.

Wir werden geneigt sein zu glauben, das Pferd sei verhungert, und ohne eine gewisse Ration Hafer sei von einem Tier überhaupt keine Arbeitsleistung zu erwarten.

Ich danke Ihnen für die Berufung und für die Aufmerksamkeit, die Sie mir geschenkt haben.

Das Interesse an der Psychoanalyse

ERSTER TEIL
DAS PSYCHOLOGISCHE INTERESSE

Die Psychoanalyse ist ein ärztliches Verfahren, welches die Heilung gewisser Formen von Nervosität (Neurosen) mittels einer psychologischen Technik anstrebt. In einer kleinen, 1910 veröffentlichten Schrift habe ich die Entwicklung der Psychoanalyse aus dem *kathartischen* Verfahren von J. Breuer und ihre Beziehung zu den Lehren von Charcot und P. Janet dargestellt.[1]

Als Beispiele der Krankheitsformen, welche der psychoanalytischen Therapie zugänglich sind, kann man die hysterischen Krämpfe und Hemmungserscheinungen sowie die mannigfaltigen Symptome der Zwangsneurose (Zwangsvorstellungen, Zwangshandlungen) nennen. Es sind durchwegs Zustände, welche gelegentlich eine spontane Heilung zeigen und in launenhafter, bisher nicht verstandener Weise dem persönlichen Einfluß des Arztes unterliegen. Bei den schwereren Formen der eigentlichen Geistesstörungen leistet die Psychoanalyse therapeutisch nichts. Aber sowohl bei Psychosen wie bei den Neurosen gestattet sie — zum erstenmal in der Geschichte der Medizin — einen Einblick in die Herkunft und in den Mechanismus dieser Erkrankungen zu gewinnen.

Diese ärztliche Bedeutung der Psychoanalyse würde indes den Versuch nicht rechtfertigen, sie einem Kreis von Gelehrten vorzustellen, die sich für die Synthese der Wissenschaften interessieren. Zumal da dies Unternehmen verfrüht erscheinen müßte, solange noch ein großer Teil der Psychiater und Neurologen sich ablehnend gegen das neue Heilverfahren benimmt und die Voraussetzungen wie die Ergebnisse

1 Über Psychoanalyse, 6. Aufl. 1922. [Enthalten in Band VIII der Gesammelten Werke.]

desselben verwirft. Wenn ich diesen Versuch dennoch als legitim erachte, so berufe ich mich darauf, daß die Psychoanalyse auch bei anderen als Psychiatern Interesse beansprucht, indem sie verschiedene andere Wissensgebiete streift und unerwartete Beziehungen zwischen diesen und der Pathologie des Seelenlebens herstellt.

Ich werde also jetzt das ärztliche Interesse an der Psychoanalyse beiseite lassen, und was ich von dieser jungen Wissenschaft behauptet habe, an einer Reihe von Beispielen erläutern.

Es gibt eine große Anzahl von mimischen und sprachlichen Äußerungen sowie von Gedankenbildungen — bei normalen wie bei kranken Menschen —, welche bisher nicht Gegenstand der Psychologie gewesen sind, weil man in ihnen nichts anderes erblickte als Erfolge von organischer Störung oder abnormem Ausfall an Funktion des seelischen Apparates. Ich meine die Fehlleistungen (Versprechen, Verschreiben, Vergessen usw.), die Zufallshandlungen und die Träume bei normalen, die Krampfanfälle, Delirien, Visionen, Zwangsideen und Zwangshandlungen bei neurotischen Menschen. Man wies diese Phänomene — soweit sie nicht wie die Fehlleistungen überhaupt unbeachtet blieben — der Pathologie zu und bestrebte sich, *physiologische* Erklärungen für sie zu geben, die nun in keinem Falle befriedigend geworden sind. Dagegen gelang es der Psychoanalyse zu erweisen, daß all diese Dinge durch Annahmen rein psychologischer Natur verständlich gemacht und in den Zusammenhang des uns bekannten psychischen Geschehens eingereiht werden können. So hat die Psychoanalyse einerseits die physiologische Denkweise eingeschränkt und andererseits ein großes Stück der Pathologie für die Psychologie erobert. Die stärkere Beweiskraft kommt hier den normalen Phänomenen zu. Man kann der Psychoanalyse nicht vorwerfen, daß sie am pathologischen Material gewonnene Einsichten auf das normale überträgt. Sie führt die Beweise hier und dort unabhängig voneinander und zeigt so, daß normale, wie sogenannte pathologische Vorgänge denselben Regeln folgen.

Von den normalen Phänomenen, die hier in Betracht kommen, das heißt von den am normalen Menschen zu beobachtenden, werde ich zweierlei ausführlicher behandeln, die Fehlleistungen und die Träume.

Die *Fehlleistungen,* also das Vergessen von sonst vertrauten Worten und Namen, von Vorsätzen, das Versprechen, Verlesen, Verschreiben, das Verlegen von Dingen, so daß sie unauffindbar werden, das Verlieren, gewisse Irrtümer gegen besseres Wissen, manche gewohnheitsmäßige Gesten und Bewegungen — all dies, was ich als Fehlleistungen des gesunden und normalen Menschen zusammenfasse — ist von der Psychologie im ganzen wenig gewürdigt worden, wurde als »Zerstreutheit« klassifiziert, und von Ermüdung, Ablenkung der Aufmerksamkeit, von der Nebenwirkung gewisser leichter Krankheitszustände abgeleitet. Die analytische Untersuchung zeigt aber mit einer allen Ansprüchen genügenden Sicherheit, daß diese letztgenannten Momente bloß den Wert von Begünstigungen haben, die auch wegfallen können. Die Fehlleistungen sind vollgültige psychische Phänomene und haben jedesmal Sinn und Tendenz. Sie dienen bestimmten Absichten, die sich infolge der jeweiligen psychologischen Situation nicht anders zum Ausdruck bringen können. Diese Situationen sind in der Regel die eines psychischen Konflikts, durch welchen die unterliegende Tendenz vom direkten Ausdruck abgedrängt und auf indirekte Wege gewiesen wird. Das Individuum, welches die Fehlleistung begeht, kann sie bemerken oder übersehen; die ihr zugrunde liegende unterdrückte Tendenz kann ihm wohl bekannt sein, aber es weiß für gewöhnlich nicht ohne Analyse, daß die betreffende Fehlhandlung das Werk dieser Tendenz ist. Die Analysen der Fehlhandlungen sind oft sehr leicht und rasch anzustellen. Wenn man auf den Mißgriff aufmerksam geworden ist, bringt der nächste Einfall dessen Erklärung.

Fehlleistungen sind das bequemste Material für jeden, der sich von der Glaubwürdigkeit der analytischen Auffassungen überzeugen lassen will. In einem kleinen, zuerst 1904 veröffentlichten Buche habe ich eine große Anzahl solcher Beispiele nebst ihrer Deutung mitgeteilt und habe diese Sammlung seither durch zahlreiche Beiträge anderer Beobachter bereichern können.[1]

Als das häufigste Motiv zur Unterdrückung einer Absicht, welche dann genötigt ist, sich mit der Darstellung durch eine Fehlleistung zu begnügen, stellt sich die Vermeidung von Unlust heraus. So vergißt man hartnäckig Eigennamen, wenn man gegen die Träger derselben einen geheimen Groll hegt, man vergißt Vorsätze auszuführen, wenn man sie im Grunde genommen nur ungern ausgeführt hätte, z. B. nur um einer konventionellen Nötigung zu folgen. Man verliert Gegenstände, wenn man sich mit demjenigen verfeindet hat, an welchen dieser Gegenstand mahnt, von dem er z. B. geschenkt worden ist. Man irrt sich beim Einsteigen in einen Eisenbahnzug, wenn man diese Fahrt ungerne macht und lieber anderswo geblieben wäre. Am deutlichsten zeigt sich das Motiv der Vermeidung von Unlust beim Vergessen von Eindrükken und Erlebnissen, wie es bereits von mehreren Autoren vor der Zeit der Psychoanalyse bemerkt worden ist. Das Gedächtnis ist parteiisch und gerne bereit, alle jene Eindrücke von der Reproduktion auszuschließen, an denen ein peinlicher Affekt haftet, wenngleich diese Tendenz nicht in allen Fällen zur Verwirklichung gelangen kann.

Andere Male ist die Analyse einer Fehlleistung minder einfach und führt zu weniger durchsichtigen Auflösungen infolge der Einmengung eines Vorganges, den wir als *Verschiebung* bezeichnen. Man vergißt z. B. auch den Namen einer Person, gegen die man nichts einzuwenden hat; aber die Analyse weist nach, daß dieser Name assoziativ die Erinnerung an eine andere Person mit gleichem oder ähnlich klingendem Namen geweckt hat, welche auf unsere Abneigung berechtigten Anspruch macht. Infolge dieses Zusammenhanges ist der Name der harmlosen Person vergessen worden; die Absicht zu vergessen hat sich gleichsam längs einer gewissen Assoziationsbahn verschoben.

Auch ist die Absicht, Unlust zu vermeiden, nicht die einzige,

1 Zur Psychopathologie des Alltagslebens. [10. Aufl., 1924. Enthalten in Band IV der Gesammelten Werke.] Dazu Arbeiten von Maeder, A. A. Brill, E. Jones, O. Rank u. a.

die sich durch Fehlleistungen verwirklicht. Die Analyse deckt in vielen Fällen andere Tendenzen auf, die in der betreffenden Situation unterdrückt worden sind und sich gleichsam aus dem Hintergrunde als Störungen äußern müssen. So dient das Versprechen häufig dem Verrat von Meinungen, die vor dem Partner geheimgehalten werden sollen. Die großen Dichter haben Versprechungen in diesem Sinne verstanden und in ihren Werken gebraucht. Das Verlieren wertvoller Gegenstände erweist sich oft als Opferhandlung, um ein erwartetes Unheil abzuwenden, und manch anderer Aberglaube setzt sich bei den Gebildeten noch als Fehlleistung durch. Das Verlegen von Gegenständen ist gewöhnlich nichts anderes als eine Beseitigung derselben; Sachbeschädigungen werden anscheinend unabsichtlich vorgenommen, um zum Ersatz durch Besseres zu nötigen usw.

Die psychoanalytische Aufklärung der Fehlleistungen bringt immerhin einige leise Abänderungen des Weltbildes mit sich, so geringfügig die betrachteten Erscheinungen auch sein mögen. Wir finden auch den normalen Menschen weit häufiger von gegensätzlichen Tendenzen bewegt, als wir erwarten konnten. Die Anzahl der Ereignisse, die wir »zufällige« geheißen haben, erfährt eine erhebliche Einschränkung. Es ist fast ein Trost, daß das Verlieren von Gegenständen zumeist aus den Zufälligkeiten des Lebens ausscheidet; unsere Ungeschicklichkeit wird oft genug zum Deckmantel unserer geheimen Absichten. Bedeutungsvoller ist aber, daß viele schwere Unglücksfälle, die wir sonst ganz dem Zufall zugeschrieben hatten, in der Analyse den Anteil des eigenen, wenn auch nicht klar eingestandenen Willens enthüllen. Die in der Praxis oft so schwierige Unterscheidung der zufälligen Verunglückung vom absichtlich gesuchten Tod wird durch die analytische Betrachtung noch mehr zweifelhaft.

Verdankt die Aufklärung der Fehlleistungen ihren theoretischen Wert der Leichtigkeit der Lösung und der Häufigkeit des Vorkommens dieser Phänomene beim normalen Menschen, so steht dieser Erfolg der Psychoanalyse doch an Bedeutung weit hinter einem nächsten zurück, welcher an einem anderen Phänomen des Seelenlebens Gesunder gewonnen wurde. Ich meine die Deutung der *Träume*, mit welcher erst das Schicksal der Psychoanalyse, sich in einen Gegensatz zur offiziellen Wissenschaft zu stellen, seinen Anfang nimmt. Die medizinische Forschung erklärt den Traum für ein rein somatisches Phänomen ohne Sinn und Bedeutung, sieht in ihm die Äußerung des in den Schlafzustand versunkenen Seelenorgans auf körperliche Reize, die ein partielles Erwachen erzwingen. Die Psychoanalyse erhebt den Traum zu einem psychischen Akt, der Sinn, Absicht und eine Stelle im Seelenleben des Individuums hat, und setzt sich dabei über die Fremdartigkeit, die Inkohärenz und die Absurdität des Traumes hinaus. Die körperlichen Reize spielen dabei nur die Rolle von Materialien, welche bei der Traumbildung verarbeitet werden. Zwischen diesen beiden Auffassungen des Traumes gibt es keine Vermittlung. Gegen die physiologische Auffassung spricht ihre Unfruchtbarkeit, für die psychoanalytische kann man geltend machen, daß sie mehrere Tausende von Träumen sinnvoll übersetzt und für die Kenntnis des intimen menschlichen Seelenlebens verwertet hat.

Ich habe das bedeutsame Thema der »Traumdeutung« in einem 1900 veröffentlichten Werke behandelt und die Befriedigung gehabt, daß fast alle Mitarbeiter an der Psychoanalyse die darin vertretenen Lehren durch ihre Beiträge bestätigt und gefördert haben.[1] In allgemeiner Übereinstimmung wird behauptet, daß die Traumdeutung der Grundstein der psychoanalytischen Arbeit ist, und daß ihre Ergebnisse den wichtigsten Beitrag der Psychoanalyse zur Psychologie darstellen.

Ich kann hier weder die Technik, durch welche man die Deutung des Traumes gewinnt, darlegen, noch die Resultate begründen, zu welchen die psychoanalytische Bearbeitung des Traumes geführt hat. Ich muß mich auf die Aufstellung einiger neuer Begriffe, die Mitteilung der Ergebnisse und

---

1 Die Traumdeutung [7. Aufl. 1922; enthalten im Band II und III der Gesammelten Werke.] Dazu die kleinere Schrift: Über den Traum [3. Aufl. 1921; enthalten im Band II/III der Gesammelten Werke]. Andere Publikationen von O. Rank, W. Stekel, E. Jones, H. Silberer, A. A. Brill, A. Maeder, K. Abraham, S. Ferenczi u. a.

die Hervorhebung ihrer Bedeutung für die Normalpsychologie beschränken.

Die Psychoanalyse lehrt also: Jeder Traum ist sinnvoll, seine Fremdartigkeit rührt von Entstellungen her, die an dem Ausdruck seines Sinnes vorgenommen worden sind, seine Absurdität ist absichtlich und drückt Hohn, Spott und Widerspruch aus, seine Inkohärenz ist für die Deutung gleichgültig. Der Traum, wie wir ihn nach dem Erwachen erinnern, soll manifester Trauminhalt genannt werden. Durch die Deutungsarbeit an diesem wird man zu latenten Traumgedanken geführt, welche sich hinter dem manifesten Inhalt verbergen und durch ihn vertreten lassen. Diese latenten Traumgedanken sind nicht mehr fremdartig, inkohärent oder absurd, es sind vollwertige Bestandteile unseres Wachdenkens. Den Prozeß, welcher die latenten Traumgedanken in den manifesten Trauminhalt verwandelt hat, heißen wir die *Traumarbeit*; er bringt die Entstellung zustande, in deren Folge wir die Traumgedanken im Trauminhalt nicht mehr erkennen.

Die Traumarbeit ist ein psychologischer Prozeß, dessen gleichen in der Psychologie bisher nicht bekannt war. Sie nimmt unser Interesse nach zwei Hauptrichtungen in Anspruch. Erstens, indem sie neuartige Vorgänge wie die *Verdichtung* (von Vorstellungen) oder die *Verschiebung* (des psychischen Akzents von einer Vorstellung zur anderen) aufweist, die wir im Wachdenken überhaupt nicht oder nur als Grundlage sogenannter Denkfehler aufgefunden haben. Zweitens, indem sie uns gestattet, ein Kräftespiel im Seelenleben zu erraten, dessen Wirksamkeit unserer bewußten Wahrnehmung verborgen war. Wir erfahren, daß es eine *Zensur*, eine prüfende Instanz in uns gibt, welche darüber entscheidet, ob eine auftauchende Vorstellung zum Bewußtsein gelangen darf, und unerbittlich ausschließt, soweit ihre Macht reicht, was Unlust erzeugen oder wiedererwecken könnte. Wir erinnern uns hier, daß wir sowohl von dieser Tendenz, Unlust bei der Erinnerung zu vermeiden, als auch von den Konflikten zwischen den Tendenzen des Seelenlebens Andeutungen bei der Analyse der Fehlleistungen gewonnen haben.

Das Studium der Traumarbeit drängt uns als unabweisbar eine Auffassung des Seelenlebens auf, welche die bestrittensten Fragen der Psychologie zu entscheiden scheint. Die Traumarbeit zwingt uns, eine *unbewußte* psychische Tätigkeit anzunehmen, welche umfassender und bedeutsamer ist als die uns bekannte mit Bewußtsein verbundene. (Darüber einige Worte mehr bei der Erörterung des philosophischen Interesses an der Psychoanalyse.) Sie gestattet uns, eine Gliederung des psychischen Apparates in verschiedene Instanzen oder Systeme vorzunehmen, und zeigt, daß in dem System der unbewußten Seelentätigkeit Prozesse von ganz anderer Art ablaufen als im Bewußtsein wahrgenommen werden.

Die Funktion der Traumarbeit ist immer nur die, den Schlaf zu erhalten. »Der Traum ist der Hüter des Schlafes.« Die Traumgedanken selbst mögen im Dienste der verschiedensten seelischen Funktionen stehen. Die Traumarbeit erfüllt ihre Aufgabe, indem sie einen aus den Traumgedanken sich erhebenden *Wunsch* auf halluzinatorischem Wege als erfüllt darstellt.

Man darf es wohl aussprechen, daß das psychoanalytische Studium der Träume den ersten Einblick in eine bisher nicht geahnte *Tiefenpsychologie* eröffnet hat.[1] Es werden grundstürzende Abänderungen der Normalpsychologie erforderlich sein, um sie in Einklang mit diesen neuen Einsichten zu bringen.

Es ist ganz unmöglich, im Rahmen dieser Darstellung das psychologische Interesse an der Traumdeutung zu erschöpfen. Vergessen wir nicht, daß wir nur hervorzuheben beabsichtigten, der Traum sei *sinnvoll* und sei ein *Objekt der Psychologie*, und setzen wir mit den Neuerwerbungen für die Psychologie auf pathologischem Gebiete fort.

Die aus Traum und Fehlleistungen erschlossenen psychologischen Neuheiten müssen noch zur Aufklärung anderer Phänomene brauchbar werden, wenn wir an ihren Wert, ja auch nur an ihre Existenz glauben sollen. Und nun hat die Psychoanalyse wirklich gezeigt, daß die Annahmen der unbe-

1 Eine Beziehung dieser psychischen Topik auf anatomische Lagerung oder histologische Schichtung wird von der Psychoanalyse derzeit zurückgewiesen.

wußten Seelentätigkeit, der Zensur und der Verdrängung, der Entstellung und Ersatzbildung, welche wir durch die Analyse jener normalen Phänomene gewonnen haben, uns auch das erste Verständnis einer Reihe von pathologischen Phänomenen ermöglichen, uns sozusagen die Schlüssel zu allen Rätseln der Neurosenpsychologie in die Hände spielen. Der Traum wird so zum Normalvorbild aller *psychopathologischen* Bildungen. Wer den Traum versteht, kann auch den psychischen Mechanismus der Neurosen und Psychosen durchschauen.

Die Psychoanalyse ist durch ihre vom Traum ausgehenden Untersuchungen in den Stand gesetzt worden, eine Neurosenpsychologie aufzubauen, zu welcher in stetig fortgesetzter Arbeit Stück um Stück hinzugefügt wird. Doch erfordert das psychologische Interesse, welchem wir hier folgen, nicht mehr, als daß wir zwei Bestandteile dieses großen Zusammenhanges ausführlicher behandeln: den Nachweis, daß viele Phänomene der Pathologie, die man glaubte physiologisch erklären zu müssen, psychische Akte sind, und daß die Prozesse, welche die abnormen Ergebnisse liefern, auf psychische Triebkräfte zurückgeführt werden können.

Ich will die erste Behauptung durch einige Beispiele erläutern: Die hysterischen Anfälle sind längst als Zeichen gesteigerter emotiver Erregung erkannt und den Affektausbrüchen gleichgestellt worden. Charcot versuchte die Mannigfaltigkeit ihrer Erscheinungsformen in deskriptive Formeln zu bannen; P. Janet erkannte die unbewußte Vorstellung, die hinter diesen Anfällen wirkt; die Psychoanalyse hat dargetan, daß sie mimische Darstellungen von erlebten und gedichteten Szenen sind, welche die Phantasie der Kranken beschäftigen, ohne ihnen bewußt zu werden. Durch Verdichtungen und Entstellungen der dargestellten Aktionen werden diese Pantomimen für den Zuschauer undurchsichtig gemacht. Unter dieselben Gesichtspunkte fallen aber auch alle anderen sogenannten Dauersymptome der hysterischen Kranken. Es sind durchwegs mimische oder halluzinatorische Darstellungen von Phantasien, welche deren Gefühlsleben unbewußt beherrschen und eine Erfüllung ihrer geheimen verdrängten Wünsche bedeuten. Der qualvolle Charakter dieser Symptome rührt von dem inneren Konflikt her, in welchen das Seelenleben dieser Kranken durch die Notwendigkeit der Bekämpfung solcher unbewußter Wunschregungen versetzt wird.

Bei einer anderen neurotischen Affektion, der Zwangsneurose, verfallen die Kranken einem peinlich gehandhabten, anscheinend sinnlosen Zeremoniell, das sich in der Wiederholung und Rhythmierung der gleichgültigsten Handlungen, wie Waschen, Ankleiden, oder in der Ausführung unsinniger Vorschriften, in der Einhaltung rätselhafter Verbote äußert. Es war geradezu ein Triumph der psychoanalytischen Arbeit, als es ihr gelang nachzuweisen, wie sinnvoll all diese Zwangshandlungen sind, selbst die unscheinbarsten und geringfügigsten unter ihnen, wie sie die Konflikte des Lebens, den Kampf zwischen Versuchungen und moralischen Hemmungen, den verfemten Wunsch selbst und die Strafen und Bußen dafür am indifferenten Material widerspiegeln. Bei einer anderen Form derselben Krankheit leiden die Betroffenen an peinigenden Vorstellungen, Zwangsideen, deren Inhalt sich ihnen gebieterisch aufdrängt, von Affekten begleitet, die in Art und Intensität durch den Wortlaut der Zwangsideen selbst oft nur sehr wenig erklärt werden. Die analytische Untersuchung hat hier gezeigt, daß die Affekte voll berechtigt sind, indem sie Vorwürfen entsprechen, denen wenigstens eine *psychische Realität* zugrunde liegt. Die an diese Affekte gehängten Vorstellungen sind aber nicht mehr die ursprünglichen, sondern durch Verschiebung (Ersetzung, Substitution) von etwas Verdrängtem in diese Verknüpfung geraten. Die Reduktion (das Rückgängigmachen) dieser Verschiebungen bahnt den Weg zur Erkenntnis der verdrängten Ideen und läßt die Verknüpfung von Affekt und Vorstellung als durchaus angemessen erscheinen.

Bei einer anderen neurotischen Affektion, der eigentlich unheilbaren *Dementia praecox* (Paraphrenie, Schizophrenie), welche in ihren schlimmsten Ausgängen die Kranken völlig teilnahmslos erscheinen läßt, erübrigen oft als einzige Aktionen gewisse gleichförmig wiederholte Bewegungen und Gesten, die als Stereotypien bezeichnet worden sind. Die analytische Untersuchung solcher Reste (durch C. G. Jung) hat sie als Überbleibsel von sinnvollen mimischen Akten erkennen lassen, in denen sich einst die das Individuum beherrschenden Wunschregungen Ausdruck verschafften. Die tollsten Reden und sonderbarsten Stellungen und Haltungen dieser Kranken haben ein Verständnis und die Einreihung in den Zusammenhang des Seelenlebens gestattet, seitdem man mit psychoanalytischen Voraussetzungen an sie herangetreten ist.

Ganz ähnliches gilt für die Delirien und Halluzinationen und für die Wahnsysteme verschiedener Geisteskranker. Überall, wo bisher nur die bizarrste Laune zu walten schien, hat die psychoanalytische Arbeit Gesetz, Ordnung und Zusammenhang aufgezeigt oder wenigstens ahnen lassen, insofern diese Arbeit noch unvollendet ist. Die verschiedenartigen psychischen Erkrankungsformen erkennt man aber als Ausgänge von Prozessen, welche im Grunde identisch sind, und die sich mit psychologischen Begriffen erfassen und beschreiben lassen. Überall ist der schon bei der Traumbildung aufgedeckte *psychische Konflikt* im Spiele, die *Verdrängung* gewisser Triebregungen, die von anderen Seelenkräften ins Unbewußte zurückgewiesen werden, die *Reaktionsbildungen* der verdrängenden Kräfte und die *Ersatzbildungen* der verdrängten, aber ihrer Energie nicht völlig beraubten Triebe. Überall äußern sich bei diesen Vorgängen die vom Traum her bekannten Prozesse der *Verdichtung* und *Verschiebung*. Die Mannigfaltigkeit der in der psychiatrischen Klinik beobachteten Krankheitsformen hängt von zwei anderen Mannigfaltigkeiten ab: von der Vielheit der psychischen Mechanismen, welche der Verdrängungsarbeit zu Gebote stehen, und von der Vielheit der entwicklungsgeschichtlichen Dispositionen, welche den verdrängten Regungen den Durchbruch zu Ersatzbildungen ermöglichen.

Die gute Hälfte der psychiatrischen Aufgabe wird von der Psychoanalyse zur Erledigung an die Psychologie gewiesen. Doch wäre es ein arger Irrtum, wollte man annehmen, daß die Analyse eine rein psychologische Auffassung der Seelen-

KARL HILS (Hrsg.)

Therapeutische Faktoren im Werken und Formen

(Ein Sammelband) 1971. X, 425 S., 13 Abb., Gzl..
Buchgemeinschaftspreis DM 30,50.

Nr. 3351

Mit Beiträgen von:

„Therapeutische Faktoren im Werken und Formen ist der Versuch einer Bestandsaufnahme über das neue Gebiet der Beschäftigungstherapie. Der Leser kann aus Beiträgen von Psychotherapeuten, Psychiatern, Psychagogen, von Leitern von Schulen für Beschäftigungstherapie, von Psychotherapeuten am Jugendgefängnis, Psychologen an Schulen und Lehrerhochschulen einen Überblick und Einblick gewinnen in die Arbeitsweise von Fachleuten des In- und Auslandes. Nicht nur in unserem Lande, sondern auf der ganzen Welt beginnt die Beschäftigungstherapie das Gesicht der neuen Kliniken, Sanatorien und Unfallkrankenhäuser bis in die Bauplanung zu beeinflussen indem man Räume für Beschäftigungstherapie, Psychodrama und Gymnastik baut.

Die Ausbildung der Beschäftigungstherapeuten bedarf solider Grundlagen, einerseits im Hinblick auf Werkpädagogik und Werkdidaktik, andererseits im Hinblick auf die psychologische und tiefenpsychologische Seite der freien, selbständigen Ausdrucksweise des Patienten im Malen und Modellieren, die der Arzt für die Diagnose und für die Therapie braucht. Die Beschäftigungstherapie ist eine Methode zur Behandlung kranker und gestörter Menschen durch bildhaft werkhaftes Gestalten.

Im Vergleich zur Arbeitstherapie fehlt der Beschäftigungstherapie der Charakter des Zweckgebundenen.

Gegen diese Rückantwortkarte erhalten Sie kostenlos und unverbindlich unseren über 800 Seiten starken »Jahreskatalog '72« zugesandt!

Bitte freimachen

Postkarte
Rückantwort

Wissenschaftliche
Buchgesellschaft

Abt.: **Y-24**

D-6100 Darmstadt
Postfach 1129

☐ Ich bin bereits Mitglied. Meine Mitgliedsnummer:

☐ Ich erkläre hiermit meinen Beitritt zur WISSENSCHAFTLICHEN BUCH-GESELLSCHAFT!

☐ Senden Sie gegen diese Anrechtskarte kostenlos und unverbindlich den über 800 Seiten starken Jahreskatalog an meine Adresse!
(Zutreffendes bitte ankreuzen)

Name, Vorname

Postleitzahl, Wohnort

Straße, Hausnummer

Geburtsdatum

Beruf

Unterschrift

störungen anstrebt oder befürwortet. Sie kann nicht verkennen, daß die andere Hälfte der psychiatrischen Arbeit den Einfluß organischer Faktoren (mechanischer, toxischer, infektiöser) auf den seelischen Apparat zum Inhalt hat. In der Ätiologie der Seelenstörungen nimmt sie nicht einmal für die mildesten derselben, für die Neurosen, einen rein psychogenen Ursprung in Anspruch, sondern sucht deren Verursachung in der Beeinflussung des Seelenlebens durch ein später zu erwähnendes, unzweifelhaft organisches Moment.

Die detaillierten Ergebnisse der Psychoanalyse, welche für die allgemeine Psychologie bedeutsam werden müssen, sind allzu zahlreich, als daß ich sie hier anführen könnte. Ich will nur noch zwei Punkte mit einer Erwähnung streifen: Die unzweideutige Art, wie die Psychoanalyse das Primat im Seelenleben für die Affektvorgänge in Anspruch nimmt, und den Nachweis eines ungeahnten Ausmaßes von affektiver Störung und Verblendung des Intellekts bei den normalen nicht anders als bei den kranken Menschen.

ZWEITER TEIL
DAS INTERESSE DER PSYCHOANALYSE FÜR DIE NICHT PSYCHOLOGISCHEN WISSENSCHAFTEN

A) Das sprachwissenschaftliche Interesse
Ich überschreite gewiß die gebräuchliche Wortbedeutung, wenn ich das Interesse des *Sprach*forschers für die Psychoanalyse postuliere. Unter Sprache muß hier nicht bloß der Ausdruck von Gedanken in Worten, sondern auch die Gebärdensprache und jede andere Art von Ausdruck seelischer Tätigkeit, wie die Schrift, verstanden werden. Dann aber darf man geltend machen, daß die Deutungen der Psychoanalyse zunächst Übersetzungen aus einer uns fremden Ausdrucksweise in die unserem Denken vertraute sind. Wenn wir einen Traum deuten, so übersetzen wir bloß einen gewissen Gedankeninhalt (die latenten Traumgedanken) aus der »Sprache des Traumes« in die unseres Wachlebens. Man lernt dabei die Eigentümlichkeiten dieser Traumsprache kennen und ge-

winnt den Eindruck, daß sie einem in hohem Grade archaischen Ausdruckssystem angehört. So z. B. wird die Negation in der Sprache des Traumes niemals besonders bezeichnet. Gegensätze vertreten einander im Trauminhalt und werden durch dasselbe Element dargestellt. Oder, wie man auch sagen kann: in der Traumsprache sind die Begriffe noch ambivalent, vereinigen in sich entgegengesetzte Bedeutungen, wie es nach den Annahmen der Sprachforscher bei den ältesten Wurzeln der historischen Sprachen der Fall gewesen ist.[1] Ein anderer auffälliger Charakter unserer Traumsprache ist die überaus häufige Verwendung der Symbole, die in gewissem Maße eine Übersetzung des Trauminhaltes unabhängig von den individuellen Assoziationen gestatten. Das Wesen dieser Symbole ist von der Forschung noch nicht klar genug erfaßt; es sind Ersetzungen und Vergleichungen auf Grund von Ähnlichkeiten, die zum Teil klar zutage liegen; bei einem anderen Teile dieser Symbole ist aber das zu vermutende Tertium comparationis unserer bewußten Kenntnis abhanden gekommen. Gerade diese Symbole dürften aus den ältesten Phasen der Sprachentwicklung und Begriffsbildung stammen. Im Traume sind es vorwiegend die Sexualorgane und die sexuellen Verrichtungen, welche eine symbolische Darstellung, anstatt einer direkten, erfahren. Ein Sprachforscher, Hans Sperber (Upsala), hat erst kürzlich den Nachweis versucht, daß Worte, die ursprünglich sexuelle Tätigkeiten bedeuteten, auf Grund solcher Vergleichung zu einem außerordentlich reichen Bedeutungswandel gelangt sind.[2]

Wenn wir daran denken, daß die Darstellungsmittel des Traumes hauptsächlich visuelle Bilder, nicht Worte, sind, so wird uns der Vergleich des Traumes mit einem Schriftsystem noch passender erscheinen als der mit einer Sprache. In der Tat ist die Deutung eines Traumes durchaus analog der Entzifferung einer alten Bilderschrift, wie der ägyptischen Hiero-

[1] Vgl. Abel, Über den Gegensinn der Urworte. Referat im »Jahrbuch für psychoanalytische und psychopathologische Forschungen«, II. Bd., 1910. (Enthalten in Band VIII der Gesammelten Werke.)
[2] »Über den Einfluß sexueller Momente auf Entstehung und Entwicklung der Sprache« (Imago I, 1912).

glyphen. Es gibt hier wie dort Elemente, die nicht zur Deutung, respektive Lesung, bestimmt sind, sondern nur als Determinativa das Verständnis anderer Elemente sichern sollen. Die Vieldeutigkeit verschiedener Traumelemente findet ihr Gegenstück in diesen alten Schriftsystemen ebenso wie die Auslassung verschiedener Relationen, die hier wie dort aus dem Zusammenhange ergänzt werden müssen. Wenn eine solche Auffassung der Traumdarstellung noch keine weitere Ausführung gefunden hat, so geht dies auf den leicht begreiflichen Umstand zurück, daß dem Psychoanalytiker durchwegs jene Gesichtspunkte und Kenntnisse abgehen, mit denen der Sprachforscher an ein Thema wie das des Traumes herantreten würde.

Die Traumsprache, kann man sagen, ist die Ausdrucksweise der unbewußten Seelentätigkeit. Aber das Unbewußte spricht mehr als nur einen Dialekt. Unter den veränderten psychologischen Bedingungen, welche die einzelnen Formen von Neurose charakterisieren und voneinander scheiden, ergeben sich auch konstante Abänderungen des Ausdruckes für unbewußte seelische Regungen. Während die Gebärdensprache der Hysterie im ganzen mit der Bildersprache des Traumes, der Visionen usw. zusammentrifft, ergeben sich besondere idiomatische Ausbildungen für die Gedankensprache der Zwangsneurose und der Paraphrenien (*Dementia praecox* und *Paranoia*), die wir in einer Reihe von Fällen bereits verstehen und aufeinander beziehen können. Was z. B. eine Hysterika durch Erbrechen darstellt, das wird sich beim Zwangskranken durch peinliche Schutzmaßregeln gegen *Infektion* äußern und den Paraphreniker zur Klage oder zum Verdacht, daß er *vergiftet* werde, veranlassen. Was hier so verschiedenen Ausdruck findet, ist der ins Unbewußte verdrängte Wunsch nach *Schwängerung*, respektive die Abwehr der erkrankten Person gegen denselben.

B) Das philosophische Interesse

Insofern die Philosophie auf Psychologie aufgebaut ist, wird sie nicht umhin können, den psychoanalytischen Beiträgen zur Psychologie in ausgiebigster Weise Rechnung zu tragen und auf diese neue Bereicherung unseres Wissens in ähnlicher Art zu reagieren, wie sie es bei allen bedeutenderen Fortschritten der Spezialwissenschaften gezeigt hat. Insbesondere die Aufstellung der unbewußten Seelentätigkeiten muß die Philosophie nötigen, Partei zu nehmen und im Falle der Zustimmung ihre Hypothesen über das Verhältnis des Seelischen zum Leiblichen zu modifizieren, bis sie der neuen Kenntnis entsprechen. Die Philosophie hat sich allerdings wiederholt mit dem Problem des Unbewußten beschäftigt, aber ihre Vertreter haben dabei — mit wenigen Ausnahmen — eine von den zwei Positionen eingenommen, die nun anzuführen sind. Entweder ihr Unbewußtes war etwas Mystisches, nicht Greifbares und nicht Aufzeigbares, dessen Beziehung zum Seelischen im dunkeln blieb, oder sie haben das Seelische mit dem Bewußten identifiziert und dann aus dieser Definition abgeleitet, daß etwas Unbewußtes nichts Seelisches und kein Gegenstand der Psychologie sein könne. Die Äußerungen rühren daher, daß die Philosophen das Unbewußte beurteilt haben, ohne die Phänomene der unbewußten Seelentätigkeit zu kennen, also ohne zu ahnen, inwieweit sie den bewußten Phänomenen nahekommen und worin sie sich von ihnen unterscheiden. Will jemand trotz dieser Kenntnisnahme an der Konvention festhalten, welche Bewußtes und Psychisches gleichstellt, und darum dem Unbewußten den psychischen Charakter absprechen, so ist dagegen natürlich nichts einzuwenden, außer daß eine solche Scheidung sich als höchst unpraktisch herausstellt. Denn das Unbewußte ist von seiten seiner Beziehung zum Bewußten, mit dem es so vieles gemeinsam hat, leicht zu beschreiben und in seinen Entwicklungen zu verfolgen; von der Seite des physischen Prozesses ihm näher zu kommen, erscheint hingegen jetzt noch völlig ausgeschlossen. Es muß also Objekt der Psychologie bleiben.

Noch in anderer Art kann die Philosophie aus der Psychoanalyse Anregung gewinnen, nämlich indem sie selbst zum Objekt derselben wird. Die philosophischen Lehren und Systeme sind das Werk einer geringen Anzahl von Personen von hervorragender individueller Ausprägung; in keiner anderen Wissenschaft fällt auch der Persönlichkeit des wissenschaftlichen Arbeiters eine annähernd so große Rolle zu wie gerade bei der Philosophie. Nun setzt uns erst die Psychoanalyse in den Stand, eine Psychographie der Persönlichkeit zu geben. (Vgl. unten: Das soziologische Interesse.) Sie lehrt uns die affektiven Einheiten — die von Trieben abhängigen Komplexe — kennen, welche in jedem Individuum vorauszusetzen sind, und leitet uns in das Studium der Umwandlungen und Endergebnisse, welche aus diesen Triebkräften hervorgehen. Sie deckt die Beziehungen auf, welche zwischen konstitutionellen Anlagen und Lebensschicksalen einer Person und den dank einer besonderen Begabung bei ihr möglichen Leistungen bestehen. Die intime Persönlichkeit des Künstlers, die sich hinter seinem Werk verbirgt, vermag sie aus diesem Werk mit größerer oder geringerer Treffsicherheit zu erraten. So kann die Psychoanalyse auch die subjektive und individuelle Motivierung von philosophischen Lehren aufzeigen, welche vorgeblich unparteiischer logischer Arbeit entsprungen sind, und der Kritik selbst die schwachen Punkte des Systems anzeigen. Diese Kritik selbst zu besorgen, ist nicht Sache der Psychoanalyse, denn, wie begreiflich, schließt die psychologische Determinierung einer Lehre ihre wissenschaftliche Korrektheit keineswegs aus.

C) Das biologische Interesse

Die Psychoanalyse hat nicht wie andere junge Wissenschaften das Schicksal gehabt, von erwartungsvoller Teilnahme der am Fortschritt der Erkenntnis Interessierten begrüßt zu werden. Sie wurde lange Zeit nicht angehört, und als endlich Vernachlässigung nicht mehr möglich war, wurde sie aus affektiven Gründen Gegenstand heftigster Anfeindung von seiten solcher, die sich nicht die Mühe gegeben hatten, sie kennenzulernen. Diese unfreundliche Aufnahme verdankt sie dem einen Umstand, daß sie an ihren Forschungsobjekten frühzeitig die Entdeckung machen mußte, die nervösen Erkrankungen seien der Ausdruck von Störung der *Sexualfunktion,* und darum Gründe hatte, sich der Erforschung der allzu lange vernachlässigten Sexualfunktion zu widmen.

Wer aber an der Forderung festhält, daß wissenschaftliches Urteil nicht durch affektive Einstellungen beeinflußt werden darf, wird der Psychoanalyse wegen dieser ihrer Forschungsrichtung hohes biologisches Interesse zugestehen und die Widerstände gegen sie gerade als Beweise für ihre Behauptungen verwerten.

Die Psychoanalyse ist der menschlichen Sexualfunktion gerecht geworden, indem sie die von vielen Dichtern und manchen Philosophen betonte, von der Wissenschaft niemals anerkannte Bedeutung derselben für das seelische und praktischen Leben bis ins einzelne verfolgte. Für diese Absicht mußte zunächst der ungebührlich eingeengte Begriff der Sexualität eine Erweiterung erfahren, welche sich durch die Berufung auf die Überschreitungen der Sexualität (die sogenannten Perversionen) und auf das Benehmen des Kindes rechtfertigen ließ. Es zeigte sich als unhaltbar, noch länger zu behaupten, daß die Kindheit asexuell sei und erst zur Zeit der Pubertät von dem plötzlichen Einbruch der sexuellen Regungen überfallen werde. Vielmehr konnte die Beobachtung, wenn sie sich nur erst der Blendung durch Interesse und Vorurteil entzogen hatte, mit Leichtigkeit nachweisen, daß sexuelle Interessen und Betätigungen beim menschlichen Kinde fast zu jeder Lebenszeit und von allem Anfang an bestehen. Diese infantile Sexualität wird in ihrer Bedeutsamkeit nicht dadurch beeinträchtigt, daß ihre Grenzen gegen das asexuelle Tun des Kindes nicht an allen Stellen mit voller Sicherheit abzustecken sind. Sie ist aber etwas anderes als die »normal« genannte Sexualität des Erwachsenen. Ihr Umfang schließt die Keime zu all jenen sexuellen Betätigungen ein, die später als Perversionen dem normalen Sexualleben schroff gegenübergestellt werden, dann aber auch unbegreiflich und lasterhaft erscheinen müssen. Aus der infantilen Sexualität geht die normale des Erwachsenen hervor durch eine Reihe von Entwicklungsvorgängen, Zusammensetzungen, Abspaltungen und Unterdrückungen, welche fast niemals in idealer Vollkommenheit erfolgen und darum die Dispositionen zur Rückbildung der Funktion in Krankheitszuständen hinterlassen.

Die infantile Sexualität läßt zwei weitere Eigenschaften erkennen, welche für die biologische Auffassung bedeutungsvoll sind. Sie erweist ihre Zusammensetzung aus einer Reihe von Partialtrieben, welche an gewisse Körperregionen — erogene Zonen — geknüpft erscheinen, und von denen einzelne von Anfang an in Gegensatzpaaren — als Trieb mit aktivem und passivem Ziel — auftreten. Wie späterhin in Zuständen des sexuellen Begehrens nicht bloß die Geschlechtsorgane der geliebten Person, sondern deren ganzer Körper zum Sexualobjekt wird, so sind von allem Anfang an nicht bloß die Genitalien, sondern auch verschiedene andere Körperstellen die Ursprungsstätten sexueller Erregung und ergeben bei geeigneter Reizung sexuelle Lust. Damit in engem Zusammenhange steht der zweite Charakter der infantilen Sexualität, ihre anfängliche Anlehnung an die der Selbsterhaltung dienenden Funktionen der Nahrungsaufnahme und der Ausscheidung, wahrscheinlich auch der Muskelerregung und der Sinnestätigkeit.

Wenn wir die Sexualität mit Hilfe der Psychoanalyse beim gereiften Individuum studieren und das Leben des Kindes im Lichte der so gewonnenen Einsichten betrachten, erscheint uns die Sexualität nicht als eine bloß der Fortpflanzung dienende, der Verdauung, Atmung usw. gleichzustellende Funktion, sondern als etwas weit Selbständigeres, was sich vielmehr allen anderen Tätigkeiten des Individuums gegenüberstellt und erst durch eine komplizierte, an Einschränkungen reiche Entwicklung in den Verband der individuellen Ökonomie gezwungen wird. Der theoretisch sehr wohl denkbare Fall, daß die Interessen dieser sexuellen Strebungen nicht mit denen der individuellen Selbsterhaltung zusammenfallen, scheint in der Krankheitsgruppe der Neurosen verwirklicht zu sein, denn die letzte Formel, welche die Psychoanalyse über das Wesen der Neurosen ergibt, lautet: Der Urkonflikt, aus welchem die Neurosen hervorgehen, ist der zwischen den das Ich erhaltenden und den sexuellen Trieben. Die Neurosen entsprechen einer mehr oder weniger partiellen Überwältigung des Ichs durch die Sexualität, nachdem dem Ich der Versuch zur Unterdrückung der Sexualität mißlungen ist.

Wir haben es notwendig gefunden, biologische Gesichtspunkte während der psychoanalytischen Arbeit fernzuhalten, und solche auch nicht zu heuristischen Zwecken zu verwenden, damit wir in der unparteiischen Beurteilung der uns vorliegenden psychoanalytischen Tatbestände nicht beirrt werden. Nach vollzogener psychoanalytischer Arbeit müssen wir aber den Anschluß an die Biologie finden und dürfen zufrieden sein, wenn er schon jetzt in dem einen oder anderen wesentlichen Punkte gesichert scheint. Der Gegensatz zwischen Ichtrieben und Sexualtrieb, auf den wir die Entstehung der Neurosen zurückführen mußten, setzt sich als Gegensatz zwischen Trieben, welche der Erhaltung des Individuums, und solchen, die der Fortsetzung der Art dienen, aufs biologische Gebiet fort. In der Biologie tritt uns die umfassendere Vorstellung des unsterblichen Keimplasmas entgegen, an welchem wie sukzessiv entwickelte Organe die einzelnen vergänglichen Individuen hängen; erst aus dieser können wir die Rolle der sexuellen Triebkräfte in der Physiologie und Psychologie des Einzelwesens richtig verstehen.

Trotz aller Bemühung, biologische Termini und Gesichtspunkte nicht zur Herrschaft in der psychoanalytischen Arbeit gelangen zu lassen, können wir es nicht vermeiden, sie schon in der Beschreibung der von uns studierten Phänomene zu gebrauchen. Wir können dem »Trieb« nicht ausweichen als einem Grenzbegriff zwischen psychologischer und biologischer Auffassung, und wir sprechen von »männlichen« und »weiblichen« seelischen Eigenschaften und Strebungen, obwohl die Geschlechtsverschiedenheiten strenggenommen keine besondere psychische Charakteristik beanspruchen können. Was wir im Leben männlich oder weiblich heißen, reduziert sich für die psychologische Betrachtung auf die Charaktere der Aktivität und der Passivität, das heißt auf Eigenschaften, welche nicht von den Trieben selbst, sondern von deren Zielen anzugeben sind. In der regelmäßigen Gemeinschaft solcher »aktiver« und »passiver« Triebe im Seelenleben spiegelt sich die Bisexualität der Individuen, welche zu den klinischen Voraussetzungen der Psychoanalyse gehört.

Ich werde befriedigt sein, wenn diese wenigen Bemerkungen

darauf aufmerksam gemacht haben, welch ausgiebige Vermittlung zwischen der Biologie und der Psychologie durch die Psychoanalyse hergestellt wird.

D) Das entwicklungsgeschichtliche Interesse

Nicht jede Analyse psychologischer Phänomene wird den Namen einer Psychoanalyse verdienen. Die letztere bedeutet mehr als die Zerlegung zusammengesetzter Erscheinungen in einfachere; sie besteht in einer Zurückführung einer psychischen Bildung auf andere, welche ihr zeitlich vorhergegangen sind, aus denen sie sich entwickelt hat. Das ärztliche psychoanalytische Verfahren konnte kein Leidenssymptom beseitigen, wenn es nicht seiner Entstehung und Entwicklung nachspürte: so ist die Psychoanalyse von allem Anfang an auf die Verfolgung von Entwicklungsvorgängen gewiesen worden. Sie hat zuerst die Genese neurotischer Symptome aufgedeckt; im weiteren Fortschritt mußte sie andere psychische Bildungen in Angriff nehmen und die Arbeit einer genetischen Psychologie an ihnen leisten.

Die Psychoanalyse ist genötigt worden, das Seelenleben des Erwachsenen aus dem des Kindes abzuleiten, Ernst zu machen mit dem Satze: das Kind ist der Vater des Mannes. Sie hat die Kontinuität der infantilen Psyche mit der des Erwachsenen verfolgt, aber auch die Umwandlungen und Umordnungen gemerkt, welche auf diesem Wege vor sich gehen. Die meisten von uns haben eine Gedächtnislücke für ihre ersten Kinderjahre, aus welcher sich nur einzelne Brocken Erinnerung herausheben. Man darf behaupten, daß die Psychoanalyse diese Lücke ausgefüllt, diese Kindheitsamnesie der Menschen beseitigt hat. (Vgl.: Das pädagogische Interesse.)

Während der Vertiefung in das infantile Seelenleben haben sich einige bemerkenswerte Funde ergeben. So ließ sich bestätigen, was man oftmals vorher geahnt hatte, von welch außerordentlicher Bedeutung für die ganze spätere Richtung eines Menschen die Eindrücke seiner Kindheit, ganz besonders aber seiner ersten Kindheitsjahre, sind. Man ist dabei auf ein psychologisches Paradoxon gestoßen, welches nur für die psychoanalytische Auffassung keines ist, daß gerade diese allerbedeutsamsten Eindrücke im Gedächtnis der späteren Jahre nicht enthalten sind. Die Psychoanalyse hat diese Vorbildlichkeit und Unverlöschbarkeit frühester Erlebnisse gerade für das Sexualleben am deutlichsten feststellen können. *»On revient toujours à ses premiers amours«* ist eine nüchterne Wahrheit. Die vielen Rätsel des Liebeslebens Erwachsener lösen sich erst durch die Hervorhebung der infantilen Momente in der Liebe. Für die Theorie dieser Wirkungen kommt in Betracht, daß die ersten Kindeserlebnisse dem Individuum nicht nur als Zufälligkeiten widerfahren, sondern auch den ersten Betätigungen der von ihm konstitutionell mitgebrachten Triebanlagen entsprechen.

Eine andere, weit überraschendere Aufdeckung hat zum Inhalt, daß von den infantilen seelischen Formationen trotz aller späteren Entwicklung beim Erwachsenen nichts untergeht. Alle Wünsche, Triebregungen, Reaktionsweisen, Einstellungen des Kindes sind beim gereiften Menschen nachweisbar noch vorhanden und können unter geeigneten Konstellationen wieder zum Vorschein kommen. Sie sind nicht zerstört, sondern bloß überlagert, wie die psychoanalytische Psychologie in ihrer räumlichen Darstellungsweise sagen muß. Es wird so zum Charakter der seelischen Vergangenheit, daß sie nicht, wie die historische, von ihren Abkömmlingen aufgezehrt wird; sie besteht weiter neben dem, was aus ihr geworden ist, entweder bloß virtuell oder in realer Gleichzeitigkeit. Beweis dieser Behauptung ist es, daß der Traum des normalen Menschen allnächtlich dessen Kindercharakter wiederbelebt und sein ganzes Seelenleben auf eine infantile Stufe zurückführt. Dieselbe Rückkehr zum psychischen Infantilismus *(Regression)* stellt sich bei den Neurosen und Psychosen heraus, deren Eigentümlichkeiten zum großen Teil als psychische Archaismen zu beschreiben sind. In der Stärke, welche den infantilen Resten im Seelenleben verblieben ist, sehen wir das Maß der Krankheitsdisposition, so daß uns diese zum Ausdruck einer Entwicklungshemmung wird. Das infantil Gebliebene, als unbrauchbar Verdrängte im psychischen Material eines Menschen bildet nun den Kern seines

Unbewußten, und wir glauben in den Lebensgeschichten unserer Kranken verfolgen zu können, wie dieses von den verdrängenden Kräften zurückgehaltene Unbewußte auf Betätigung lauert und die Gelegenheiten ausnützt, wenn es den späteren und höheren psychischen Bildungen nicht gelingt, der Schwierigkeiten der realen Welt Herr zu werden.

In den allerletzten Jahren hat sich die psychoanalytische Arbeit darauf besonnen, daß der Satz »die Ontogenie sei eine Wiederholung der Phylogenie« auch auf das Seelenleben anwendbar sein müsse,[1] und daraus ist eine neue Erweiterung des psychoanalytischen Interesses hervorgegangen.

E) Das kulturhistorische Interesse

Die Vergleichung der Kindheit des einzelnen Menschen mit der Frühgeschichte der Völker hat sich bereits nach mehreren Richtungen als fruchtbar erwiesen, trotzdem diese Arbeit kaum mehr als begonnen werden konnte. Die psychoanalytische Denkweise benimmt sich dabei wie ein neues Instrument der Forschung. Die Anwendung ihrer Voraussetzungen auf die Völkerpsychologie gestattet ebenso neue Probleme aufzuwerfen wie die bereits bearbeiteten in neuem Lichte zu sehen und zu deren Lösung beizutragen.

Zunächst erscheint es durchaus möglich, die am Traum gewonnene psychoanalytische Auffassung auf Produkte der Völkerphantasie wie Mythus und Märchen zu übertragen.[2] Die Aufgabe einer Deutung dieser Gebilde liegt seit langem vor; man ahnt einen »geheimen Sinn« derselben, man ist auf Abänderungen und auf Umwandlungen vorbereitet, welche diesen Sinn verdecken. Die Psychoanalyse bringt von ihren Arbeiten an Traum und Neurose die Schulung mit, welche die technischen Wege dieser Entstellungen erraten kann. Sie kann aber auch in einer Reihe von Fällen die verborgenen Motive aufdecken, welche diese Wandlungen des Mythus von seinem ursprünglichen Sinn verursacht haben. Den ersten Anstoß zur Mythenbildung kann sie nicht in einem theoretischen Bedürfnis nach Erklärung der Naturerscheinungen

1 Abraham, Spielrein, Jung.
2 Abraham. Rank. Jung.

und nach Rechenschaft für unverständlich gewordene Kultvorschriften und Gebräuche erblicken, sondern sucht ihn in den nämlichen psychischen »Komplexen«, in denselben affektiven Strebungen, welche sie zum Grunde der Träume und der Symptombildungen nachgewiesen hat.

Durch die gleiche Übertragung ihrer Gesichtspunkte, Voraussetzungen und Erkenntnisse wird die Psychoanalyse befähigt, Licht auf die Ursprünge unserer großen kulturellen Institutionen, der Religion, der Sittlichkeit, des Rechts, der Philosophie zu werfen.[1] Indem sie den primitiven psychologischen Situationen nachspürt, aus denen sich die Antriebe zu solchen Schöpfungen ergeben konnten, kommt sie in die Lage, manchen Erklärungsversuch zurückzuweisen, der auf eine psychologische Vorläufigkeit gegründet war, und ihn durch tiefer reichende Einsichten zu ersetzen.

Die Psychoanalyse stellt eine innige Beziehung her zwischen all diesen psychischen Leistungen der einzelnen und der Gemeinschaften, indem sie dieselbe dynamische Quelle für beide postuliert. Sie knüpft an die Grundvorstellung an, daß es die Hauptfunktion des seelischen Mechanismus ist, das Geschöpf von den Spannungen zu entlasten, die durch Bedürfnisse in ihm erzeugt werden. Ein Teil dieser Aufgabe wird lösbar durch Befriedigung, welche man von der Außenwelt erzwingt; zu diesem Zwecke wird die Beherrschung der realen Welt Erfordernis. Einem anderen Teil dieser Bedürfnisse, darunter wesentlich gewissen affektiven Strebungen, versagt die Realität regelmäßig die Befriedigung. Daraus geht ein zweites Stück der Aufgabe hervor, den unbefriedigten Strebungen eine andersartige Erledigung zu verschaffen. Alle Kulturgeschichte zeigt nur, welche Wege die Menschen zur Bindung ihrer unbefriedigten Wünsche einschlagen unter den wechselnden und durch technischen Fortschritt veränderten Bedingungen der Gewährung und Versagung von seiten der Realität.

Die Untersuchung der primitiven Völker zeigt die Menschen

---

1 Ansätze hiezu bei Jung, Wandlungen und Symbole der Libido, 1912, und Freud, Übereinstimmungen im Seelenleben der Wilden und der Neurotiker. Imago, I u. II. [Totem und Tabu. Enthalten in Bd. IX der Gesammelten Werke.]

zunächst im kindlichen Allmachtsglauben befangen[1] und läßt eine Menge von seelischen Bildungen als Bemühungen verstehen, die Störungen dieser Allmacht abzuleugnen und so die Realität von ihrer Wirkung aufs Affektleben fernzuhalten, solange man dieselbe nicht besser beherrschen und zur Befriedigung ausnützen kann. Das Prinzip der Unlustvermeidung beherrscht das menschliche Tun so lange, bis es durch das bessere der Anpassung an die Außenwelt abgelöst wird. Parallel zur fortschreitenden Weltbeherrschung des Menschen geht eine Entwicklung seiner Weltanschauung, welche sich immer mehr von dem ursprünglichen Allmachtsglauben abwendet, und von der animistischen Phase durch die religiöse zur wissenschaftlichen ansteigt. In diesen Zusammenhang fügen sich Mythus, Religion und Sittlichkeit als Versuche, sich für die mangelnde Wunschbefriedigung Entschädigung zu schaffen.

Die Kenntnis der neurotischen Erkrankungen einzelner Menschen hat für das Verständnis der großen sozialen Institutionen gute Dienste geleistet, denn die Neurosen selbst enthüllen sich als Versuche, die Probleme der Wunschkompensation individuell zu lösen, welche durch die Institutionen sozial gelöst werden sollen. Das Zurücktreten des sozialen Faktors und das Überwiegen des sexuellen macht diese neurotischen Lösungen der psychologischen Aufgabe zu Zerrbildern, unbrauchbar für anderes als für unsere Aufklärung über diese bedeutsamen Probleme.

F) Das kunstwissenschaftliche Interesse

Über einige der Probleme, welche sich an Kunst und Künstler knüpfen, gibt die psychoanalytische Betrachtung befriedigenden Aufschluß; andere entgehen ihr völlig. Sie erkennt auch in der Übung der Kunst eine Tätigkeit, welche die Beschwichtigung unerledigter Wünsche beabsichtigt, und zwar zunächst beim schaffenden Künstler selbst, in weiterer Folge beim Zu-

---

1 *Ferenzci*, Entwicklungsstufen des Wirklichkeitssinnes. Intern. Zeitschr. für ärztl. Psychoanalyse I, 1913. — Freud, Animismus, Magie und Allmacht der Gedanken. Imago, II, 1913. [Totem und Tabu. Enthalten in Bd. IX der Gesammelten Werke.]

hörer oder Zuschauer. Die Triebkräfte der Kunst sind dieselben Konflikte, welche andere Individuen in die Neurose drängen, die Gesellschaft zum Aufbau ihrer Institutionen bewogen haben. Woher dem Künstler die Fähigkeit zum Schaffen kommt, ist keine Frage der Psychologie. Der Künstler sucht zunächst Selbstbefreiung und führt dieselbe durch Mitteilung seines Werkes den anderen zu, die an den gleichen verhaltenen Wünschen leiden.[1] Er stellt zwar seine persönlichsten Wunschphantasien als erfüllt dar, aber diese werden zum Kunstwerk erst durch eine Umformung, welche das Anstößige dieser Wünsche mildert, den persönlichen Ursprung derselben verhüllt, und durch die Einhaltung von Schönheitsregeln den anderen bestechende Lustprämien bietet. Es fällt der Psychoanalyse nicht schwer, neben dem manifesten Anteil des künstlerischen Genusses einen latenten, wiewohl weit wirksameren, aus den versteckten Quellen der Triebbefreiung nachzuweisen. Der Zusammenhang zwischen den Kindheitseindrücken und Lebensschicksalen des Künstlers und seinen Werken als Reaktionen auf diese Anregungen gehört zu den anziehendsten Objekten der analytischen Betrachtung.[2]

Im übrigen harren noch die meisten Fragen des Kunstschaffens und Kunstgenießens einer Bearbeitung, welche das Licht analytischer Erkenntnis auf sie fallen läßt und ihnen ihre Stelle in dem komplizierten Aufbau der menschlichen Wunschkompensationen anweist. Als konventionell zugestandene Realität, in welcher dank der künstlerischen Illusion Symbole und Ersatzbildungen wirkliche Affekte hervorrufen dürfen, bildet die Kunst ein Zwischenreich zwischen der wunschversagenden Realität und der wunscherfüllenden Phantasiewelt, ein Gebiet, auf dem die Allmachtbestrebungen der primitiven Menschheit gleichsam in Kraft verblieben sind.

1 Vgl. O. Rank, Der Künstler, Wien 1907.
2 Siehe O. Rank, Das Inzestmotiv in Dichtung und Sage. Wien 1912. — Auch für die Anwendung auf ästhetische Probleme: Freud, Der Witz und seine Beziehung zum Unbewußten, 1905. [Enthalten in Bd. VI der Gesammelten Werke.]

G) Das soziologische Interesse

Die Psychoanalyse hat zwar die individuelle Psyche zum Objekt genommen, aber bei der Erforschung derselben konnten ihr die affektiven Grundlagen für das Verhältnis des einzelnen zur Gesellschaft nicht entgehen. Sie hat gefunden, daß die sozialen Gefühle regelmäßig einen Beitrag von seiten der Erotik führen, dessen Überbetonung und nachfolgende Verdrängung zur Charakteristik einer bestimmten Gruppe von Seelenstörungen wird. Sie hat den asozialen Charakter der Neurosen überhaupt erkannt, welche ganz allgemein dahin streben, das Individuum aus der Gesellschaft zu drängen und ihm das Klosterasyl früherer Zeiten durch die Krankheitsisolierung zu ersetzen. Das intensive Verschuldungsgefühl, welches so viele Neurosen beherrscht, erwies sich ihr als die soziale Modifikation der neurotischen Angst. Andererseits deckt die Psychoanalyse den Anteil, welchen soziale Verhältnisse und Anforderungen an der Verursachung der Neurose haben, im weitesten Ausmaße auf. Die Kräfte, welche die Triebeinschränkung und Triebverdrängung von seiten des Ich herbeiführen, entspringen wesentlich der Gefügigkeit gegen die sozialen Kulturforderungen. Dieselbe Konstitution und dieselben Kindheitserlebnisse, welche sonst zur Neurose führen müßten, werden diese Wirkung nicht hervorrufen, wenn solche Gefügigkeit nicht vorhanden ist, oder solche Anforderungen von dem sozialen Kreis, für welchen das Individuum lebt, nicht gestellt werden. Die alte Behauptung, daß die fortschreitende Nervosität ein Produkt der Kultur sei, deckt wenigstens die Hälfte des wahren Sachverhalts. Erziehung und Beispiel bringen die Kulturforderung an das jugendliche Individuum heran; wo sich bei diesem die Triebverdrängung unabhängig von den beiden einstellt, liegt die Annahme nahe, daß urvorzeitliche Anforderung endlich zum organisierten erblichen Besitz der Menschen geworden ist. Das Kind, welches spontan Triebverdrängungen produziert, würde auch damit nur ein Stück der Kulturgeschichte wiederholen. Was heute eine innere Abhaltung ist, war einmal nur eine äußere, vielleicht durch die Not der Zeiten gebotene, und so kann auch einmal zur internen

Verdrängungsanlage werden, was heute noch als äußere Kulturforderung an jedes heranwachsende Individuum herantritt.

H) Das pädagogische Interesse

Das gewichtige Interesse der Erziehungslehre an der Psychoanalyse stützt sich auf einen zur Evidenz gebrachten Satz. Ein Erzieher kann nur sein, wer sich in das kindliche Seelenleben einfühlen kann, und wir Erwachsenen verstehen die Kinder nicht, weil wir unsere eigene Kindheit nicht mehr verstehen. Unsere Kindheitsamnesie ist ein Beweis dafür, wie sehr wir ihr entfremdet sind. Die Psychoanalyse hat die Wünsche, Gedankenbildungen, Entwicklungsvorgänge der Kindheit aufgedeckt; alle früheren Bemühungen waren in ärgster Weise unvollständig und irreleitend, weil sie den unschätzbar wichtigen Faktor der Sexualität in ihren körperlichen und seelischen Äußerungen ganz beiseite gelassen hatten. Das ungläubige Erstaunen, mit welchem die gesichertsten Ermittlungen der Psychoanalyse über die Kindheit aufgenommen werden — über den Ödipuskomplex, die Selbstverliebtheit (Narzißmus), die perversen Anlagen, die Analerotik, die sexuelle Wißbegierde —, mißt die Distanz, welche unser Seelenleben, unsere Wertungen, ja unsere Gedankenprozesse von denen auch des normalen Kindes trennt.

Wenn sich die Erzieher mit den Resultaten der Psychoanalyse vertraut gemacht haben, werden sie es leichter finden, sich mit gewissen Phasen der kindlichen Entwicklung zu versöhnen, und werden unter anderem nicht in Gefahr sein, beim Kind auftretende sozial unbrauchbare oder perverse Triebregungen zu überschätzen. Sie werden sich eher von dem Versuch einer gewaltsamen Unterdrückung dieser Regungen zurückhalten, wenn sie erfahren, daß solche Beeinflussungen oft nicht minder unerwünschte Erfolge liefern, als das von der Erziehung gefürchtete Gewährenlassen kindlicher Schlechtigkeit. Gewalttätige Unterdrückung starker Triebe von außen bringt bei Kindern niemals das Erlöschen oder die Beherrschung derselben zustande, sondern erzielt eine Verdrängung, welche die Neigung zu späterer neurotischer Erkrankung setzt. Die Psychoanalyse hat oft Gelegenheit zu erfahren, welchen Anteil die unzweckmäßige einsichtslose Strenge der Erziehung an der Erzeugung von nervöser Krankheit hat, oder mit welchen Verlusten an Leistungsfähigkeit und Genußfähigkeit die geforderte Normalität erkauft wird. Sie kann aber auch lehren, welch wertvolle Beiträge zur Charakterbildung diese asozialen und perversen Triebe des Kindes ergeben, wenn sie nicht der Verdrängung unterliegen, sondern durch den Prozeß der sogenannten *Sublimierung* von ihren ursprünglichen Zielen weg zu wertvolleren gelenkt werden. Unsere besten Tugenden sind als Reaktionsbildungen und Sublimierungen auf dem Boden der bösesten Anlagen erwachsen. Die Erziehung sollte sich vorsorglich hüten, diese kostbaren Kraftquellen zu verschütten und sich darauf beschränken, die Prozesse zu befördern, durch welche diese Energien auf gute Wege geleitet werden. In der Hand einer psychoanalytisch aufgeklärten Erziehung ruht, was wir von einer individuellen Prophylaxe der Neurosen erwarten können. (Vgl. die Arbeiten des Züricher Pastors Dr. Oskar Pfister.)

Ich konnte mir in diesem Aufsatze nicht die Aufgabe stellen, Umfang und Inhalt der Psychoanalyse, die Voraussetzungen, Probleme und Ergebnisse derselben einem wissenschaftlich interessierten Publikum vorzuführen. Meine Absicht ist erfüllt, wenn deutlich geworden ist, für wie viele Wissensgebiete sie interessant ist, und wie reiche Verknüpfungen sie zwischen denselben herzustellen beginnt.

Eine Schwierigkeit der Psychoanalyse

Ich will gleich zum Eingang sagen, daß ich nicht eine intellektuelle Schwierigkeit meine, etwas, was die Psychoanalyse für das Verständnis des Empfängers (Hörers oder Lesers) unzugänglich macht, sondern eine affektive Schwierigkeit: etwas, wodurch sich die Psychoanalyse die Gefühle des Empfängers entfremdet, so daß er weniger geneigt wird, ihr Interesse oder Glauben zu schenken. Wie man merkt, kommen beiderlei Schwierigkeiten auf dasselbe hinaus. Wer für eine Sache nicht genug Sympathie aufbringen kann, wird sie auch nicht so leicht verstehen.

Aus Rücksicht auf den Leser, den ich mir noch als völlig unbeteiligt vorstelle, muß ich etwas weiter ausholen. In der Psychoanalyse hat sich aus einer großen Zahl von Einzelbeobachtungen und Eindrücken endlich etwas wie eine Theorie gestaltet, die unter dem Namen der Libidotheorie bekannt ist. Die Psychoanalyse beschäftigt sich bekanntlich mit der Aufklärung und der Beseitigung der sogenannten nervösen Störungen. Für dieses Problem mußte ein Angriffspunkt gefunden werden, und man entschloß sich, ihn im Triebleben der Seele zu suchen. Annahmen über das menschliche Triebleben wurden also die Grundlage unserer Auffassung der Nervosität.

Die Psychologie, die auf unseren Schulen gelehrt wird, gibt uns nur sehr wenig befriedigende Antworten, wenn wir sie nach den Problemen des Seelenlebens befragen. Auf keinem Gebiet sind aber ihre Auskünfte kümmerlicher als auf dem der Triebe.

Es bleibt uns überlassen, wie wir uns hier eine erste Orientierung schaffen wollen. Die populäre Auffassung trennt Hunger und Liebe als Vertreter der Triebe, welche das Einzelwesen zu erhalten, und jener, die es fortzupflanzen streben. Indem wir uns dieser so naheliegenden Sonderung anschließen, unterscheiden wir auch in der Psychoanalyse die Selbsterhaltungs- oder Ich-Triebe von den Sexualtrieben und nennen die Kraft, mit welcher der Sexualtrieb im Seelenleben auftritt, *Libido* — sexuelles Verlangen — als etwas dem Hunger, dem Machtwillen u. dgl. bei den Ich-Trieben Analoges.

Auf dem Boden dieser Annahme machen wir dann die erste bedeutungsvolle Entdeckung. Wir erfahren, daß für das Verständnis der neurotischen Erkrankungen den Sexualtrieben die weitaus größere Bedeutung zukommt, daß die Neurosen sozusagen die spezifischen Erkrankungen der Sexualfunktion sind. Daß es von der Quantität der Libido und von der Möglichkeit, sie zu befriedigen und durch Befriedigung abzuführen, abhängt, ob ein Mensch überhaupt an einer Neurose erkrankt. Daß die Form der Erkrankung bestimmt wird durch die Art, wie der einzelne den Entwicklungsweg der Sexualfunktion zurückgelegt hat, oder, wie wir sagen, durch die Fixierungen, welche seine Libido im Laufe ihrer Entwicklung erfahren hat. Und daß wir in einer gewissen, nicht sehr einfachen Technik der psychischen Beeinflussung ein Mittel haben, manche Gruppen der Neurosen gleichzeitig aufzuklären und rückgängig zu machen. Den besten Erfolg hat unsere therapeutische Bemühung bei einer gewissen Klasse von Neurosen, die aus dem Konflikt zwischen den Ich-Trieben und den Sexualtrieben hervorgehen. Beim Menschen kommt es nämlich vor, daß die Anforderungen der Sexualtriebe, die ja weit über das Einzelwesen hinausgreifen, dem Ich als Gefahr erscheinen, die seine Selbsterhaltung oder seine Selbstachtung bedrohen. Dann setzt sich das Ich zur Wehr, versagt den Sexualtrieben die gewünschte Befriedigung, nötigt sie zu jenen Umwegen einer Ersatzbefriedigung, die sich als nervöse Symptome kundgeben.

Die psychoanalytische Therapie bringt es dann zustande, den Verdrängungsprozeß einer Revision zu unterziehen und den Konflikt zu einem besseren, mit der Gesundheit verträglichen Ausgang zu leiten. Unverständige Gegnerschaft wirft uns dann unsere Schätzung der Sexualtriebe als einseitig vor: Der Mensch habe noch andere Interessen als die sexuellen.

Das haben wir keinen Augenblick lang vergessen oder verleugnet. Unsere Einseitigkeit ist wie die des Chemikers, der alle Konstitutionen auf die Kraft der chemischen Attraktion zurückführt. Er leugnet darum die Schwerkraft nicht, er überläßt ihre Würdigung dem Physiker.

Während der therapeutischen Arbeit müssen wir uns um die Verteilung der Libido bei dem Kranken bekümmern, wir forschen nach, an welche Objektvorstellungen seine Libido gebunden ist, und machen sie frei, um sie dem Ich zur Verfügung zu stellen. Dabei sind wir dazu gekommen, uns ein sehr merkwürdiges Bild von der anfänglichen, der Urverteilung der Libido beim Menschen zu machen. Wir mußten annehmen, daß zu Beginn der individuellen Entwicklung alle Libido (alles erotische Streben, alle Liebesfähigkeit) an die eigene Person geknüpft ist, wie wir sagen, das eigene Ich besetzt. Erst später geschieht es in Anlehnung an die Befriedigung der großen Lebensbedürfnisse, daß die Libido vom Ich auf die äußeren Objekte überfließt, wodurch wir erst in die Lage kommen, die libidinösen Triebe als solche zu erkennen und von den Ich-Trieben zu unterscheiden. Von diesen Objekten kann die Libido wieder abgelöst und ins Ich zurückgezogen werden.

Den Zustand, in dem das Ich die Libido bei sich behält, heißen wir *Narzißmus,* in Erinnerung der griechischen Sage vom Jüngling *Narzissus,* der in sein eigenes Spiegelbild verliebt blieb.

Wir schreiben also dem Individuum einen Fortschritt zu vom Narzißmus zur Objektliebe. Aber wir glauben nicht, daß jemals die gesamte Libido des Ichs auf die Objekte übergeht. Ein gewisser Betrag von Libido verbleibt immer beim Ich, ein gewisses Maß von Narzißmus bleibt trotz hochentwickelter Objektliebe fortbestehen. Das Ich ist ein großes Reservoir, aus dem die für die Objekte bestimmte Libido ausströmt, und dem sie von den Objekten her wieder zufließt. Die Objektlibido war zuerst Ich-Libido und kann sich wieder in Ich-Libido umsetzen. Es ist für die volle Gesundheit der Person wesentlich, daß ihre Libido die volle Beweglichkeit nicht verliere. Zur Versinnlichung dieses Verhältnisses denken wir an ein Protoplasmatierchen, dessen zähflüssige Substanz Pseudopodien (Scheinfüßchen) aussendet, Fortsetzungen, in welche sich die Leibessubstanz hineinerstreckt, die aber jederzeit wieder eingezogen werden können, so daß die Form des Protoplasmaklümpchens wiederhergestellt wird.

Was ich durch diese Andeutungen zu beschreiben versucht habe, ist die *Libidotheorie* der Neurosen, auf welche alle unsere Auffassungen vom Wesen dieser krankhaften Zustände und unser therapeutisches Vorgehen gegen dieselben begründet sind. Es ist selbstverständlich, daß wir die Voraussetzungen der Libidotheorie auch für das normale Verhalten geltend machen. Wir sprechen vom Narzißmus des kleinen Kindes und wir schreiben es dem überstarken Narzißmus des primitiven Menschen zu, daß er an die Allmacht seiner Gedanken glaubt und darum den Ablauf der Begebenheiten in der äußeren Welt durch die Technik der Magie beeinflussen will.

Nach dieser Einleitung möchte ich ausführen, daß der allgemeine Narzißmus, die Eigenliebe der Menschheit, bis jetzt drei schwere Kränkungen von seiten der wissenschaftlichen Forschung erfahren hat.

a) Der Mensch glaubte zuerst in den Anfängen seiner Forschung, daß sich sein Wohnsitz, die Erde, ruhend im Mittelpunkte des Weltalls befinde, während Sonne, Mond und Planeten sich in kreisförmigen Bahnen um die Erde bewegen. Er folgte dabei in naiver Weise dem Eindruck seiner Sinneswahrnehmungen, denn eine Bewegung der Erde verspürt er nicht, und wo immer er frei um sich blicken kann, findet er sich im Mittelpunkt eines Kreises, der die äußere Welt umschließt. Die zentrale Stellung der Erde war ihm aber eine Gewähr für ihre herrschende Rolle im Weltall und schien in guter Übereinstimmung mit seiner Neigung, sich als den Herrn dieser Welt zu fühlen.

Die Zerstörung dieser narzißtischen Illusion knüpft sich für uns an den Namen und das Werk des Nik. Kopernikus im sechzehnten Jahrhundert. Lange vor ihm hatten die Pythagoräer an der bevorzugten Stellung der Erde gezweifelt, und Aristarch von Samos hatte im dritten vorchristlichen Jahrhundert ausgesprochen, daß die Erde viel kleiner sei als die Sonne und sich um diesen Himmelskörper bewege. Auch die große Entdeckung des Kopernikus war also schon vor ihm gemacht worden. Als sie aber allgemeine Anerkennung fand, hatte die menschliche Eigenliebe ihre erste, die *kosmologische* Kränkung erfahren.

b) Der Mensch warf sich im Laufe seiner Kulturentwicklung zum Herrn über seine tierischen Mitgeschöpfe auf. Aber mit dieser Vorherrschaft nicht zufrieden, begann er eine Kluft zwischen ihr und sein Wesen zu legen. Er sprach ihnen die Vernunft ab und legte sich eine unsterbliche Seele bei, berief sich auf eine hohe göttliche Abkunft, die das Band der Gemeinschaft mit der Tierwelt zu zerreißen gestattete. Es ist merkwürdig, daß diese Überhebung dem kleinen Kinde wie dem primitiven und dem Urmenschen noch ferne liegt. Sie ist das Ergebnis einer späteren anspruchsvollen Entwicklung. Der Primitive fand es auf der Stufe des Totemismus nicht anstößig, seinen Stamm auf einen tierischen Ahnherrn zurückzuleiten. Der Mythus, welcher den Niederschlag jener alten Denkungsart enthält, läßt die Götter Tiergestalt annehmen, und die Kunst der ersten Zeiten bildet die Götter mit Tierköpfen. Das Kind empfindet keinen Unterschied zwischen dem eigenen Wesen und dem des Tieres; es läßt die Tiere ohne Verwunderung im Märchen denken und sprechen; es verschiebt einen Angstaffekt, der dem menschlichen Vater gilt, auf den Hund oder auf das Pferd, ohne damit eine Herabsetzung des Vaters zu beabsichtigen. Erst wenn es erwachsen ist, wird es sich dem Tiere so weit entfremdet haben, daß es den Menschen mit dem Namen des Tieres beschimpfen kann.

Wir wissen es alle, daß die Forschung Ch. Darwins, seiner Mitarbeiter und Vorgänger, vor wenig mehr als einem halben Jahrhundert dieser Überhebung des Menschen ein Ende bereitet hat. Der Mensch ist nichts anderes und nichts Besseres als die Tiere, er ist selbst aus der Tierreihe hervorgegangen, einigen Arten näher, anderen ferner verwandt. Seine späteren Erwerbungen vermochten es nicht, die Zeugnisse der Gleichwertigkeit zu verwischen, die in seinem Körperbau wie in seinen seelischen Anlagen gegeben sind. Dies ist aber die zweite, die *biologische* Kränkung des menschlichen Narzißmus.

c) Am empfindlichsten trifft wohl die dritte Kränkung, die psychologischer Natur ist.

Der Mensch, ob auch draußen erniedrigt, fühlt sich souverän in seiner eigenen Seele. Irgendwo im Kern seines Ichs hat er sich ein Aufsichtsorgan geschaffen, welches seine eigenen Regungen und Handlungen überwacht, ob sie mit seinen Anforderungen zusammenstimmen. Tun sie das nicht, so werden sie unerbittlich gehemmt und zurückgezogen. Seine innere Wahrnehmung, das Bewußtsein, gibt dem Ich Kunde von allen bedeutungsvollen Vorgängen im seelischen Getriebe, und der durch diese Nachrichten gelenkte Wille führt aus, was das Ich anordnet, ändert ab, was sich selbständig vollziehen möchte. Denn diese Seele ist nichts Einfaches, vielmehr eine Hierarchie von über- und untergeordneten Instanzen, ein Gewirre von Impulsen, die unabhängig voneinander zur Ausführung drängen, entsprechend der Vielheit von Trieben und von Beziehungen zur Außenwelt, viele davon einander gegensätzlich und miteinander unverträglich. Es ist für die Funktion erforderlich, daß die oberste Instanz von allem Kenntnis erhalte, was sich vorbereitet, und daß ihr Wille überallhin dringen könne, um seinen Einfluß zu üben. Aber das Ich fühlt sich sicher, sowohl der Vollständigkeit und Verläßlichkeit der Nachrichten als auch der Wegsamkeit für seine Befehle.

In gewissen Krankheiten, allerdings gerade bei den von uns studierten Neurosen, ist es anders. Das Ich fühlt sich unbehaglich, es stößt auf Grenzen seiner Macht in seinem eigenen Haus, der Seele. Es tauchen plötzlich Gedanken auf, von denen man nicht weiß, woher sie kommen; man kann auch nichts dazu tun, sie zu vertreiben. Diese fremden Gäste scheinen selbst mächtiger zu sein als die dem Ich unterworfenen; sie widerstehen allen sonst so erprobten Machtmitteln des Willens, bleiben unbeirrt durch die logische Widerlegung, unangetastet durch die Gegenaussage der Realität. Oder es kommen Impulse, die wie die eines Fremden sind, so daß das

Ich sie verleugnet, aber es muß sich doch vor ihnen fürchten und Vorsichtsmaßnahmen gegen sie treffen. Das Ich sagt sich, das ist eine Krankheit, eine fremde Invasion, es verschärft seine Wachsamkeit, aber es kann nicht verstehen, warum es sich in so seltsamer Weise gelähmt fühlt.

Die Psychiatrie bestreitet zwar für solche Vorfälle, daß sich böse, fremde Geister ins Seelenleben eingedrängt haben, aber sonst sagt sie nur achselzuckend: Degeneration, hereditäre Disposition, konstitutionelle Minderwertigkeit! Die Psychoanalyse unternimmt es, diese unheimlichen Krankheitsfälle aufzuklären, sie stellt sorgfältige und langwierige Untersuchungen an, schafft sich Hilfsbegriffe und wissenschaftliche Konstruktionen und kann dem Ich endlich sagen: »Es ist nichts Fremdes in dich gefahren; ein Teil von deinem eigenen Seelenleben hat sich deiner Kenntnis und der Herrschaft deines Willens entzogen. Darum bist du auch so schwach in der Abwehr; du kämpfst mit einem Teil deiner Kraft gegen den anderen Teil, kannst nicht wie gegen einen äußeren Feind deine ganze Kraft zusammennehmen. Und es ist nicht einmal der schlechteste oder unwichtigste Anteil deiner seelischen Kräfte, der so in Gegensatz zu dir getreten und unabhängig von dir geworden ist. Die Schuld, muß ich sagen, liegt an dir selbst. Du hast deine Kraft überschätzt, wenn du geglaubt hast, du könntest mit deinen Sexualtrieben anstellen, was du willst, und brauchtest auf ihre Absichten nicht die mindeste Rücksicht zu nehmen. Da haben sie sich denn empört und sind ihre eigenen dunklen Wege gegangen, um sich der Unterdrückung zu entziehen, haben sich ihr Recht geschaffen auf eine Weise, die dir nicht mehr recht sein kann. Wie sie das zustande gebracht haben, und welche Wege sie gewandelt sind, das hast du nicht erfahren; nur das Ergebnis dieser Arbeit, das Symptom, das du als Leiden empfindest, ist zu deiner Kenntnis gekommen. Du erkennst es dann nicht als Abkömmling deiner eigenen verstoßenen Triebe und weißt nicht, daß es deren Ersatzbefriedigung ist.

Der ganze Vorgang wird aber nur durch den einen Umstand möglich, daß du dich auch in einem anderen wichtigen Punkte im Irrtum befindest. Du vertraust darauf, daß du alles erfährst, was in deiner Seele vorgeht, wenn es nur wichtig genug ist, weil dein Bewußtsein es dir dann meldet. Und wenn du von etwas in deiner Seele keine Nachricht bekommen hast, nimmst du zuversichtlich an, es sei nicht in ihr enthalten. Ja, du gehst so weit, daß du ›seelisch‹ für identisch hältst mit ›bewußt‹, d. h. dir bekannt, trotz der augenscheinlichsten Beweise, daß in deinem Seelenleben beständig viel mehr vor sich gehen muß, als deinem Bewußtsein bekannt werden kann. Laß dich doch in diesem einen Punkt belehren! Das Seelische in dir fällt nicht mit dem dir Bewußten zusammen; es ist etwas anderes, ob etwas in deiner Seele vorgeht, und ob du es auch erfährst. Für gewöhnlich, ich will es zugeben, reicht der Nachrichtendienst an dein Bewußtsein für deine Bedürfnisse aus. Du darfst dich in der Illusion wiegen, daß du alles Wichtigere erfährst. Aber in manchen Fällen, z. B. in dem eines solchen Triebkonflikts, versagt er und dein Wille reicht dann nicht weiter als dein Wissen. In allen Fällen aber sind diese Nachrichten deines Bewußtseins unvollständig und häufig unzuverlässig; auch trifft es sich oft genug, daß du von den Geschehnissen erst Kunde bekommst, wenn sie bereits vollzogen sind und du nichts mehr an ihnen ändern kannst. Wer kann, selbst wenn du nicht krank bist, ermessen, was sich alles in deiner Seele regt, wovon du nichts erfährst, oder worüber dir falsch berichtet wird. Du benimmst dich wie ein absoluter Herrscher, der es sich an den Informationen seiner obersten Hofämter genügen läßt und nicht zum Volk herabsteigt, um dessen Stimme zu hören. Geh in dich, in deine Tiefen und lerne dich erst kennen, dann wirst du verstehen, warum du krank werden mußt, und vielleicht vermeiden, krank zu werden.«

So wollte die Psychoanalyse das Ich belehren. Aber die beiden Aufklärungen, daß das Triebleben der Sexualität in uns nicht voll zu bändigen ist, und daß die seelischen Vorgänge an sich unbewußt sind und nur durch eine unvollständige und unzuverlässige Wahrnehmung dem Ich zugänglich und ihm unterworfen werden, kommen der Behauptung gleich, daß das *Ich nicht Herr sei in seinem eigenen Haus.* Sie stellen miteinander die dritte Kränkung der Eigenliebe dar, die ich die *psychologische* nennen möchte. Kein Wunder daher, daß das Ich der Psychoanalyse nicht seine Gunst zuwendet und ihr hartnäckig den Glauben verweigert.

Die wenigsten Menschen dürften sich klargemacht haben, einen wie folgenschweren Schritt die Annahme unbewußter seelischer Vorgänge für Wissenschaft und Leben bedeuten würde. Beeilen wir uns aber hinzuzufügen, daß nicht die Psychoanalyse diesen Schritt zuerst gemacht hat. Es sind namhafte Philosophen als Vorgänger anzuführen, vor allen der große Denker Schopenhauer, dessen unbewußter »Wille« den seelischen Trieben der Psychoanalyse gleichzusetzen ist. Derselbe Denker übrigens, der in Worten von unvergeßlichem Nachdruck die Menschen an die immer noch unterschätzte Bedeutung ihres Sexualstrebens gemahnt hat. Die Psychoanalyse hat nur das eine voraus, daß sie die beiden dem Narzißmus so peinlichen Sätze von der psychischen Bedeutung der Sexualität und von der Unbewußtheit des Seelenlebens nicht abstrakt behauptet, sondern an einem Material erweist, welches jeden einzelnen persönlich angeht und seine Stellungnahme zu diesen Problemen erzwingt. Aber gerade darum lenkt sie die Abneigung und die Widerstände auf sich, welche den großen Namen des Philosophen noch scheu vermeiden.

Die Frage der Laienanalyse

EINLEITUNG

Der Titel dieser kleinen Schrift ist nicht ohne weiteres verständlich. Ich werde ihn also erläutern: Laien = Nichtärzte
und die Frage ist, ob es auch Nichtärzten erlaubt sein soll,
die Analyse auszuüben. Diese Frage hat ihre zeitliche wie
ihre örtliche Bedingtheit. Zeitlich insofern, als sich bisher
niemand darum gekümmert hat, *wer* die Psychoanalyse ausübt. Ja, man hat sich viel zu wenig darum gekümmert, man
war nur einig in dem Wunsch, daß *niemand* sie üben sollte,
mit verschiedenen Begründungen, denen die gleiche Abneigung zugrunde lag. Die Forderung, daß nur Ärzte analysieren sollen, entspricht also einer neuen und anscheinend
freundlicheren Einstellung zur Analyse – d. h. wenn sie dem
Verdacht entgehen kann, doch nur ein etwas modifizierter
Abkömmling der früheren Einstellung zu sein. Es wird zugegeben, daß eine analytische Behandlung unter Umständen
vorzunehmen ist, aber wenn, dann sollen nur Ärzte sie vor-
nehmen dürfen. Das Warum dieser Einschränkung wird dann
zu untersuchen sein.
Örtlich bedingt ist diese Frage, weil sie nicht für alle Länder
mit gleicher Tragweite in Betracht kommt. In Deutschland
und Amerika bedeutet sie eine akademische Diskussion, denn
in diesen Ländern kann sich jeder Kranke behandeln lassen,
wie und von wem er will, kann jeder, der will, als »Kurpfuscher« beliebige Kranke behandeln, wenn er nur die Verantwortlichkeit für sein Tun übernimmt. Das Gesetz mengt
sich nicht früher ein, als bis man es zur Sühne einer Schädigung des Kranken angerufen hat. In Österreich aber, in dem
und für das ich schreibe, ist das Gesetz präventiv, es verbie-
tet dem Nichtarzt, Behandlungen an Kranken zu unternehmen, ohne deren Ausgang abzuwarten.[1] Hier hat also die

---

1 Das gleiche in Frankreich.

Frage, ob Laien = Nichtärzte Kranke mit Psychoanalyse behandeln dürfen, einen praktischen Sinn. Sie scheint aber auch, sobald sie aufgeworfen wird, durch den Wortlaut des Gesetzes entschieden zu sein. Nervöse sind Kranke, Laien sind Nichtärzte, die Psychoanalyse ist ein Verfahren zur Heilung oder Besserung der nervösen Leiden, alle solche Behandlungen sind den Ärzten vorbehalten; folglich ist es nicht gestattet, daß Laien die Analyse an Nervösen üben, und strafbar, wenn es doch geschieht. Bei so einfacher Sachlage wagt man es kaum, sich mit der Frage der Laienanalyse zu beschäftigen. Indes liegen einige Komplikationen vor, um die sich das Gesetz nicht kümmert, die aber darum doch Berücksichtigung verlangen. Es wird sich vielleicht ergeben, daß die Kranken in diesem Falle nicht sind wie andere Kranke, die Laien nicht eigentlich Laien und die Ärzte nicht gerade das, was man von Ärzten erwarten darf und worauf sie ihre Ansprüche gründen dürfen. Läßt sich das erweisen, so wird es eine berechtigte Forderung, das Gesetz nicht ohne Modifikation auf den vorliegenden Fall anzuwenden.

I

Ob dies geschehen wird, wird von Personen abhängen, die nicht dazu verpflichtet sind, die Besonderheiten einer analytischen Behandlung zu kennen. Es ist unsere Aufgabe, diese Unparteiischen, die wir als derzeit noch unwissend annehmen wollen, darüber zu unterrichten. Wir bedauern, daß wir sie nicht zu Zuhörern einer solchen Behandlung machen können. Die »analytische Situation« verträgt keinen Dritten. Auch sind die einzelnen Behandlungsstunden sehr ungleichwertig, ein solch — unbefugter — Zuhörer, der in eine beliebige Sitzung geriete, würde zumeist keinen verwertbaren Eindruck gewinnen, er käme in Gefahr, nicht zu verstehen, was zwischen dem Analytiker und dem Patienten verhandelt wird, oder er würde sich langweilen. Er muß sich also wohl oder übel mit unserer Information begnügen, die wir möglichst vertrauenswürdig abfassen wollen.

Der Kranke möge also an Stimmungsschwankungen leiden, die er nicht beherrscht, oder an kleinmütiger Verzagtheit, durch die er seine Energie gelähmt fühlt, da er sich nichts Rechtes zutraut, oder an ängstlicher Befangenheit unter Fremden. Er mag ohne Verständnis wahrnehmen, daß ihm die Erledigung seiner Berufsarbeit Schwierigkeiten macht, aber auch jeder ernstere Entschluß und jede Unternehmung. Er hat eines Tages — unbekannt, woher — einen peinlichen Anfall von Angstgefühlen erlitten und kann seither nicht ohne Überwindung allein über die Straße gehen oder Eisenbahn fahren, hat beides vielleicht überhaupt aufgeben müssen. Oder, was sehr merkwürdig ist, seine Gedanken gehen ihre eigenen Wege und lassen sich nicht von seinem Willen lenken. Sie verfolgen Probleme, die ihm sehr gleichgiltig sind, von denen er sich aber nicht losreißen kann. Es sind ihm auch höchst lächerliche Aufgaben auferlegt, wie die Anzahl der Fenster an den Häuserfronten zusammenzuzählen, und bei einfachen Verrichtungen, wie Briefe in ein Postfach werfen, oder eine Gasflamme abdrehen, gerät er einen Moment später in Zweifel, ob er es auch wirklich getan hat. Das ist vielleicht nur ärgerlich und lästig, aber der Zustand wird unerträglich, wenn er sich plötzlich der Idee nicht erwehren kann, daß er ein Kind unter die Räder eines Wagens gestoßen, einen Unbekannten von der Brücke ins Wasser geworfen hat, oder wenn er sich fragen muß, ob er nicht der Mörder ist, den die Polizei als den Urheber eines heute entdeckten Verbrechens sucht. Es ist ja offenbarer Unsinn, er weiß es selbst, er hat nie einem Menschen etwas Böses getan, aber wenn er wirklich der gesuchte Mörder wäre, könnte die Empfindung — das Schuldgefühl — nicht stärker sein.

Oder aber, unser Patient — sei es diesmal eine Patientin — leidet in anderer Weise und auf anderem Gebiet. Sie ist Klavierspielerin, aber ihre Finger verkrampfen sich und versagen den Dienst. Wenn sie daran denkt, in eine Gesellschaft zu gehen, stellt sich sofort ein natürliches Bedürfnis bei ihr ein, dessen Befriedigung mit der Geselligkeit unverträglich wäre. Sie hat also darauf verzichtet, Gesellschaften, Bälle, Theater, Konzerte zu besuchen. Wenn sie es am wenigsten brauchen kann, wird sie von heftigen Kopfschmerzen oder anderen Schmerzsensationen befallen. Eventuell muß sie jede Mahlzeit durch Erbrechen von sich geben, was auf die Dauer bedrohlich werden kann. Endlich ist es beklagenswert, daß sie keine Aufregungen verträgt, die sich im Leben doch nicht vermeiden lassen. Sie verfällt bei solchen Anlässen in Ohnmachten, oft mit Muskelkrämpfen, die an unheimliche Krankheitszustände erinnern.

Noch andere Kranke fühlen sich gestört in einem besonderen Gebiet, auf dem das Gefühlsleben mit Ansprüchen an den Körper zusammentrifft. Als Männer finden sie sich unfähig, den zärtlichsten Regungen gegen das andere Geschlecht körperlichen Ausdruck zu geben, während ihnen vielleicht gegen wenig geliebte Objekte alle Reaktionen zu Gebote stehen. Oder ihre Sinnlichkeit bindet sie an Personen, die sie verachten, von denen sie frei werden möchten. Oder sie stellt ihnen Bedingungen, deren Erfüllung ihnen selbst widerlich ist. Als Frauen fühlen sie sich durch Angst und Ekel oder durch unbekannte Hemmnisse verhindert, den Anforderungen des Geschlechtslebens nachzukommen, oder wenn sie der Liebe nachgegeben haben, finden sie sich um den Genuß betrogen, den die Natur als Prämie auf solche Gefügigkeit gesetzt hat.

Alle diese Personen erkennen sich als krank und suchen Ärzte auf, von denen man ja die Beseitigung solcher nervösen Störungen erwartet. Die Ärzte führen auch die Kategorien, unter denen man diese Leiden unterbringt. Sie diagnostizieren sie je nach ihren Standpunkten mit verschiedenen Namen: Neurasthenie, Psychasthenie, Phobien, Zwangsneurose, Hysterie. Sie untersuchen die Organe, welche die Symptome geben: das Herz, den Magen, den Darm, die Genitalien und finden sie gesund. Sie raten zu Unterbrechungen der gewohnten Lebensweise, Erholungen, kräftigenden Prozeduren, tonisierenden Medikamenten, erzielen dadurch vorübergehende Erleichterungen — oder auch nichts. Endlich hören die Kranken, daß es Personen gibt, die sich ganz speziell mit der Behandlung solcher Leiden beschäftigen und treten in die Analyse bei ihnen ein.

Unser Unparteiischer, den ich als gegenwärtig vorstelle, hat während der Auseinandersetzung über die Krankheitserscheinungen der Nervösen Zeichen von Ungeduld von sich gegeben. Nun wird er aufmerksam, gespannt, und äußert sich auch so: »Jetzt werden wir also erfahren, was der Analytiker mit dem Patienten vornimmt, dem der Arzt nicht helfen konnte.«

Es geht nichts anderes zwischen ihnen vor, als daß sie miteinander reden. Der Analytiker verwendet weder Instrumente, nicht einmal zur Untersuchung, noch verschreibt er Medikamente. Wenn es irgend möglich ist, läßt er den Kranken sogar in seiner Umgebung und in seinen Verhältnissen, während er ihn behandelt. Das ist natürlich keine Bedingung, kann auch nicht immer so durchgeführt werden. Der Analytiker bestellt den Patienten zu einer bestimmten Stunde des Tages, läßt ihn reden, hört ihn an, spricht dann zu ihm und läßt ihn zuhören.

Die Miene unseres Unparteiischen zeugt nun von unverkennbarer Erleichterung und Entspannung, verrät aber auch deutlich eine gewisse Geringschätzung. Es ist, als ob er denken würde: Weiter nichts als das? Worte, Worte und wiederum Worte, wie Prinz Hamlet sagt. Es geht ihm gewiß auch die Spottrede Mephistos durch den Sinn, wie bequem sich mit Worten wirtschaften läßt, Verse, die kein Deutscher je vergessen wird.

Er sagt auch: »Das ist also eine Art von Zauberei, Sie reden und blasen so seine Leiden weg.«

Ganz richtig, es wäre Zauberei, wenn es rascher wirken würde. Zum Zauber gehört unbedingt die Schnelligkeit, man möchte sagen: Plötzlichkeit des Erfolges. Aber die analytischen Behandlungen brauchen Monate und selbst Jahre; ein so langsamer Zauber verliert den Charakter des Wunderbaren. Wir wollen übrigens das *Wort* nicht verachten. Es ist doch ein mächtiges Instrument, es ist das Mittel, durch das wir einander unsere Gefühle kundgeben, der Weg, auf den anderen Einfluß zu nehmen. Worte können unsagbar wohltun und fürchterliche Verletzungen zufügen. Gewiß, zu allem Anfang war die Tat, das Wort kam später, es war unter manchen Verhältnissen ein kultureller Fortschritt, wenn sich die Tat zum Wort ermäßigte. Aber das Wort war doch ursprünglich ein Zauber, ein magischer Akt, und es hat noch viel von seiner alten Kraft bewahrt.

Der Unparteiische setzt fort: »Nehmen wir an, daß der Patient nicht besser auf das Verständnis der analytischen Behandlung vorbereitet ist als ich, wie wollen Sie ihn an den Zauber des Wortes oder der Rede glauben machen, der ihn von seinen Leiden befreien soll?«

Man muß ihm natürlich eine Vorbereitung geben, und es findet sich ein einfacher Weg dazu. Man fordert ihn auf, mit seinem Analytiker ganz aufrichtig zu sein, nichts mit Absicht zurückzuhalten, was ihm in den Sinn kommt, in weiterer Folge sich über *alle* Abhaltungen hinwegzusetzen, die manche Gedanken oder Erinnerungen von der Mitteilung ausschließen möchten. Jeder Mensch weiß, daß es bei ihm solche Dinge gibt, die er anderen nur sehr ungern mitteilen würde, oder deren Mitteilung er überhaupt für ausgeschlossen hält. Es sind seine »Intimitäten«. Er ahnt auch, was einen großen Fortschritt in der psychologischen Selbsterkenntnis bedeutet, daß es andere Dinge gibt, die man *sich selbst* nicht eingestehen möchte, die man gerne vor sich selbst verbirgt, die man darum kurz abbricht und aus seinem Denken verjagt, wenn sie doch auftauchen. Vielleicht bemerkt er selbst den Ansatz eines sehr merkwürdigen psychologischen Problems in der Situation, daß ein eigener Gedanke vor dem eigenen Selbst geheim gehalten werden soll. Das ist ja, als ob sein Selbst nicht mehr die Einheit wäre, für die er es immer hält, als ob es noch etwas anderes in ihm gäbe, was sich diesem Selbst entgegenstellen kann. Etwas wie ein Gegensatz zwischen dem Selbst und einem Seelenleben im weiteren Sinne mag sich ihm dunkel anzeigen. Wenn er nun die Forderung der Analyse, alles zu sagen, annimmt, wird er leicht der Erwartung zugänglich, daß ein Verkehr und Gedankenaustausch unter so ungewöhnlichen Voraussetzungen auch zu eigenartigen Wirkungen führen könnte.

»Ich verstehe«, sagt unser unparteiischer Zuhörer, »Sie nehmen an, daß jeder Nervöse etwas hat, was ihn bedrückt, ein

Geheimnis, und indem Sie ihn veranlassen es auszusprechen, entlasten Sie ihn von dem Druck und tun ihm wohl. Das ist ja das Prinzip der Beichte, dessen sich die katholische Kirche von jeher zur Versicherung ihrer Herrschaft über die Gemüter bedient hat.«

Ja und nein, müssen wir antworten. Die Beichte geht wohl in die Analyse ein, als ihre Einleitung gleichsam. Aber weit davon entfernt, daß sie das Wesen der Analyse träfe oder ihre Wirkung erklärte. In der Beichte sagt der Sünder, was er weiß, in der Analyse soll der Neurotiker mehr sagen. Auch wissen wir nichts davon, daß die Beichte je die Kraft entwickelt hätte, direkte Krankheitssymptome zu beseitigen.

»Dann verstehe ich es doch nicht«, ist die Entgegnung. »Was soll es wohl heißen: mehr sagen als er weiß? Ich kann mir aber vorstellen, daß Sie als Analytiker einen stärkeren Einfluß auf Ihren Patienten gewinnen als der Beichtvater auf das Beichtkind, weil Sie sich soviel länger, intensiver und auch individueller mit ihm abgeben, und daß Sie diesen gesteigerten Einfluß dazu benützen, ihn von seinen krankhaften Gedanken abzubringen, ihm seine Befürchtungen auszureden usw. Es wäre merkwürdig genug, daß es auf diese Weise gelänge, auch rein körperliche Erscheinungen wie Erbrechen, Diarrhöe, Krämpfe zu beherrschen, aber ich weiß davon, daß solche Beeinflussungen sehr wohl möglich sind, wenn man einen Menschen in den hypnotischen Zustand versetzt hat. Wahrscheinlich erzielen Sie durch Ihre Bemühung um den Patienten eine solche hypnotische Beziehung, eine suggestive Bindung an Ihre Person, auch wenn Sie es nicht beabsichtigen, und die Wunder Ihrer Therapie sind dann Wirkungen der hypnotischen Suggestion. Soviel ich weiß, arbeitet aber die hypnotische Therapie viel rascher als Ihre Analyse, die, wie Sie sagen, Monate und Jahre dauert.«

Unser Unparteiischer ist weder so unwissend noch so ratlos, wie wir ihn anfangs eingeschätzt haben. Es ist unverkennbar, daß er sich bemüht, die Psychoanalyse mit Hilfe seiner früheren Kenntnisse zu begreifen, sie an etwas anderes anzuschließen, was er schon weiß. Wir haben jetzt die schwierige Aufgabe, ihm klarzumachen, daß dies nicht gelingen wird, daß die Analyse ein Verfahren *sui generis* ist, etwas Neues und Eigenartiges, was nur mit Hilfe neuer Einsichten — oder wenn man will, Annahmen — begriffen werden kann. Aber wir sind ihm auch noch die Antwort auf seine letzten Bemerkungen schuldig.

Was Sie von dem besonderen persönlichen Einfluß des Analytikers gesagt haben, ist gewiß sehr beachtenswert. Ein solcher Einfluß existiert und spielt in der Analyse eine große Rolle. Aber nicht dieselbe wie beim Hypnotismus. Es müßte gelingen, Ihnen zu beweisen, daß die Situationen hier und dort ganz verschiedene sind. Es mag die Bemerkung genügen, daß wir diesen persönlichen Einfluß — das »suggestive« Moment — nicht dazu verwenden, um die Leidenssymptome zu unterdrücken, wie es bei der hypnotischen Suggestion geschieht. Ferner, daß es irrig wäre zu glauben, dies Moment sei durchaus der Träger und Förderer der Behandlung. Zu Anfang wohl; aber später widersetzt es sich unseren analytischen Absichten und nötigt uns zu den ausgiebigsten Gegenmaßnahmen. Auch möchte ich Ihnen an einem Beispiel zeigen, wie ferne der analytischen Technik das Ablenken und Ausreden liegt. Wenn unser Patient an einem Schuldgefühl leidet, als ob er ein schweres Verbrechen begangen hätte, so raten wir ihm nicht, sich unter Betonung seiner unzweifelhaften Schuldlosigkeit über diese Gewissensqual hinwegzusetzen; das hat er schon selbst erfolglos versucht. Sondern wir mahnen ihn daran, daß eine so starke und anhaltende Empfindung doch in etwas Wirklichem begründet sein muß, was vielleicht aufgefunden werden kann.

»Es sollte mich wundern«, meint der Unparteiische, »wenn Sie durch solches Zustimmen das Schuldgefühl Ihres Patienten beschwichtigen könnten. Aber was sind denn Ihre analytischen Absichten und was nehmen Sie mit dem Patienten vor?«

II

Wenn ich Ihnen etwas Verständliches sagen soll, so muß ich Ihnen wohl ein Stück einer psychologischen Lehre mitteilen, die außerhalb der analytischen Kreise nicht bekannt ist oder nicht gewürdigt wird. Aus dieser Theorie wird sich leicht ableiten lassen, was wir von dem Kranken wollen und auf welche Art wir es erreichen. Ich trage sie Ihnen dogmatisch vor, als ob sie ein fertiges Lehrgebäude wäre. Glauben Sie aber nicht, daß sie gleich als solches wie ein philosophisches System entstanden ist. Wir haben sie sehr langsam entwickelt, um jedes Stückchen lange gerungen, sie in stetem Kontakt mit der Beobachtung fortwährend modifiziert, bis sie endlich eine Form gewonnen hat, in der sie uns für unsere Zwecke zu genügen scheint. Noch vor einigen Jahren hätte ich diese Lehre in andere Ausdrücke kleiden müssen. Ich kann Ihnen natürlich nicht dafür einstehen daß die heutige Ausdrucksform die definitive bleiben wird. Sie wissen, Wissenschaft ist keine Offenbarung, sie entbehrt, lange über ihre Anfänge hinaus, der Charaktere der Bestimmtheit, Unwandelbarkeit, Unfehlbarkeit, nach denen sich das menschliche Denken so sehr sehnt. Aber so wie sie ist, ist sie alles, was wir haben können. Nehmen Sie hinzu, daß unsere Wissenschaft sehr jung ist, kaum so alt wie das Jahrhundert, und daß sie sich ungefähr mit dem schwierigsten Stoff beschäftigt, der menschlicher Forschung vorgelegt werden kann, so werden Sie sich leicht in die richtige Einstellung zu meinem Vortrag versetzen können. Unterbrechen Sie mich aber nach Ihrem Belieben jedesmal, wenn Sie mir nicht folgen können oder wenn Sie weitere Aufklärungen wünschen.

»Ich unterbreche Sie, noch ehe Sie beginnen. Sie sagen, Sie wollen mir eine neue Psychologie vortragen, aber ich sollte meinen, die Psychologie ist keine neue Wissenschaft. Es hat genug Psychologie und Psychologen gegeben, und ich habe auf der Schule von großen Leistungen auf diesem Gebiete gehört.«

Die ich nicht zu bestreiten gedenke. Aber wenn Sie näher prüfen, werden Sie diese großen Leistungen eher der Sinnesphysiologie einordnen müssen. Die Lehre vom Seelenleben konnte sich nicht entwickeln, weil sie durch eine einzige wesentliche Verkennung gehemmt war. Was umfaßt sie heute, wie sie an den Schulen gelehrt wird? Außer jenen wertvollen sinnesphysiologischen Einsichten eine Anzahl von Einteilungen und Definitionen unserer seelischen Vorgänge, die dank dem Sprachgebrauch Gemeingut aller Gebildeten geworden sind. Das reicht offenbar für die Auffassung unseres Seelenlebens nicht aus. Haben Sie nicht bemerkt, daß jeder Philosoph, Dichter, Historiker und Biograph sich seine eigene Psychologie zurechtmacht, seine besonderen Voraussetzungen über den Zusammenhang und die Zwecke der seelischen Akte vorbringt, alle mehr oder minder ansprechend und alle gleich unzuverlässig? Da fehlt offenbar ein gemeinsames Fundament. Und daher kommt es auch, daß es auf psychologischem Boden sozusagen keinen Respekt und keine Autorität gibt. Jedermann kann da nach Belieben »wildern«. Wenn Sie eine physikalische oder chemische Frage aufwerfen, wird ein jeder schweigen, der sich nicht im Besitz von »Fachkenntnissen« weiß. Aber wenn Sie eine psychologische Behauptung wagen, müssen Sie auf Urteil und Widerspruch von jedermann gefaßt sein. Wahrscheinlich gibt es auf diesem Gebiet keine »Fachkenntnisse«. Jedermann hat sein Seelenleben und darum hält sich jedermann für einen Psychologen. Aber das scheint mir kein genügender Rechtstitel zu sein. Man erzählt, daß eine Person, die sich zur »Kinderfrau« anbot, gefragt wurde, ob sie auch mit kleinen Kindern umzugehen verstehe. Gewiß, gab sie zur Antwort, ich war doch selbst einmal ein kleines Kind.

»Und dies von allen Psychologen übersehene ›gemeinsame Fundament‹ des Seelenlebens wollen Sie durch Beobachtungen an Kranken entdeckt haben?«

Ich glaube nicht, daß diese Herkunft unsere Befunde entwertet. Die Embryologie z. B. verdiente kein Vertrauen, wenn sie nicht die Entstehung der angeborenen Mißbildungen glatt aufklären könnte. Aber ich habe Ihnen von Personen erzählt, deren Gedanken ihre eigenen Wege gehen, so daß sie gezwungen sind, über Probleme zu grübeln, die ihnen furchtbar gleichgiltig sind. Glauben Sie, daß die Schulpsychologie jemals den mindesten Beitrag zur Aufklärung einer solchen Anomalie leisten konnte? Und endlich geschieht es uns allen, daß nächtlicherweile unser Denken eigene Wege geht und Dinge schafft, die wir dann nicht verstehen, die uns befremden und in bedenklicher Weise an krankhafte Produkte erinnern. Ich meine unsere Träume. Das Volk hat immer an dem Glauben festgehalten, daß Träume einen Sinn, einen Wert haben, etwas bedeuten. Diesen Sinn der Träume hat die Schulpsychologie nie angeben können. Sie wußte mit dem Traum nichts anzufangen; wenn sie Erklärungen versucht hat, waren es unpsychologische, wie Zurückführungen auf Sinnesreize, auf eine ungleiche Schlaftiefe verschiedener Hirnpartien u. dgl. Man darf aber sagen, eine Psychologie, die den Traum nicht erklären kann, ist auch für das Verständnis des normalen Seelenlebens nicht brauchbar, hat keinen Anspruch, eine Wissenschaft zu heißen.

»Sie werden aggressiv, also haben Sie wohl eine empfindliche Stelle berührt. Ich habe ja gehört, daß man in der Analyse großen Wert auf Träume legt, sie deutet, Erinnerungen an wirkliche Begebenheiten hinter ihnen sucht usw. Aber auch, daß die Deutung der Träume der Willkür der Analytiker ausgeliefert ist, und daß diese selbst mit den Streitigkeiten über die Art Träume zu deuten, über die Berechtigung, aus ihnen Schlüsse zu ziehen, nicht fertig geworden sind. Wenn das so ist, so dürfen Sie den Vorzug, den die Analyse vor der Schulpsychologie gewonnen hat, nicht so dick unterstreichen.«

Sie haben da wirklich viel Richtiges gesagt. Es ist wahr, daß die Traumdeutung für die Theorie wie für die Praxis der Analyse eine unvergleichliche Wichtigkeit gewonnen hat. Wenn ich aggressiv erscheine, so ist das für mich nur ein Weg der Verteidigung. Wenn ich aber an all den Unfug denke, den manche Analytiker mit der Deutung der Träume angestellt haben, könnte ich verzagt werden und dem pessimistischen Ausspruch unseres großen Satirikers Nestroy recht geben, der lautet: Ein jeder Fortschritt ist immer nur halb so groß als er zuerst ausschaut! Aber haben Sie es je anders erfahren, als daß die Menschen alles verwirren und verzerren, was in ihre Hände fällt? Mit etwas Vorsicht und Selbstzucht kann man die meisten der Gefahren der Traumdeutung sicher vermeiden. Aber glauben Sie nicht, daß ich nie zu meinem Vortrag kommen werde, wenn wir uns so ablenken lassen?

»Ja, Sie wollten von der fundamentalen Voraussetzung der neuen Psychologie erzählen, wenn ich Sie recht verstanden habe.«

Damit wollte ich nicht beginnen. Ich habe die Absicht, Sie hören zu lassen, welche Vorstellung von der Struktur des seelischen Apparats wir uns während der analytischen Studien gebildet haben.

»Was heißen Sie den seelischen Apparat und woraus ist er gebaut, darf ich fragen?«

Was der seelische Apparat ist, wird bald klar werden. Aus welchem Material er gebaut ist, danach bitte ich nicht zu fragen. Es ist kein psychologisches Interesse, kann der Psychologie ebenso gleichgiltig sein wie der Optik die Frage, ob die Wände des Fernrohrs aus Metall oder aus Pappendeckel gemacht sind. Wir werden den *stofflichen* Gesichtspunkt überhaupt beiseite lassen, den *räumlichen* aber nicht. Wir stellen uns den unbekannten Apparat, der den seelischen Verrichtungen dient, nämlich wirklich wie ein Instrument vor, aus mehreren Teilen aufgebaut — die wir Instanzen heißen —, die ein jeder eine besondere Funktion versehen, und die eine feste räumliche Beziehung zueinander haben, d. h. die räumliche Beziehung, das »vor« und »hinter«, »oberflächlich« und »tief« hat für uns zunächst nur den Sinn einer Darstellung der regelmäßigen Aufeinanderfolge der Funktionen. Bin ich noch verständlich?

»Kaum, vielleicht verstehe ich es später, aber jedenfalls ist das eine sonderbare Anatomie der Seele, die es bei den Naturforschern doch gar nicht mehr gibt.«

Was wollen Sie, es ist eine Hilfsvorstellung wie so viele in den Wissenschaften. Die allerersten sind immer ziemlich roh gewesen. *Open to revision,* kann man in solchen Fällen sagen. Ich halte es für überflüssig, mich hier auf das populär gewordene »Als ob« zu berufen. Der Wert einer solchen — »Fiktion« würde der Philosoph Vaihinger sie nennen — hängt davon ab, wieviel man mit ihr ausrichten kann.

Also um fortzusetzen: Wir stellen uns auf den Boden der Alltagsweisheit und anerkennen im Menschen eine seelische Organisation, die zwischen seine Sinnesreize und die Wahrnehmung seiner Körperbedürfnisse einerseits, seine motorischen Akte anderseits eingeschaltet ist und in bestimmter Absicht zwischen ihnen vermittelt. Wir heißen diese Organisation sein *Ich*. Das ist nun keine Neuigkeit, jeder von uns macht diese Annahme, wenn er kein Philosoph ist, und einige selbst, obwohl sie Philosophen sind. Aber wir glauben nicht, damit die Beschreibung des seelischen Apparats erschöpft zu haben. Außer diesem Ich erkennen wir ein anderes seelisches Gebiet, umfangreicher, großartiger und dunkler als das Ich, und dies heißen wir das *Es*. Das Verhältnis zwischen den beiden soll uns zunächst beschäftigen.

Sie werden es wahrscheinlich beanständen, daß wir zur Bezeichnung unserer beiden seelischen Instanzen oder Provinzen einfache Fürwörter gewählt haben, anstatt vollautende griechische Namen für sie einzuführen. Allein wir lieben es in der Psychoanalyse, im Kontakt mit der populären Denkweise zu bleiben und ziehen es vor, deren Begriffe wissenschaftlich brauchbar zu machen, anstatt sie zu verwerfen. Es ist kein Verdienst daran, wir müssen so vorgehen, weil unsere Lehren von unseren Patienten verstanden werden sollen, die oft sehr intelligent sind, aber nicht immer gelehrt. Das unpersönliche Es schließt sich unmittelbar an gewisse Ausdrucksweisen des normalen Menschen an. »Es hat mich durchzuckt«, sagt man; »es war etwas in mir, was in diesem Augenblick stärker war als ich.« *»C'était plus fort que moi.«*

In der Psychologie können wir nur mit Hilfe von Vergleichungen beschreiben. Das ist nichts Besonderes, es ist auch anderwärts so. Aber wir müssen diese Vergleiche auch immer wieder wechseln, keiner hält uns lange genug aus. Wenn ich also das Verhältnis zwischen Ich und Es deutlich machen will, so bitte ich Sie, sich vorzustellen, das Ich sei eine Art Fassade des Es, ein Vordergrund, gleichsam eine äußerliche, eine Rindenschicht desselben. Der letztere Vergleich kann festgehalten werden. Wir wissen, Rindenschichten verdanken ihre besonderen Eigenschaften dem modifizierenden Einfluß des äußeren Mediums, an das sie anstoßen. So stellen wir uns vor, das Ich sei die durch den Einfluß der Außenwelt (der Realität) modifizierte Schicht des seelischen Apparats, des Es. Sie sehen dabei, in welcher Weise wir in der Psychoanalyse mit räumlichen Auffassungen Ernst machen. Das Ich ist uns wirklich das Oberflächliche, das Es das Tiefere, von außen betrachtet natürlich. Das Ich liegt zwischen der Realität und dem Es, dem eigentlich Seelischen.

»Ich will Sie noch gar nicht fragen, woher man das alles wissen kann. Sagen Sie mir zunächst, was haben Sie von dieser Trennung eines Ich und eines Es, was nötigt Sie dazu?«

Ihre Frage weist mir den Weg zur richtigen Fortsetzung. Das Wichtige und Wertvolle ist nämlich zu wissen, daß das Ich und das Es in mehreren Punkten sehr voneinander abweichen; es gelten im Ich andere Regeln für den Ablauf seelischer Akte als im Es, das Ich verfolgt andere Absichten und mit anderen Mitteln. Darüber wäre sehr viel zu sagen, aber wollen Sie sich mit einem neuen Vergleich und einem Beispiel abfinden lassen? Denken Sie an den Unterschied zwischen der Front und dem Hinterland, wie er sich während des Krieges herausgebildet hatte. Wir haben uns damals nicht gewundert, daß an der Front manches anders vorging als im Hinterland, und daß im Hinterland vieles gestattet war, was an der Front verboten werden mußte. Der bestimmende Einfluß war natürlich die Nähe des Feindes, für das Seelenleben ist es die Nähe der Außenwelt. Draußen — fremd — feindlich waren einmal identische Begriffe. Und nun das Beispiel: im Es gibt es keine Konflikte; Widersprüche, Gegensätze bestehen unbeirrt nebeneinander und gleichen sich oft durch Kompromißbildungen ab. Das Ich empfindet in solchen Fällen einen Konflikt, der entschieden werden muß, und die Entscheidung besteht darin, daß eine Strebung zugunsten der anderen aufgegeben wird. Das Ich ist eine Organisation, ausgezeichnet durch ein sehr merkwürdiges Streben nach Vereinheitlichung, nach Synthese; dieser Charakter fehlt dem Es, es ist — sozusagen — zerfahren, seine einzelnen Strebungen verfolgen ihre Absichten unabhängig von- und ohne Rücksicht aufeinander.

»Und wenn ein so wichtiges seelisches Hinterland existiert, wie können Sie mir begreiflich machen, daß es bis zur Zeit der Analyse übersehen wurde?«

Damit sind wir zu einer Ihrer früheren Fragen zurückgekehrt. Die Psychologie hatte sich den Zugang zum Gebiet des Es versperrt, indem sie an einer Voraussetzung festhielt, die nahe genug liegt, aber doch nicht haltbar ist. Nämlich, daß alle seelischen Akte uns bewußt sind, daß Bewußtsein das Kennzeichen des Seelischen ist, und daß, wenn es nicht bewußte Vorgänge in unserem Gehirn gibt, diese nicht den Namen seelischer Akte verdienen und die Psychologie nichts angehen.

»Ich meine, das ist doch selbstverständlich.«

Ja, das meinen die Psychologen auch, aber es ist doch leicht zu zeigen, daß es falsch, d. h. eine ganz unzweckmäßige Sonderung ist. Die bequemste Selbstbeobachtung lehrt, daß man Einfälle haben kann, die nicht ohne Vorbereitung zustande gekommen sein können. Aber von diesen Vorstufen Ihres Gedankens, die doch wirklich auch seelischer Natur gewesen sein müssen, erfahren Sie nichts, in Ihr Bewußtsein tritt nur das fertige Resultat. Gelegentlich können Sie sich *nachträglich* diese vorbereitenden Gedankenbildungen wie in einer Rekonstruktion bewußt machen.

»Wahrscheinlich war die Aufmerksamkeit abgelenkt, so daß man diese Vorbereitungen nicht bemerkt hat.«

Ausflüchte! Sie kommen so um die Tatsache nicht herum, daß in Ihnen Akte seelischer Natur, oft sehr komplizierte, vorgehen können, von denen Ihr Bewußtsein nichts erfährt, von denen Sie nichts wissen. Oder sind Sie zu der Annahme bereit, daß etwas mehr oder weniger von Ihrer »Aufmerksamkeit« hinreicht, um einen nicht seelischen Akt in einen seelischen zu verwandeln? Übrigens wozu der Streit? Es gibt hypnotische Experimente, in denen die Existenz solcher nicht bewußter Gedanken für jedermann, der lernen will, unwiderleglich demonstriert wird.

»Ich will nicht leugnen, aber ich glaube, ich verstehe Sie endlich. Was Sie Ich heißen, ist das Bewußtsein und Ihr Es ist das sogenannte Unterbewußtsein, von dem jetzt so viel die Rede ist. Aber wozu die Maskerade durch die neuen Namen?«

Es ist keine Maskerade, diese anderen Namen sind unbrauchbar. Und versuchen Sie nicht, mir Literatur anstatt Wissenschaft zu geben. Wenn jemand vom Unterbewußtsein spricht, weiß ich nicht, meint er es topisch, etwas, was in der Seele unterhalb des Bewußtseins liegt, oder qualitativ, ein anderes Bewußtsein, ein unterirdisches gleichsam. Wahrscheinlich macht er sich überhaupt nichts klar. Der einzig zulässige Gegensatz ist der zwischen bewußt und unbewußt. Aber es wäre ein folgenschwerer Irrtum zu glauben, dieser Gegensatz fiele mit der Scheidung von Ich und Es zusammen. Allerdings, es wäre wunderschön, wenn es so einfach wäre, unsere Theorie hätte dann ein leichtes Spiel, aber es ist nicht so einfach. Richtig ist nur, daß alles, was im Es vorgeht, unbewußt ist und bleibt, und daß die Vorgänge im Ich bewußt werden *können*, sie allein. Aber sie sind es nicht alle, nicht immer, nicht notwendig und große Anteile des Ichs können dauernd unbewußt bleiben.

Mit dem Bewußtwerden eines seelischen Vorganges ist es eine komplizierte Sache. Ich kann es mir nicht versagen, Ihnen — wiederum dogmatisch — darzustellen, was wir darüber annehmen. Sie erinnern sich, das Ich ist die äußere, peripherische Schicht des Es. Nun glauben wir, an der äußersten Oberfläche dieses Ichs befinde sich eine besondere, der Außenwelt direkt zugewendete Instanz, ein System, ein Organ, durch dessen Erregung allein das Phänomen, das wir Bewußtsein heißen, zustande kommt. Dies Organ kann ebensowohl von außen erregt werden, nimmt also mit Hilfe der Sinnesorgane die Reize der Außenwelt auf, wie auch von innen her, wo es zuerst die Sensationen im Es und dann auch die Vorgänge im Ich zur Kenntnis nehmen kann.

»Das wird immer ärger und entzieht sich immer mehr meinem Verständnis. Sie haben mich doch zu einer Unterredung über die Frage eingeladen, ob auch Laien = Nichtärzte analytische Behandlungen unternehmen sollen. Wozu dann diese Auseinandersetzungen über gewagte, dunkle Theorien, von deren Berechtigung Sie mich doch nicht überzeugen können?«

Ich weiß, daß ich Sie nicht überzeugen kann. Es liegt außerhalb jeder Möglichkeit und darum auch außerhalb meiner Absicht. Wenn wir unseren Schülern theoretischen Unterricht in der Psychoanalyse geben, so können wir beobachten, wie wenig Eindruck wir ihnen zunächst machen. Sie nehmen die analytischen Lehren mit derselben Kühle hin wie andere Abstraktionen, mit denen sie genährt wurden. Einige wollen vielleicht überzeugt werden, aber keine Spur davon, daß sie es sind. Nun verlangen wir auch, daß jeder, der die Analyse an anderen ausüben will, sich vorher selbst einer Analyse unterwerfe. Erst im Verlauf dieser »Selbstanalyse« (wie sie mißverständlich genannt wird), wenn sie die von der Analyse behaupteten Vorgänge am eigenen Leib — richtiger: an der eigenen Seele — tatsächlich erleben, erwerben sie sich die Überzeugungen, von denen sie später als Analytiker geleitet werden. Wie darf ich also erwarten, Sie, den Unparteiischen, von der Richtigkeit unserer Theorien zu überzeugen, dem ich nur eine unvollständige, verkürzte und darum undurchsichtige Darstellung derselben ohne Bekräftigung durch Ihre eigenen Erfahrungen vorlegen kann?

Ich handle in anderer Absicht. Es ist zwischen uns gar nicht die Frage, ob die Analyse klug oder unsinnig ist, ob sie in ihren Aufstellungen recht hat oder in grobe Irrtümer verfällt. Ich rolle unsere Theorien vor Ihnen auf, weil ich Ihnen so am besten klarmachen kann, welchen Gedankeninhalt die Analyse hat, von welchen Voraussetzungen sie beim einzelnen Kranken ausgeht, und was sie mit ihm vornimmt. Dadurch wird dann ein ganz bestimmtes Licht auf die Frage der Laienanalyse geworfen werden. Seien Sie übrigens ruhig, Sie haben, wenn Sie mir soweit gefolgt sind, das Ärgste überstanden, alles Folgende wird Ihnen leichter werden. Jetzt aber lassen Sie mich eine Atempause machen.

III

»Ich erwarte, daß Sie mir aus den Theorien der Psychoanalyse ableiten wollen, wie man sich die Entstehung eines nervösen Leidens vorstellen kann.«

Ich will es versuchen. Zu dem Zweck müssen wir aber unser Ich und unser Es von einem neuen Gesichtspunkt aus studieren, vom *dynamischen,* d. h. mit Rücksicht auf die Kräfte, die in und zwischen ihnen spielen. Vorhin hatten wir uns ja mit der Beschreibung des seelischen Apparats begnügt.

»Wenn es nur nicht wieder so unfaßbar wird!«

Ich hoffe, nicht. Sie werden sich bald zurechtfinden. Also wir nehmen an, daß die Kräfte, welche den seelischen Apparat zur Tätigkeit treiben, in den Organen des Körpers erzeugt werden als Ausdruck der großen Körperbedürfnisse. Sie erinnern sich an das Wort unseres Dichterphilosophen: Hunger und Liebe. Übrigens ein ganz respektables Kräftepaar! Wir heißen diese Körperbedürfnisse, insofern sie Anreize für seelische Tätigkeit darstellen, *Triebe,* ein Wort, um das uns viele moderne Sprachen beneiden. Diese Triebe erfüllen nun das Es; alle Energie im Es, können wir abkürzend sagen, stammt von ihnen. Die Kräfte im Ich haben auch keine andere Herkunft, sie sind von denen im Es abgeleitet. Was wollen nun die Triebe? Befriedigung, d. h. die Herstellung solcher Situationen, in denen die Körperbedürfnisse erlöschen können. Das Herabsinken der Bedürfnisspannung wird von unserem Bewußtseinsorgan als lustvoll empfunden, eine Steigerung derselben bald als Unlust. Aus diesen Schwankungen entsteht die Reihe von Lust-Unlustempfindungen, nach der der ganze seelische Apparat seine Tätigkeit reguliert. Wir sprechen da von einer *»Herrschaft des Lustprinzips«.*

Es kommt zu unerträglichen Zuständen, wenn die Triebansprüche des Es keine Befriedigung finden. Die Erfahrung zeigt bald, daß solche Befriedigungssituationen nur mit Hilfe der Außenwelt hergestellt werden können. Damit tritt der der Außenwelt zugewendete Anteil des Es, das Ich, in Funktion. Wenn alle treibende Kraft, die das Fahrzeug von der Stelle bringt, vom Es aufgebracht wird, so übernimmt das

Ich gleichsam die Steuerung, bei deren Ausfall ja ein Ziel nicht zu erreichen ist. Die Triebe im Es drängen auf sofortige, rücksichtslose Befriedigung, erreichen auf diese Weise nichts oder erzielen selbst fühlbare Schädigung. Es wird nun die Aufgabe des Ichs, diesen Mißerfolg zu verhüten, zwischen den Ansprüchen des Es und dem Einspruch der realen Außenwelt zu vermitteln. Es entfaltet seine Tätigkeit nun nach zwei Richtungen. Einerseits beobachtet es mit Hilfe seines Sinnesorgans, des Bewußtseinssystems, die Außenwelt, um den günstigen Moment für schadlose Befriedigung zu erhaschen, anderseits beeinflußt es das Es, zügelt dessen »Leidenschaften«, veranlaßt die Triebe, ihre Befriedigung aufzuschieben, ja, wenn es als notwendig erkannt wird, ihre Ziele zu modifizieren, oder sie gegen Entschädigung aufzugeben. Indem es die Regungen des Es in solcher Weise bändigt, ersetzt es das früher allein maßgebende Lustprinzip durch das sogenannte *Realitätsprinzip*, das zwar dieselben Endziele verfolgt, aber den von der realen Außenwelt gesetzten Bedingungen Rechnung trägt. Später lernt das Ich, daß es noch einen anderen Weg zur Versicherung der Befriedigung gibt als die beschriebene *Anpassung* an die Außenwelt. Man kann auch *verändernd* in die Außenwelt eingreifen und in ihr absichtlich jene Bedingungen herstellen, welche die Befriedigung ermöglichen. Diese Tätigkeit wird dann zur höchsten Leistung des Ichs; die Entscheidungen, wann es zweckmäßiger ist, seine Leidenschaften zu beherrschen und sich vor der Realität zu beugen, oder deren Partei zu ergreifen und sich gegen die Außenwelt zur Wehr zu setzen, sind das Um und Auf der Lebensklugheit.

»Und läßt sich das Es eine solche Beherrschung durch das Ich gefallen, wo es doch, wenn ich Sie recht verstehe, der stärkere Teil ist?«

Ja, es geht gut, wenn das Ich seine volle Organisation und Leistungsfähigkeit besitzt, zu allen Teilen des Es Zugang hat und seinen Einfluß auf sie üben kann. Es besteht ja keine natürliche Gegnerschaft zwischen Ich und Es, sie gehören zusammen und sind im Falle der Gesundheit praktisch nicht voneinander zu scheiden.

»Das läßt sich alles hören, aber ich sehe nicht, wo sich in diesem idealen Verhältnis ein Plätzchen für die Krankheitsstörung findet.«

Sie haben recht; solange das Ich und seine Beziehungen zum Es diese idealen Anforderungen erfüllen, gibt es auch keine nervöse Störung. Die Einbruchsstelle der Krankheit liegt an einem unerwarteten Ort, obwohl ein Kenner der allgemeinen Pathologie nicht überrascht sein wird, bestätigt zu finden, daß gerade die bedeutsamsten Entwicklungen und Differenzierungen den Keim zur Erkrankung, zum Versagen der Funktion, in sich tragen.

»Sie werden zu gelehrt, ich verstehe Sie nicht.«

Ich muß ein bißchen weiter ausholen. Nicht wahr, das kleine Lebewesen ist ein recht armseliges, ohnmächtiges Ding gegen die übergewaltige Außenwelt, die voll ist von zerstörenden Einwirkungen. Ein primitives Lebewesen, das keine zureichende Ichorganisation entwickelt hat, ist all diesen »Traumen« ausgesetzt. Es lebt der »blinden« Befriedigung seiner Triebwünsche und geht so häufig an dieser zugrunde. Die Differenzierung eines Ichs ist vor allem ein Schritt zur Lebenserhaltung. Aus dem Untergang läßt sich zwar nichts lernen, aber wenn man ein Trauma glücklich bestanden hat, achtet man auf die Annäherung ähnlicher Situationen und signalisiert die Gefahr durch eine verkürzte Wiederholung der beim Trauma erlebten Eindrücke, durch einen *Angstaffekt*. Diese Reaktion auf die Wahrnehmung der Gefahr leitet nun den Fluchtversuch ein, der so lange lebensrettend wirkt, bis man genug erstarkt ist, um dem Gefährlichen in der Außenwelt in aktiverer Weise, vielleicht sogar durch Aggression zu begegnen.

»Das ist alles sehr weit weg von dem, was Sie versprochen haben.«

Sie ahnen nicht, wie nah ich der Erfüllung meines Versprechens gekommen bin. Auch bei den Lebewesen, die später eine leistungsfähige Ichorganisation haben, ist dieses Ich zuerst in den Jahren der Kindheit schwächlich und vom Es wenig differenziert. Nun stellen Sie sich vor, was geschehen wird, wenn dieses machtlose Ich einen Triebanspruch aus

dem Es erlebt, dem es bereits widerstehen möchte, weil es errät, daß dessen Befriedigung gefährlich ist, eine traumatische
Situation, einen Zusammenstoß mit der Außenwelt herauf-
beschwören würde, den es aber nicht beherrschen kann, weil
es die Kraft dazu noch nicht besitzt. Das Ich behandelt dann
die Triebgefahr, als ob es eine äußere Gefahr wäre, es unternimmt einen Fluchtversuch, zieht sich von diesem Anteil des
Es zurück und überläßt ihn seinem Schicksal, nachdem es ihm
alle Beiträge, die es sonst zu den Triebregungen stellt, verweigert hat. Wir sagen, das Ich nimmt eine *Verdrängung*
dieser Triebregungen vor. Das hat für den Augenblick den
Erfolg, die Gefahr abzuwehren, aber man verwechselt nicht
ungestraft das Innen und das Außen. Man kann nicht vor sich
selbst davonlaufen. Bei der Verdrängung folgt das Ich dem
Lustprinzip, welches es sonst zu korrigieren pflegt, es hat
dafür den Schaden zu tragen. Dieser besteht darin, daß das
Ich nun seinen Machtbereich dauernd eingeschränkt hat. Die
verdrängte Triebregung ist jetzt isoliert, sich selbst überlassen,
unzugänglich, aber auch unbeeinflußbar. Sie geht ihren eigenen
Weg. Das Ich kann zumeist auch später, wenn es erstarkt ist,
die Verdrängung nicht mehr aufheben, seine Synthese ist gestört, ein Teil des Es bleibt für das Ich verbotener Grund.
Die isolierte Triebregung bleibt aber auch nicht müßig, sie
weiß sich dafür, daß ihr die normale Befriedigung versagt
ist, zu entschädigen, erzeugt psychische Abkömmlinge, die
sie vertreten, setzt sich mit anderen Vorgängen in Verknüpfung, die sie durch ihren Einfluß gleichfalls dem Ich entreißt,
und bricht endlich in einer unkenntlich entstellten Ersatzbildung ins Ich und zum Bewußtsein durch, schafft das, was
man ein Symptom nennt. Mit einem Male sehen wir den
Sachverhalt einer nervösen Störung vor uns: ein Ich, das in
seiner Synthese gehemmt ist, das auf Teile des Es keinen Einfluß hat, das auf manche seiner Tätigkeiten verzichten muß,
um einen neuerlichen Zusammenstoß mit dem Verdrängten
zu vermeiden, das sich in meist vergeblichen Abwehraktionen gegen die Symptome, die Abkömmlinge der verdrängten
Regungen, erschöpft, und ein Es, in dem sich einzelne Triebe
selbständig gemacht haben, ohne Rücksicht auf die Interessen

der Gesamtperson ihre Ziele verfolgen und nur mehr den Gesetzen der primitiven Psychologie gehorchen, die in den Tiefen des Es gebietet. Übersehen wir die ganze Situation, so erweist sich uns als einfache Formel für die Entstehung der Neurose, daß das Ich den Versuch gemacht hat, gewisse Anteile des Es in *ungeeigneter* Weise zu unterdrücken, daß dies mißlungen ist und das Es dafür seine Rache genommen hat. Die Neurose ist also die Folge eines Konflikts zwischen Ich und Es, in den das Ich eintritt, weil es, wie eingehende Untersuchung zeigt, durchaus an seiner Gefügigkeit gegen die reale Außenwelt festhalten will. Der Gegensatz läuft zwischen Außenwelt und Es, und weil das Ich, seinem innersten Wesen getreu, für die Außenwelt Partei nimmt, gerät es in Konflikt mit seinem Es. Beachten Sie aber wohl, nicht die Tatsache dieses Konflikts schafft die Bedingung des Krankseins — denn solche Gegensätze zwischen Realität und Es sind unvermeidlich und das Ich führt unter seinen beständigen Aufgaben, in ihnen zu vermitteln —, sondern der Umstand, daß das Ich sich zur Erledigung des Konflikts des unzureichenden Mittels der Verdrängung bedient hat. Dies hat aber selbst seinen Grund darin, daß das Ich zur Zeit, als sich ihm die Aufgabe stellte, unentwickelt und ohnmächtig war. Die entscheidenden Verdrängungen fallen ja alle in früher Kindheit vor.

»Welch ein merkwürdiger Weg! Ich folge Ihrem Rat, nicht zu kritisieren, da Sie mir ja nur zeigen wollen, was die Psychoanalyse von der Entstehung der Neurose glaubt, um daran zu knüpfen, was sie zu ihrer Bekämpfung unternimmt. Ich hätte verschiedenes zu fragen, werde einiges auch später vorbringen. Zunächst verspüre ich auch einmal die Versuchung, auf Grund Ihrer Gedangengänge weiter zu bauen und selbst eine Theorie zu wagen. Sie haben die Relation Außenwelt-Ich-Es entwickelt und als die Bedingung der Neurose hingestellt, daß das Ich in seiner Abhängigkeit von der Außenwelt das Es bekämpft. Ist nicht auch der andere Fall denkbar, daß das Ich in einem solchen Konflikt sich vom Es fortreißen läßt und seine Rücksicht auf die Außenwelt verleugnet? Was geschieht in einem solchen Falle? Nach meinen laienhaften Vorstellungen von der Natur einer Geisteskrankheit könnte diese Entscheidung des Ichs die Bedingung der Geisteskrankheit sein. Solch eine Abwendung von der Wirklichkeit scheint doch das Wesentliche an der Geisteskrankheit.«

Ja, daran habe ich selbst gedacht, und halte es sogar für zutreffend, wenngleich der Erweis dieser Vermutung eine Diskussion von recht komplizierten Verhältnissen erfordert. Neurose und Psychose sind offenbar innig verwandt und müssen sich doch in einem entscheidenden Punkt voneinander trennen. Dieser Punkt könnte wohl die Parteinahme des Ichs in einem solchen Konflikt sein. Das Es würde in beiden Fällen seinen Charakter von blinder Unnachgiebigkeit bewahren.

»Nun setzen Sie fort. Welche Winke gibt Ihre Theorie für die Behandlung der neurotischen Erkrankungen?«

Unser therapeutisches Ziel ist jetzt leicht zu umschreiben. Wir wollen das Ich herstellen, es von seinen Einschränkungen befreien, ihm die Herrschaft über das Es wiedergeben, die es infolge seiner frühen Verdrängungen eingebüßt hat. Nur zu diesem Zweck machen wir die Analyse, unsere ganze Technik ist auf dieses Ziel gerichtet. Wir haben die vorgefallenen Verdrängungen aufzusuchen und das Ich zu bewegen, sie nun mit unserer Hilfe zu korrigieren, die Konflikte besser als durch einen Fluchtversuch zu erledigen. Da diese Verdrängungen sehr frühen Kinderjahren angehören, führt uns auch die analytische Arbeit in diese Lebenszeit zurück. Den Weg zu den meist vergessenen Konfliktsituationen, die wir in der Erinnerung des Kranken wiederbeleben wollen, weisen uns die Symptome, Träume und freien Einfälle des Kranken, die wir allerdings erst deuten, übersetzen müssen, da sie unter dem Einfluß der Psychologie des Es für unser Verständnis fremdartige Ausdrucksformen angenommen haben. Von den Einfällen, Gedanken und Erinnerungen, die uns der Patient nicht ohne inneres Sträuben mitteilen kann, dürfen wir annehmen, daß sie irgendwie mit dem Verdrängten zusammenhängen oder Abkömmlinge desselben sind. Indem wir den Kranken dazu antreiben, sich über seine Widerstände bei der Mitteilung hinauszusetzen, erziehen wir sein Ich dazu, seine Neigung zu Fluchtversuchen zu überwinden und die Annäherung des Verdrängten zu vertragen. Am Ende, wenn es gelungen ist, die Situation der Verdrängung in seiner Erinnerung zu reproduzieren, wird seine Gefügigkeit glänzend belohnt. Der ganze Unterschied der Zeiten läuft zu seinen Gunsten, und das, wovor sein kindliches Ich erschreckt die Flucht ergriffen hatte, das erscheint dem erwachsenen und erstarkten Ich oft nur als Kinderspiel.

IV

»Alles, was Sie mir bisher erzählt haben, war Psychologie. Es klang oft befremdlich, spröde, dunkel, aber es war doch immer, wenn ich so sagen soll: reinlich. Nun habe ich zwar bisher sehr wenig von Ihrer Psychoanalyse gewußt, aber das Gerücht ist doch zu mir gedrungen, daß sie sich vorwiegend mit Dingen beschäftigt, die auf dieses Prädikat keinen Anspruch haben. Es macht mir den Eindruck einer beabsichtigten Zurückhaltung, daß Sie bisher nichts Ähnliches berührt haben. Auch kann ich einen anderen Zweifel nicht unterdrücken. Die Neurosen sind doch, wie Sie selbst sagen, Störungen des Seelenlebens. Und so wichtige Dinge wie unsere Ethik, unser Gewissen, unsere Ideale, sollten bei diesen tiefgreifenden Störungen gar keine Rolle spielen?«
Sie vermissen also in unseren bisherigen Besprechungen die Berücksichtigung des Niedrigsten wie des Höchsten. Das kommt aber daher, daß wir von den Inhalten des Seelenlebens überhaupt noch nicht gehandelt haben. Lassen Sie mich aber jetzt einmal selbst die Rolle des Unterbrechers spielen, der den Fortschritt der Unterredung aufhält. Ich habe Ihnen soviel Psychologie erzählt, weil ich wünschte, daß Sie den Eindruck empfangen, die analytische Arbeit sei ein Stück angewandter Psychologie, und zwar einer Psychologie, die außerhalb der Analyse nicht bekannt ist. Der Analytiker muß also vor allem diese Psychologie, die Tiefenpsychologie oder Psychologie des Unbewußten, gelernt ha-

ben, wenigstens soviel als heute davon bekannt ist. Wir werden das für unsere späteren Folgerungen brauchen. Aber jetzt, was meinten Sie mit der Anspielung auf die Reinlichkeit?

»Nun, es wird allgemein erzählt, daß in den Analysen die intimsten — und garstigsten Angelegenheiten des Geschlechtslebens mit allen Details zur Sprache kommen. Wenn das so ist — aus Ihren psychologischen Auseinandersetzungen habe ich nicht entnehmen können, daß es so sein muß —, so wäre es ein starkes Argument dafür, solche Behandlungen nur Ärzten zu gestatten. Wie kann man daran denken, anderen Personen, deren Diskretion man nicht sicher ist, für deren Charakter man keine Bürgschaft hat, so gefährliche Freiheiten einzuräumen?«

Es ist wahr, die Ärzte genießen auf sexuellem Gebiet gewisse Vorrechte; sie dürfen ja auch die Genitalien inspizieren. Obwohl sie es im Orient nicht durften; auch manche Idealreformer — Sie wissen, wen ich meine — haben diese Vorrechte bekämpft. Aber Sie wollen zunächst wissen, ob es in der Analyse so ist und warum es so sein muß? — Ja, es ist so.

Es muß aber so sein, erstens weil die Analyse überhaupt auf volle Aufrichtigkeit gebaut ist. Man behandelt in ihr z. B. Vermögensverhältnisse mit ebensolcher Ausführlichkeit und Offenheit, sagt Dinge, die man jedem Mitbürger vorenthält, auch wenn er nicht Konkurrent oder Steuerbeamter ist. Daß diese Verpflichtung zur Aufrichtigkeit auch den Analytiker unter schwere moralische Verantwortlichkeit setzt, werde ich nicht bestreiten, sondern selbst energisch betonen. Zweitens muß es so sein, weil unter den Ursachen und Anlässen der nervösen Erkrankungen Momente des Geschlechtslebens eine überaus wichtige, eine überragende, vielleicht selbst eine spezifische Rolle spielen. Was kann die Analyse anderes tun, als sich ihrem Stoff, dem Material, das der Kranke bringt, anzuschmiegen? Der Analytiker lockt den Patienten niemals auf das sexuelle Gebiet, er sagt ihm nicht voraus: es wird sich um die Intimitäten Ihres Geschlechtslebens handeln! Er läßt ihn seine Mitteilungen beginnen, wo es ihm beliebt, und wartet ruhig ab, bis der Patient selbst die geschlechtlichen

Dinge anrührt. Ich pflegte meine Schüler immer zu mahnen: Unsere Gegner haben uns angekündigt, daß wir auf Fälle stoßen werden, bei denen das sexuelle Moment keine Rolle spielt; hüten wir uns davor, es in die Analyse einzuführen, verderben wir uns die Chance nicht, einen solchen Fall zu finden. Nun, bis jetzt hat niemand von uns dieses Glück gehabt.

Ich weiß natürlich, daß unsere Anerkennung der Sexualität — eingestandener oder uneingestandener Maßen — das stärkste Motiv für die Feindseligkeit der anderen gegen die Analyse geworden ist. Kann uns das irremachen? Es zeigt uns nur, wie neurotisch unser ganzes Kulturleben ist, da sich die angeblich Normalen nicht viel anders benehmen als die Nervösen. Zur Zeit als in gelehrten Gesellschaften Deutschlands feierlich Gericht über die Psychoanalyse gehalten wurde — heute ist es wesentlich stiller geworden —, beanspruchte ein Redner besondere Autorität, weil er nach seiner Mitteilung auch die Kranken sich äußern lasse. Offenbar in diagnostischer Absicht und um die Behauptungen der Analytiker zu prüfen. Aber, setzte er hinzu, wenn sie anfangen von sexuellen Dingen zu reden, dann verschließe ich ihnen den Mund. Was denken Sie von einem solchen Beweisverfahren? Die gelehrte Gesellschaft jubelte dem Redner Beifall zu, anstatt sich gebührenderweise für ihn zu schämen. Nur die triumphierende Sicherheit, welche das Bewußtsein gemeinsamer Vorurteile verleiht, kann die logische Sorglosigkeit dieses Redners erklären. Jahre später haben einige meiner damaligen Schüler dem Bedürfnis nachgegeben, die menschliche Gesellschaft vom Joch der Sexualität, das ihr die Psychoanalyse auferlegen will, zu befreien. Der eine hat erklärt, das Sexuelle bedeute gar nicht die Sexualität, sondern etwas anderes, Abstraktes, Mystisches; ein zweiter gar, das Sexualleben sei nur eines der Gebiete, auf dem der Mensch das ihn treibende Bedürfnis nach Macht und Herrschaft betätigen wolle. Sie haben sehr viel Beifall gefunden, für die nächste Zeit wenigstens.

»Da getraue ich mich aber doch einmal Partei zu nehmen. Es scheint mir sehr gewagt, zu behaupten, daß die Sexualität kein natürliches, ursprüngliches Bedürfnis der lebenden Wesen ist, sondern der Ausdruck für etwas anderes. Man braucht sich da nur an das Beispiel der Tiere zu halten.«

Das macht nichts. Es gibt keine, noch so absurde Mixtur, die die Gesellschaft nicht bereitwillig schlucken würde, wenn sie nur als Gegenmittel gegen die gefürchtete Übermacht der Sexualität ausgerufen wird.

Ich gestehe Ihnen übrigens, daß mir die Abneigung, die Sie selbst verraten haben, dem sexuellen Moment eine so große Rolle in der Verursachung der Neurosen einzuräumen, mit Ihrer Aufgabe als Unparteiischer nicht gut verträglich scheint. Fürchten Sie nicht, daß Sie durch solche Antipathie in der Fällung eines gerechten Urteils gestört sein werden?

»Es tut mir leid, daß Sie das sagen. Ihr Vertrauen zu mir scheint erschüttert. Warum haben Sie dann nicht einen anderen zum Unparteiischen gewählt?«

Weil dieser andere auch nicht anders gedacht hätte als Sie. Wenn er aber von vornherein bereit gewesen wäre, die Bedeutung des Geschlechtslebens anzuerkennen, so hätte alle Welt gerufen: Das ist ja kein Unparteiischer, das ist ja ein Anhänger von Ihnen. Nein, ich gebe die Erwartung keineswegs auf, Einfluß auf Ihre Meinungen zu gewinnen. Ich bekenne aber, dieser Fall liegt für mich anders als der vorhin behandelte. Bei den psychologischen Erörterungen mußte es mir gleich gelten, ob Sie mir Glauben schenken oder nicht, wenn Sie nur den Eindruck bekommen, es handle sich um rein psychologische Probleme. Diesmal, bei der Frage der Sexualität, möchte ich doch, daß Sie der Einsicht zugänglich werden, Ihr stärkstes Motiv zum Widerspruch sei eben die mitgebrachte Feindseligkeit, die Sie mit so vielen anderen teilen.

»Es fehlt mir doch die Erfahrung, welche Ihnen eine so unerschütterliche Sicherheit geschaffen hat.«

Gut, ich darf jetzt in meiner Darstellung fortfahren. Das Geschlechtsleben ist nicht nur eine Pikanterie, sondern auch ein ernsthaftes wissenschaftliches Problem. Es gab da viel Neues zu erfahren, viel Sonderbares zu erklären. Ich sagte Ihnen schon, daß die Analyse bis in die frühen Kindheitsjahre des Patienten zurückgehen mußte, weil in diesen Zeiten und während der Schwäche des Ichs die entscheidenden Verdrängungen vorgefallen sind. In der Kindheit gibt es aber doch gewiß kein Geschlechtsleben, das hebt erst mit der Pubertätszeit an? Im Gegenteile, wir hatten die Entdeckung zu machen, daß die sexuellen Triebregungen das Leben von der Geburt an begleiten, und daß es gerade diese Triebe sind, zu deren Abwehr das infantile Ich die Verdrängungen vornimmt. Ein merkwürdiges Zusammentreffen, nicht wahr, daß schon das kleine Kind sich gegen die Macht der Sexualität sträubt, wie später der Redner in der gelehrten Gesellschaft und noch später meine Schüler, die ihre eigenen Theorien aufstellen? Wie das zugeht? Die allgemeinste Auskunft wäre, daß unsere Kultur überhaupt auf Kosten der Sexualität aufgebaut wird, aber es ist viel anderes darüber zu sagen.

Die Entdeckung der kindlichen Sexualität gehört zu jenen Funden, deren man sich zu schämen hat. Einige Kinderärzte haben immer darum gewußt, wie es scheint, auch einige Kinderpflegerinnen. Geistreiche Männer, die sich Kinderpsychologen heißen, haben dann in vorwurfsvollem Ton von einer »Entharmlosung der Kindheit« gesprochen. Immer wieder Sentimente an Stelle von Argumenten! In unseren politischen Körperschaften sind solche Vorkommnisse alltäglich. Irgendwer von der Opposition steht auf und denunziert eine Mißwirtschaft in der Verwaltung, Armee, Justiz u. dgl. Darauf erklärt ein anderer, am liebsten einer von der Regierung, solche Konstatierungen beleidigen das staatliche, militärische, dynastische oder gar das nationale Ehrgefühl. Sie seien also so gut wie nicht wahr. Diese Gefühle vertragen keine Beleidigung.

Das Geschlechtsleben des Kindes ist natürlich ein anderes als das des Erwachsenen. Die Sexualfunktion macht von ihren Anfängen bis zu der uns so vertrauten Endgestaltung eine komplizierte Entwicklung durch. Sie wächst aus zahlreichen Partialtrieben mit besonderen Zielen zusammen, durchläuft mehrere Phasen der Organisation, bis sie sich endlich in den Dienst der Fortpflanzung stellt. Von den einzelnen Partialtrieben sind nicht alle für den Endausgang gleich brauchbar, sie müssen abgelenkt, umgemodelt, zum Teil unterdrückt werden. Eine so weitläufige Entwicklung wird nicht immer tadellos durchgemacht, es kommt zu Entwicklungshemmungen, partiellen Fixierungen auf frühen Entwicklungsstufen; wo sich später der Ausübung der Sexualfunktion Hindernisse entgegenstellen, weicht das sexuelle Streben — die Libido, wie wir sagen — gern auf solche frühere Fixierungsstellen zurück. Das Studium der kindlichen Sexualität und ihrer Umwandlungen bis zur Reife hat uns auch den Schlüssel zum Verständnis der sogenannten sexuellen Perversionen gegeben, die man immer mit allen geforderten Anzeichen des Abscheus zu beschreiben pflegte, deren Entstehung man aber nicht aufklären konnte. Das ganze Gebiet ist ungemein interessant, es hat nur für die Zwecke unserer Unterredungen nicht viel Sinn, wenn ich Ihnen mehr davon erzähle. Man braucht, um sich hier zurechtzufinden, natürlich anatomische und physiologische Kenntnisse, die leider nicht sämtlich in der medizinischen Schule zu erwerben sind, aber eine Vertrautheit mit Kulturgeschichte und Mythologie ist ebenso unerläßlich.

»Nach alledem kann ich mir vom Geschlechtsleben des Kindes doch keine Vorstellung machen.«

So will ich noch länger bei dem Thema verweilen; es fällt mir ohnedies nicht leicht, mich davon loszureißen. Hören Sie, das Merkwürdigste am Geschlechtsleben des Kindes scheint mir, daß es seine ganze, sehr weitgehende Entwicklung in den ersten fünf Lebensjahren durchläuft; von da an bis zur Pubertät erstreckt sich die sogenannte Latenzzeit, in der — normalerweise — die Sexualität keine Fortschritte macht, die sexuellen Strebungen im Gegenteil an Stärke nachlassen und vieles aufgegeben und vergessen wird, was das Kind schon geübt oder gewußt hatte. In dieser Lebensperiode, nachdem die Frühblüte des Geschlechtslebens abgewelkt ist, bilden sich jene Einstellungen des Ichs heraus, die wie Scham, Ekel, Moralität dazu bestimmt sind, dem späteren Pubertätssturm standzuhalten und dem neu erwachenden sexuellen Begehren die Bahnen zu weisen. Dieser sogenannte *zweizeitige Ansatz des Sexuallebens* hat sehr viel mit der Entstehung der nervösen Erkrankungen zu tun. Er scheint sich nur beim Menschen zu finden, vielleicht ist er eine der Bedingungen des menschlichen Vorrechts, neurotisch zu werden. Die Vorzeit des Geschlechtslebens ist vor der Psychoanalyse ebenso übersehen worden, wie auf anderem Gebiete der Hintergrund des bewußten Seelenlebens. Sie werden mit Recht vermuten, daß beide auch innig zusammengehören.

Von den Inhalten, Änderungen und Leistungen dieser Frühzeit der Sexualität wäre sehr viel zu berichten, worauf die Erwartung nicht vorbereitet ist. Zum Beispiel: Sie werden gewiß erstaunt sein, zu hören, daß sich das Knäblein so häufig davor ängstigt, vom Vater aufgefressen zu werden. (Wundern Sie sich nicht auch, daß ich diese Angst unter die Äußerungen des Sexuallebens versetze?) Aber ich darf Sie an die mythologische Erzählung erinnern, die Sie vielleicht aus Ihren Schuljahren noch nicht vergessen haben, daß auch der Gott Kronos seine Kinder verschlingt. Wie sonderbar muß Ihnen dieser Mythus erschienen sein, als Sie zuerst von ihm hörten! Aber ich glaube, wir haben uns alle damals nichts dabei gedacht. Heute können wir auch mancher Märchen gedenken, in denen ein fressendes Tier, wie der Wolf, auftritt, und werden in diesem eine Verkleidung des Vaters erkennen. Ich ergreife diese Gelegenheit, um Ihnen zu versichern, daß Mythologie und Märchenwelt überhaupt erst durch die Kenntnis des kindlichen Sexuallebens verständlich werden. Es ist das so ein Nebengewinn der analytischen Studien.

Nicht minder groß wird Ihre Überraschung sein zu hören, daß das männliche Kind unter der Angst leidet, vom Vater seines Geschlechtsgliedes beraubt zu werden, so daß diese Kastrationsangst den stärksten Einfluß auf seine Charakterentwicklung und die Entscheidung seiner geschlechtlichen Richtung nimmt. Auch hier wird Ihnen die Mythologie Mut machen, der Psychoanalyse zu glauben. Derselbe Kronos, der seine Kinder verschlingt, hatte auch seinen Vater Uranos entmannt und ist dann zur Vergeltung von seinem durch die List der Mutter geretteten Sohn Zeus entmannt worden. Wenn Sie zur Annahme geneigt haben, daß alles, was die Psychoanalyse von der frühzeitigen Sexualität der Kinder erzählt, aus der wüsten Phantasie der Analytiker stammt, so geben Sie doch wenigstens zu, daß diese Phantasie dieselben Produktionen geschaffen hat wie die Phantasietätigkeit der primitiven Menschheit, von der Mythen und Märchen der Niederschlag sind. Die andere, freundlichere und wahrscheinlich auch zutreffendere Auffassung wäre, daß im Seelenleben des Kindes noch heute dieselben archaischen Momente nachweisbar sind, die einst in den Urzeiten der menschlichen Kultur allgemein geherrscht haben. Das Kind würde in seiner seelischen Entwicklung die Stammesgeschichte in abkürzender Weise wiederholen, wie es die Embryologie längst für die körperliche Entwicklung erkannt hat.

Ein weiterer Charakter der frühkindlichen Sexualität ist, daß das eigentlich weibliche Geschlechtsglied in ihr noch keine Rolle spielt — es ist für das Kind noch nicht entdeckt. Aller Akzent fällt auf das männliche Glied, alles Interesse richtet sich darauf, ob dies vorhanden ist oder nicht. Vom Geschlechtsleben des kleinen Mädchens wissen wir weniger als von dem des Knaben. Wir brauchen uns dieser Differenz nicht zu schämen; ist doch auch das Geschlechtsleben des erwachsenen Weibes ein *dark continent* für die Psychologie. Aber wir haben erkannt, daß das Mädchen den Mangel eines dem männlichen gleichwertigen Geschlechtsgliedes schwer empfindet, sich darum für minderwertig hält, und daß dieser »Penisneid« einer ganzen Reihe charakteristisch weiblichen Reaktionen den Ursprung gibt.

Dem Kind eigen ist es auch, daß die beiden exkrementellen Bedürfnisse mit sexuellem Interesse besetzt sind. Die Erziehung setzt später eine scharfe Scheidung durch, die Praxis der Witze hebt sie wieder auf. Das mag uns unappetitlich scheinen, aber es braucht bekanntlich beim Kind eine ganze Zeit, bis sich der Ekel einstellt. Das haben auch die nicht geleugnet, die sonst für die seraphische Reinheit der Kinderseele eintreten.

Keine andere Tatsache hat aber mehr Anspruch auf unsere Beachtung, als daß das Kind seine sexuellen Wünsche regelmäßig auf die ihm verwandtschaftlich nächsten Personen richtet, also in erster Linie auf Vater und Mutter, in weiterer Folge auf seine Geschwister. Für den Knaben ist die Mutter das erste Liebesobjekt, für das Mädchen der Vater, soweit nicht eine bisexuelle Anlage auch gleichzeitig die gegenteilige Einstellung begünstigt. Der andere Elternteil wird als störender Rivale empfunden und nicht selten mit starker Feindseligkeit bedacht. Verstehen Sie mich recht, ich will nicht sagen, daß das Kind sich nur jene Art von Zärtlichkeit vom bevorzugten Elternteil wünscht, in der wir Erwachsene so gern das Wesen der Eltern-Kind-Beziehung sehen. Nein, die Analyse läßt keinen Zweifel darüber, daß die Wünsche des Kindes über diese Zärtlichkeit hinaus alles anstreben, was wir als sinnliche Befriedigung begreifen, soweit eben das Vorstellungsvermögen des Kindes reicht. Es ist leicht zu verstehen, daß das Kind den wirklichen Sachverhalt der Vereinigung der Geschlechter niemals errät, es setzt dafür andere aus seinen Erfahrungen und Empfindungen abgeleitete Vorstellungen ein. Gewöhnlich gipfeln seine Wünsche in der Absicht, ein Kind zu gebären oder — in unbestimmbarer Weise — zu zeugen. Von dem Wunsche, ein Kind zu gebären, schließt sich in seiner Unwissenheit auch der Knabe nicht aus. Diesen ganzen seelischen Aufbau heißen wir nach der bekannten griechischen Sage den *Ödipuskomplex*. Er soll normalerweise mit dem Ende der sexuellen Frühzeit verlassen, gründlich abgebaut und umgewandelt werden, und die Ergebnisse dieser Verwandlung sind zu großen Leistungen im späteren Seelenleben bestimmt. Aber es geschieht in der Regel nicht gründlich genug und die Pubertät ruft dann eine Wiederbelebung des Komplexes hervor, die schwere Folgen haben kann.

Ich wundere mich, daß Sie noch schweigen. Das kann kaum Zustimmung bedeuten. — Wenn die Analyse behauptet, die erste Objektwahl des Kindes sei eine *inzestuöse*, um den technischen Namen zu gebrauchen, so hat sie gewiß wieder die heiligsten Gefühle der Menschheit gekränkt und darf auf das entsprechende Ausmaß von Unglauben, Widerspruch und Anklage gefaßt sein. Die sind ihr auch reichlich zuteil geworden. Nichts anderes hat ihr in der Gunst der Zeitgenossen mehr geschadet als die Aufstellung des Ödipuskomplexes als einer allgemein menschlichen, schicksalgebundenen Formation. Der griechische Mythus muß allerdings dasselbe gemeint haben, aber die Überzahl der heutigen Menschen, gelehrter wie ungelehrter, zieht es vor zu glauben, daß die Natur einen angeborenen Abscheu als Schutz gegen die Inzestmöglichkeit eingesetzt hat.

Zunächst soll uns die Geschichte zu Hilfe kommen. Als C. Julius Cäsar Ägypten betrat, fand er die jugendliche Königin Kleopatra, die ihm bald so bedeutungsvoll werden sollte, vermählt mit ihrem noch jüngeren Bruder Ptolemäus. Das war in der ägyptischen Dynastie nichts Besonderes; die ursprünglich griechischen Ptolemäer hatten nur den Brauch fortgesetzt, den seit einigen Jahrtausenden ihre Vorgänger, die alten Pharaonen, geübt hatten. Aber das ist ja nur Geschwisterinzest, der noch in der Jetztzeit milder beurteilt wird. Wenden wir uns darum an unsere Kronzeugin für die Verhältnisse der Urzeit, die Mythologie. Sie hat uns zu berichten, daß die Mythen aller Völker, nicht nur der Griechen, überreich sind an Liebesbeziehungen zwischen Vater und Tochter und selbst Mutter und Sohn. Die Kosmologie wie die Genealogie der königlichen Geschlechter ist auf dem Inzest begründet. In welcher Absicht, meinen Sie, sind diese Dichtungen geschaffen worden? Um Götter und Könige als Verbrecher zu brandmarken, den Abscheu des Menschengeschlechts auf sie zu lenken? Eher doch, weil die Inzestwünsche uraltes menschliches Erbgut sind und niemals völlig überwunden wurden, so daß man ihre Erfüllung den Göttern und ihren Abkömmlingen noch gönnte, als die Mehrheit der gewöhnlichen Menschenkinder bereits darauf verzichten mußte. Im vollsten Einklang mit diesen Lehren der Geschichte und der Mythologie finden wir den Inzestwunsch in der Kindheit des einzelnen noch heute vorhanden und wirksam.

»Ich könnte es Ihnen übelnehmen, daß Sie mir all das über die kindliche Sexualität vorenthalten wollten. Es scheint mir gerade wegen seiner Beziehungen zur menschlichen Urgeschichte sehr interessant.«

Ich fürchtete, es würde uns zu weit von unserer Absicht ab-
führen. Aber vielleicht wird es doch seinen Vorteil haben.

»Nun sagen Sie mir aber, welche Sicherheit haben Sie für
Ihre analytischen Resultate über das Sexualleben der Kinder
zu geben? Ruht Ihre Überzeugung allein auf den Übereinstimmungen mit Mythologie und Historie?«

Oh, keineswegs. Sie ruht auf unmittelbarer Beobachtung. Es
ging so zu: Wir hatten zunächst den Inhalt der sexuellen
Kindheit aus den Analysen Erwachsener, also zwanzig bis
vierzig Jahre später, erschlossen. Später haben wir die Analysen an den Kindern selbst unternommen, und es war kein
geringer Triumph, als sich an ihnen alles so bestätigen ließ,
wie wir es trotz der Überlagerungen und Entstellungen der
Zwischenzeit erraten hatten.

»Wie, Sie haben kleine Kinder in Analyse genommen, Kinder im Alter vor sechs Jahren? Geht das überhaupt und ist es
nicht für diese Kinder recht bedenklich?«

Es geht sehr gut. Es ist kaum zu glauben, was in einem solchen Kind von vier bis fünf Jahren schon alles vorgeht. Die
Kinder sind geistig sehr regsam in diesem Alter, die sexuelle
Frühzeit ist für sie auch eine intellektuelle Blüteperiode. Ich
habe den Eindruck, daß sie mit dem Eintritt in die Latenzzeit auch geistig gehemmt, dümmer, werden. Viele Kinder
verlieren auch von da an ihren körperlichen Reiz. Und was
den Schaden der Frühanalyse betrifft, so kann ich Ihnen berichten, daß das erste Kind, an dem dies Experiment vor
nahezu zwanzig Jahren gewagt wurde, seither ein gesunder
und leistungsfähiger junger Mann geworden ist, der seine
Pubertät trotz schwerer psychischer Traumen klaglos durchgemacht hat. Den anderen »Opfern« der Frühanalyse wird
es hoffentlich nicht schlechter ergehen. An diese Kinderanalysen knüpfen sich mancherlei Interessen; es ist möglich, daß
sie in der Zukunft zu noch größerer Bedeutung kommen
werden. Ihr Wert für die Theorie steht ja außer Frage. Sie
geben unzweideutige Auskünfte über Fragen, die in den
Analysen Erwachsener unentschieden bleiben, und schützen
den Analytiker so vor Irrtümern, die für ihn folgenschwer
wären. Man überrascht eben die Momente, welche die Neu-

rose gestalten, bei ihrer Arbeit und kann sie nicht verkennen. Im Interesse des Kindes muß allerdings die analytische Beeinflussung mit erzieherischen Maßnahmen verquickt werden. Diese Technik harrt noch ihrer Ausgestaltung. Ein praktisches Interesse wird aber durch die Beobachtung geweckt, daß eine sehr große Anzahl unserer Kinder in ihrer Entwicklung eine deutlich neurotische Phase durchmachen. Seitdem wir schärfer zu sehen verstehen, sind wir versucht zu sagen, die Kinderneurose sei nicht die Ausnahme, sondern die Regel, als ob sie sich auf dem Weg von der infantilen Anlage bis zur gesellschaftlichen Kultur kaum vermeiden ließe. In den meisten Fällen wird diese neurotische Anwandlung der Kinderjahre spontan überwunden; ob sie nicht doch regelmäßig ihre Spuren auch beim durchschnittlich Gesunden hinterläßt? Hingegen vermissen wir bei keinem der späteren Neurotiker die Anknüpfung an die kindliche Erkrankung, die ihrerzeit nicht sehr auffällig gewesen zu sein braucht. In ganz analoger Weise, glaube ich, behaupten heute die Internisten, daß jeder Mensch einmal in seiner Kindheit eine Erkrankung an Tuberkulose durchgemacht hat. Für die Neurosen kommt allerdings der Gesichtspunkt der Impfung nicht in Betracht, nur der der Prädisposition.

Ich will zu Ihrer Frage nach den Sicherheiten zurückkehren. Wir haben uns also ganz allgemein durch die direkte analytische Beobachtung der Kinder überzeugt, daß wir die Mitteilungen der Erwachsenen über ihre Kindheit richtig gedeutet hatten. In einer Reihe von Fällen ist uns aber noch eine andere Art der Bestätigung möglich geworden. Wir hatten aus dem Material der Analyse gewisse äußere Vorgänge, eindrucksvolle Ereignisse der Kinderjahre rekonstruiert, von denen die bewußte Erinnerung der Kranken nichts bewahrt hatte, und glückliche Zufälle, Erkundigungen bei Eltern und Pflegepersonen haben uns dann den unwiderleglichen Beweis erbracht, daß diese erschlossenen Begebenheiten sich wirklich so zugetragen hatten. Das gelang natürlich nicht sehr oft, aber wo es eintraf, machte es einen überwältigenden Eindruck. Sie müssen wissen, die richtige Rekonstruktion solcher vergessenen Kindererlebnisse hat immer einen großen therapeutischen Effekt, ob sie nun eine objektive Bestätigung zulassen oder nicht. Ihre Bedeutung verdanken diese Begebenheiten natürlich dem Umstand, daß sie so früh vorgefallen sind, zu einer Zeit, da sie auf das schwächliche Ich noch traumatisch wirken konnten.

»Um was für Ereignisse kann es sich da handeln, die man durch die Analyse aufzufinden hat?«

Um Verschiedenartiges. In erster Linie um Eindrücke, die imstande waren, das keimende Sexualleben des Kindes dauernd zu beeinflussen, wie Beobachtungen geschlechtlicher Vorgänge zwischen Erwachsenen oder eigene sexuelle Erfahrungen mit einem Erwachsenen oder einem anderen Kind — gar nicht so seltene Vorfälle —, des weiteren um Mitanhören von Gesprächen, die das Kind damals oder erst nachträglich verstand, aus denen es Aufschluß über geheimnisvolle oder unheimliche Dinge zu entnehmen glaubte, ferner Äußerungen und Handlungen des Kindes selbst, die eine bedeutsame zärtliche oder feindselige Einstellung desselben gegen andere Personen beweisen. Eine besondere Wichtigkeit hat es in der Analyse, die vergessene eigene Sexualbetätigung des Kindes erinnern zu lassen und dazu die Einmengung der Erwachsenen, welche derselben ein Ende setzte.

»Das ist jetzt für mich der Anlaß, eine Frage vorzubringen, die ich längst stellen wollte. Worin besteht also die ›Sexualbetätigung‹ des Kindes während dieser Frühzeit, die man, wie Sie sagen, vor der Zeit der Analyse übersehen hatte?«

Das Regelmäßige und Wesentliche an dieser Sexualbetätigung hatte man merkwürdigerweise doch nicht übersehen; d. h. es ist gar nicht merkwürdig, es war eben nicht zu übersehen. Die sexuellen Regungen des Kindes finden ihren hauptsächlichsten Ausdruck in der Selbstbefriedigung durch Reizung der eigenen Genitalien, in Wirklichkeit des männlichen Anteils derselben. Die außerordentliche Verbreitung dieser kindlichen »Unart« war den Erwachsenen immer bekannt, diese selbst wurde als schwere Sünde betrachtet und strenge verfolgt. Wie man diese Beobachtung von den unsittlichen Neigungen der Kinder — denn die Kinder tun dies, wie sie selbst sagen, weil es ihnen Vergnügen macht — mit der Theorie von ihrer angeborenen Reinheit und Unsinnlichkeit vereinigen konnte, danach fragen Sie mich nicht. Dieses Rätsel lassen Sie sich von der Gegenseite aufklären. Für uns stellt sich ein wichtigeres Problem her. Wie soll man sich gegen die Sexualbetätigung der frühen Kindheit verhalten? Man kennt die Verantwortlichkeit, die man durch ihre Unterdrückung auf sich nimmt, und getraut sich doch nicht, sie uneingeschränkt gewähren zu lassen. Bei Völkern niedriger Kultur und in den unteren Schichten der Kulturvölker scheint die Sexualität der Kinder freigegeben zu sein. Damit ist wahrscheinlich ein starker Schutz gegen die spätere Erkrankung an individuellen Neurosen erzielt worden, aber nicht auch gleichzeitig eine außerordentliche Einbuße an der Eignung zu kulturellen Leistungen? Manches spricht dafür, daß wir hier vor einer neuen Scylla und Charybdis stehen. Ob aber die Interessen, die durch das Studium des Sexuallebens bei den Neurotikern angeregt werden, eine für die Erweckung der Lüsternheit günstige Atmosphäre schaffen, getraue ich mich doch Ihrem eigenen Urteil zu überlassen.

V

»Ich glaube, Ihre Absicht zu verstehen. Sie wollen mir zeigen, was für Kenntnisse man für die Ausübung der Analyse braucht, damit ich urteilen kann, ob der Arzt allein zu ihr berechtigt sein soll. Nun, bisher ist wenig Ärztliches vorgekommen, viel Psychologie und ein Stück Biologie oder Sexualwissenschaft. Aber vielleicht haben wir noch nicht das Ende gesehen?«
Gewiß nicht, es bleiben noch Lücken auszufüllen. Darf ich Sie um etwas bitten? Wollen Sie mir schildern, wie Sie sich jetzt eine analytische Behandlung vorstellen? So, als ob Sie sie selbst vorzunehmen hätten?
»Nun, das kann gut werden. Ich habe wirklich nicht die Absicht, unsere Streitfrage durch ein solches Experiment zu entscheiden. Aber ich will Ihnen den Gefallen tun, die Verantwortlichkeit fiele ja auf Sie. Also ich nehme an, der Kran-

ke kommt zu mir und beklagt sich über seine Beschwerden. Ich verspreche ihm Heilung oder Besserung, wenn er meinen Anweisungen folgen will. Ich fordere ihn auf, mir in vollster Aufrichtigkeit alles zu sagen, was er weiß und was ihm einfällt, und sich von diesem Vorsatz nicht abhalten zu lassen, auch wenn manches ihm zu sagen unangenehm sein sollte. Habe ich mir diese Regel gut gemerkt?«

Ja, Sie sollten noch hinzufügen, auch wenn er meint, daß das, was ihm einfällt, unwichtig oder unsinnig ist.

»Auch das. Dann beginnt er zu erzählen und ich höre zu. Ja und dann? Aus seinen Mitteilungen errate ich, was er für Eindrücke, Erlebnisse, Wunschregungen verdrängt hat, weil sie ihm zu einer Zeit entgegengetreten sind, da sein Ich noch schwach war und sich vor ihnen fürchtete, anstatt sich mit ihnen abzugeben. Wenn er das von mir erfahren hat, versetzt er sich in die Situationen von damals und macht es jetzt mit meiner Hilfe besser. Dann verschwinden die Einschränkungen, zu denen sein Ich genötigt war, und er ist hergestellt. Ist es so recht?«

Bravo, bravo! Ich sehe, man wird mir wieder den Vorwurf machen können, daß ich einen Nichtarzt zum Analytiker ausgebildet habe. Sie haben sich das sehr gut zu eigen gemacht.

»Ich habe nur wiederholt, was ich von Ihnen gehört habe, wie wenn man etwas Auswendiggelerntes hersagt. Ich kann mir ja doch nicht vorstellen, wie ich's machen würde, und verstehe gar nicht, warum eine solche Arbeit so viele Monate hindurch täglich eine Stunde brauchen sollte. Ein gewöhnlicher Mensch hat doch in der Regel nicht soviel erlebt, und was in der Kindheit verdrängt wird, das ist doch wahrscheinlich in allen Fällen das nämliche.«

Man lernt noch allerlei bei der wirklichen Ausübung der Analyse. Zum Beispiel: Sie würden es gar nicht so einfach finden, aus den Mitteilungen, die der Patient macht, auf die Erlebnisse zu schließen, die er vergessen, die Triebregungen, die er verdrängt hat. Er sagt Ihnen irgend etwas, was zunächst für Sie ebensowenig Sinn hat wie für ihn. Sie werden sich entschließen müssen, das Material, das Ihnen der Analysierte im Gehorsam gegen die Regel liefert, in einer ganz besonderen Weise aufzufassen. Etwa wie ein Erz, dem der Gehalt an wertvollem Metall durch bestimmte Prozesse abzugewinnen ist. Sie sind dann auch vorbereitet, viele Tonnen Erz zu verarbeiten, die vielleicht nur wenig von dem gesuchten kostbaren Stoff enthalten. Hier wäre die erste Begründung für die Weitläufigkeit der Kur.

»Wie verarbeitet man aber diesen Rohstoff, um in Ihrem Gleichnis zu bleiben?«

Indem man annimmt, daß die Mitteilungen und Einfälle des Kranken nur Entstellungen des Gesuchten sind, gleichsam Anspielungen, aus denen Sie zu erraten haben, was sich dahinter verbirgt. Mit einem Wort, Sie müssen dieses Material, seien es Erinnerungen, Einfälle oder Träume, erst *deuten*. Das geschieht natürlich mit Hinblick auf die Erwartungen, die sich in Ihnen dank Ihrer Sachkenntnis, während Sie zuhörten, gebildet haben.

»Deuten! Das ist ein garstiges Wort. Das höre ich nicht gerne, damit bringen Sie mich um alle Sicherheit. Wenn alles von meiner Deutung abhängt, wer steht mir dafür ein, daß ich richtig deute? Dann ist doch alles meiner Willkür überlassen.«

Gemach, es steht nicht so schlimm. Warum wollen Sie Ihre eigenen seelischen Vorgänge von der Gesetzmäßigkeit ausnehmen, die Sie für die des anderen anerkennen? Wenn Sie eine gewisse Selbstzucht gewonnen haben und über bestimmte Kenntnisse verfügen, werden Ihre Deutungen von Ihren persönlichen Eigenheiten unbeeinflußt sein und das Richtige treffen. Ich sage nicht, daß für diesen Teil der Aufgabe die Persönlichkeit des Analytikers gleichgiltig ist. Es kommt eine gewisse Feinhörigkeit für das unbewußte Verdrängte in Betracht, von der nicht jeder das gleiche Maß besitzt. Und vor allem knüpft hier die Verpflichtung für den Analytiker an, sich durch tiefreichende eigene Analyse für die vorurteilslose Aufnahme des analytischen Materials tauglich zu machen. Eines bleibt freilich übrig, was der »persönlichen Gleichung« bei astronomischen Beobachtungen gleichzusetzen ist; dies individuelle Moment wird in der

Psychoanalyse immer eine größere Rolle spielen als anderswo. Ein abnormer Mensch mag ein korrekter Physiker werden können, als Analytiker wird er durch seine eigene Abnormität behindert sein, die Bilder des seelischen Lebens ohne Verzerrung zu erfassen. Da man niemand seine Abnormität beweisen kann, wird eine allgemeine Übereinstimmung in den Dingen der Tiefenpsychologie besonders schwer zu erreichen sein. Manche Psychologen meinen sogar, dies sei ganz aussichtslos und jeder Narr habe das gleiche Recht, seine Narrheit für Weisheit auszugeben. Ich bekenne, ich bin hierin optimistischer. Unsere Erfahrungen zeigen doch, daß auch in der Psychologie ziemlich befriedigende Übereinstimmungen zu erreichen sind. Jedes Forschungsgebiet hat eben eine besondere Schwierigkeit, die zu eliminieren wir uns bemühen müssen. Übrigens ist auch in der Deutungskunst der Analyse manches wie ein anderer Wissensstoff zu erlernen, zum Beispiel, was mit der eigentümlichen indirekten Darstellung durch Symbole zusammenhängt.

»Nun, ich habe keine Lust mehr, auch nur in Gedanken eine analytische Behandlung zu unternehmen. Wer weiß, was für Überraschungen da noch auf mich warten würden.«

Sie tun recht daran, eine solche Absicht aufzugeben. Sie merken, wieviel Schulung und Übung noch erforderlich wäre. Wenn Sie die richtigen Deutungen gefunden haben, stellt sich eine neue Aufgabe her. Sie müssen den richtigen Moment abwarten, um dem Patienten Ihre Deutung mit Aussicht auf Erfolg mitzuteilen.

»Woran erkennt man jedesmal den richtigen Moment?«

Das ist Sache eines Takts, der durch Erfahrung sehr verfeinert werden kann. Sie begehen einen schweren Fehler, wenn Sie etwa im Bestreben, die Analyse zu verkürzen, dem Patienten Ihre Deutungen an den Kopf werfen, sobald Sie sie gefunden haben. Sie erzielen damit bei ihm Äußerungen von Widerstand, Ablehnung, Entrüstung, erreichen es aber nicht, daß sein Ich sich des Verdrängten bemächtigt. Die Vorschrift ist, zu warten, bis er sich diesem soweit angenähert hat, daß er unter der Anleitung Ihres Deutungsvorschlages nur noch wenige Schritte zu machen braucht.

»Ich glaube, das würde ich nie erlernen. Und wenn ich diese Vorsichten bei der Deutung befolgt habe, was dann?«

Dann ist es Ihnen bestimmt, eine Entdeckung zu machen, auf die Sie nicht vorbereitet sind.

»Die wäre?«

Daß Sie sich in Ihrem Patienten getäuscht haben, daß Sie gar nicht auf seine Mithilfe und Gefügigkeit rechnen dürfen, daß er bereit ist, der gemeinsamen Arbeit alle möglichen Schwierigkeiten in den Weg zu legen, mit einem Wort: daß er überhaupt nicht gesund werden will.

»Nein, das ist das Tollste, das Sie mir bisher erzählt haben! Ich glaube es auch nicht. Der Kranke, der so schwer leidet, der so ergreifend über seine Beschwerden klagt, der so große Opfer für die Behandlung bringt, der soll nicht gesund werden wollen! Sie meinen es auch gewiß nicht so.«

Fassen Sie sich, ich meine es. Was ich sagte, ist die Wahrheit, nicht die ganze freilich, aber ein sehr beachtenswertes Stück derselben. Der Kranke will allerdings gesund werden, aber er will es auch nicht. Sein Ich hat seine Einheit verloren, darum bringt er auch keinen einheitlichen Willen auf. Er wäre kein Neurotiker, wenn er anders wäre.

»Wär' ich besonnen, hieß ich nicht der Tell.«

Die Abkömmlinge des Verdrängten sind in sein Ich durchgebrochen, behaupten sich darin, und über die Strebungen dieser Herkunft hat das Ich sowenig Herrschaft wie über das Verdrängte selbst, weiß auch für gewöhnlich nichts von ihnen. Diese Kranken sind eben von einer besonderen Art und machen Schwierigkeiten, mit denen wir nicht zu rechnen gewohnt sind. Alle unsere sozialen Institutionen sind auf Personen mit einheitlichem, normalem Ich zugeschnitten, das man als gut oder böse klassifizieren kann, das entweder seine Funktion versieht oder durch einen übermächtigen Einfluß ausgeschaltet ist. Daher die gerichtliche Alternative: verantwortlich oder unverantwortlich. Auf die Neurotiker passen alle diese Entscheidungen nicht. Man muß gestehen, es ist schwer, die sozialen Anforderungen ihrem psychologischen Zustand anzupassen. Im großen Maßstab hat man das im letzten Krieg erfahren. Waren die Neurotiker, die sich dem

Dienst entzogen, Simulanten oder nicht? Sie waren beides. Wenn man sie wie Simulanten behandelte und ihnen das Kranksein recht unbehaglich machte, wurden sie gesund; wenn man die angeblich Hergestellten in den Dienst schickte, flüchteten sie prompt wieder in die Krankheit. Es war mit ihnen nichts anzufangen. Und das nämliche ist mit den Neurotikern des zivilen Lebens. Sie klagen über ihre Krankheit, aber sie nützen sie nach Kräften aus, und wenn man sie ihnen nehmen will, verteidigen sie sie wie die sprichwörtliche Löwin ihr Junges, ohne daß es einen Sinn hätte, ihnen aus diesem Widerspruch einen Vorwurf zu machen.

»Aber, wäre es dann nicht das beste, wenn man diese schwierigen Leute gar nicht behandelte, sondern sich selbst überließe? Ich kann nicht glauben, daß es der Mühe lohnt, auf jeden einzelnen dieser Kranken so viel Anstrengung zu verwenden, wie ich nach Ihren Andeutungen annehmen muß.«

Ich kann Ihren Vorschlag nicht gutheißen. Es ist gewiß richtiger, die Komplikationen des Lebens zu akzeptieren, anstatt sich gegen sie zu sträuben. Nicht jeder der Neurotiker, den wir behandeln, mag des Aufwands der Analyse würdig sein, aber es sind doch auch sehr wertvolle Personen unter ihnen. Wir müssen uns das Ziel setzen, zu erreichen, daß möglichst wenig menschliche Individuen mit so mangelhafter seelischer Ausrüstung dem Kulturleben entgegentreten, und darum müssen wir viel Erfahrungen sammeln, viel verstehen lernen. Jede Analyse kann instruktiv sein, uns Gewinn an neuen Aufklärungen bringen, ganz abgesehen vom persönlichen Wert der einzelnen Kranken.

»Wenn sich aber im Ich des Kranken eine Willensregung gebildet hat, welche die Krankheit behalten will, so muß sich diese auch auf Gründe und Motive berufen, sich durch etwas rechtfertigen können. Es ist aber gar nicht einzusehen, wozu ein Mensch krank sein wollte, was er davon hat.«

O doch, das liegt nicht so ferne. Denken Sie an die Kriegsneurotiker, die eben keinen Dienst zu leisten brauchen, weil sie krank sind. Im bürgerlichen Leben kann die Krankheit als Schutz gebraucht werden, um seine Unzulänglichkeit im

Beruf und in der Konkurrenz mit anderen zu beschönigen, in der Familie als Mittel, um die anderen zu Opfern und Liebesbeweisen zu zwingen oder ihnen seinen Willen aufzunötigen. Das liegt alles ziemlich oberflächlich, wir fassen es als »Krankheitsgewinn« zusammen; merkwürdig ist nur, daß der Kranke, sein Ich, von der ganzen Verkettung solcher Motive mit seinen folgerichtigen Handlungen doch nichts weiß. Man bekämpft den Einfluß dieser Strebungen, indem man das Ich nötigt, von ihnen Kenntnis zu nehmen. Es gibt aber noch andere, tieferliegende Motive, am Kranksein festzuhalten, mit denen man nicht so leicht fertig wird. Ohne einen neuen Ausflug in die psychologische Theorie kann man diese letzteren aber nicht verstehen.

»Erzählen Sie nur weiter, auf ein bißchen Theorie mehr kommt es jetzt schon nicht an.«

Als ich Ihnen das Verhältnis von Ich und Es auseinandersetzte, habe ich Ihnen ein wichtiges Stück der Lehre vom seelischen Apparat unterschlagen. Wir waren nämlich gezwungen anzunehmen, daß sich im Ich selbst eine besondere Instanz differenziert hat, die wir das Über-Ich heißen. Dieses Über-Ich hat eine besondere Stellung zwischen dem Ich und dem Es. Es gehört dem Ich an, teilt dessen hohe psychologische Organisation, steht aber in besonders inniger Beziehung zum Es. Es ist in Wirklichkeit der Niederschlag der ersten Objektbesetzungen des Es, der Erbe des Ödipuskomplexes nach dessen Auflassung. Dieses Über-Ich kann sich dem Ich gegenüberstellen, es wie ein Objekt behandeln und behandelt es oft sehr hart. Es ist für das Ich ebenso wichtig, mit dem Über-Ich im Einvernehmen zu bleiben, wie mit dem Es. Entzweiungen zwischen Ich und Über-Ich haben eine große Bedeutung für das Seelenleben. Sie erraten schon, daß das Über-Ich der Träger jenes Phänomens ist, das wir Gewissen heißen. Für die seelische Gesundheit kommt sehr viel darauf an, daß das Über-Ich normal ausgebildet, das heißt genügend unpersönlich geworden sei. Gerade das ist beim Neurotiker, dessen Ödipuskomplex nicht die richtige Umwandlung erfahren hat, nicht der Fall. Sein Über-Ich steht dem Ich noch immer gegenüber wie der strenge Vater dem

Kind, und seine Moralität betätigt sich in primitiver Weise darin, daß sich das Ich vom Über-Ich bestrafen läßt. Die Krankheit wird als Mittel dieser »Selbstbestrafung« verwendet, der Neurotiker muß sich so benehmen, als beherrschte ihn ein Schuldgefühl, welches zu seiner Befriedigung der Krankheit als Strafe bedarf.

»Das klingt wirklich sehr geheimnisvoll. Das Merkwürdigste daran ist, daß dem Kranken auch diese Macht seines Gewissens nicht zum Bewußtsein kommen soll.«

Ja, wir fangen erst an, die Bedeutung all dieser wichtigen Verhältnisse zu würdigen. Deshalb mußte meine Darstellung so dunkel geraten. Ich kann nun fortsetzen. Wir heißen alle die Kräfte, die sich der Genesungsarbeit widersetzen, die »Widerstände« des Kranken. Der Krankheitsgewinn ist die Quelle eines solchen Widerstandes, das »unbewußte Schuldgefühl« repräsentiert den Widerstand des Über-Ichs, es ist der mächtigste und von uns gefürchtetste Faktor. Wir treffen in der Kur noch mit anderen Widerständen zusammen. Wenn das Ich in der Frühzeit aus Angst eine Verdrängung vorgenommen hat, so besteht diese Angst noch fort und äußert sich nun als ein Widerstand, wenn das Ich an das Verdrängte herangehen soll. Endlich kann man sich vorstellen, daß es nicht ohne Schwierigkeiten abgeht, wenn ein Triebvorgang, der durch Dezennien einen bestimmten Weg gegangen ist, plötzlich den neuen Weg gehen soll, den man ihm eröffnet hat. Das könnte man den Widerstand des Es heißen. Der Kampf gegen alle diese Widerstände ist unsere Hauptarbeit während der analytischen Kur, die Aufgabe der Deutungen verschwindet dagegen. Durch diesen Kampf und die Überwindung der Widerstände wird aber auch das Ich des Kranken so verändert und gestärkt, daß wir seinem zukünftigen Verhalten nach Beendigung der Kur mit Ruhe entgegensehen dürfen. Anderseits verstehen Sie jetzt, wozu wir die lange Behandlungsdauer brauchen. Die Länge des Entwicklungsweges und die Reichhaltigkeit des Materials sind nicht das Entscheidende. Es kommt mehr darauf an, ob der Weg frei ist. Auf einer Strecke, die man in Friedenszeiten in ein paar Eisenbahnstunden durchfliegt, kann eine Armee wochenlang aufgehalten sein, wenn sie dort den Widerstand des Feindes zu überwinden hat. Solche Kämpfe verbrauchen Zeit auch im seelischen Leben. Ich muß leider konstatieren, alle Bemühungen, die analytische Kur ausgiebig zu beschleunigen, sind bisher gescheitert. Der beste Weg zu ihrer Abkürzung scheint ihre korrekte Durchführung zu sein.

»Wenn ich je Lust verspürt hätte, Ihnen ins Handwerk zu pfuschen und selbst eine Analyse an einem anderen zu versuchen, Ihre Mitteilungen über die Widerstände würden mich davon geheilt haben. Aber wie steht es mit dem besonderen persönlichen Einfluß, den Sie doch zugestanden haben? Kommt der nicht gegen die Widerstände auf?«

Es ist gut, daß Sie jetzt danach fragen. Dieser persönliche Einfluß ist unsere stärkste dynamische Waffe, er ist dasjenige, was wir neu in die Situation einführen und wodurch wir sie in Fluß bringen. Der intellektuelle Gehalt unserer Aufklärungen kann das nicht leisten, denn der Kranke, der alle Vorurteile der Umwelt teilt, brauchte uns so wenig zu glauben wie unsere wissenschaftlichen Kritiker. Der Neurotiker macht sich an die Arbeit, weil er dem Analytiker Glauben schenkt, und er glaubt ihm, weil er eine besondere Gefühlseinstellung zu der Person des Analytikers gewinnt. Auch das Kind glaubt nur jenen Menschen, denen es anhängt. Ich sagte Ihnen schon, wozu wir diesen besonders großen »suggestiven« Einfluß verwenden. Nicht zur Unterdrückung der Symptome — das unterscheidet die analytische Methode von anderen Verfahren der Psychotherapie —, sondern als Triebkraft, um das Ich des Kranken zur Überwindung seiner Widerstände zu veranlassen.

»Nun, und wenn das gelingt, geht dann nicht alles glatt?«

Ja, es sollte. Aber es stellt sich eine unerwartete Komplikation heraus. Es war vielleicht die größte Überraschung für den Analytiker, daß die Gefühlsbeziehung, die der Kranke zu ihm annimmt, von einer ganz eigentümlichen Natur ist. Schon der erste Arzt, der eine Analyse versuchte — es war nicht ich —, ist auf dieses Phänomen gestoßen — und an ihm irre geworden. Diese Gefühlsbeziehung ist nämlich — um es klar herauszusagen — von der Natur einer Verliebtheit.

Merkwürdig, nicht wahr? Wenn Sie überdies in Betracht ziehen, daß der Analytiker nichts dazu tut, sie zu provozieren, daß er im Gegenteil sich eher menschlich vom Patienten fernhält, seine eigene Person mit einer gewissen Reserve umgibt. Und wenn Sie ferner erfahren, daß diese sonderbare Liebesbeziehung von allen anderen realen Begünstigungen absieht, sich über alle Variationen der persönlichen Anziehung, des Alters, Geschlechts und Standes hinaussetzt. Diese Liebe ist direkt *zwangsläufig.* Nicht, daß dieser Charakter der spontanen Verliebtheit sonst fremd bleiben müßte. Sie wissen, das Gegenteil kommt oft genug vor, aber in der analytischen Situation stellt er sich ganz regelmäßig her, ohne doch in ihr eine rationelle Erklärung zu finden. Man sollte meinen, aus dem Verhältnis des Patienten zum Analytiker brauchte sich für den ersteren nicht mehr zu ergeben als ein gewisses Maß von Respekt, Zutrauen, Dankbarkeit und menschlicher Sympathie. Anstatt dessen diese Verliebtheit, die selbst den Eindruck einer krankhaften Erscheinung macht.

»Nun, ich sollte meinen, das ist doch für Ihre analytischen Absichten günstig. Wenn man liebt, ist man gefügig und tut dem anderen Teil alles mögliche zu Liebe.«

Ja, zu Anfang ist es auch günstig, aber späterhin, wenn sich diese Verliebtheit vertieft hat, kommt ihre ganze Natur zum Vorschein, an der vieles mit der Aufgabe der Analyse unverträglich ist. Die Liebe des Patienten begnügt sich nicht damit zu gehorchen, sie wird anspruchsvoll, verlangt zärtliche und sinnliche Befriedigungen, fordert Ausschließlichkeit, entwickelt Eifersucht, zeigt immer deutlicher ihre Kehrseite, die Bereitschaft zu Feindseligkeit und Rachsucht, wenn sie ihre Absichten nicht erreichen kann. Gleichzeitig drängt sie, wie jede Verliebtheit, alle anderen seelischen Inhalte zurück, sie löscht das Interesse an der Kur und an der Genesung aus, kurz, wir können nicht daran zweifeln, sie hat sich an die Stelle der Neurose gesetzt und unsere Arbeit hat den Erfolg gehabt, eine Form des Krankseins durch eine andere zu vertreiben.

»Das klingt nun trostlos. Was macht man da? Man sollte die Analyse aufgeben, aber da, wie Sie sagen, ein solcher Erfolg in jedem Fall eintritt, so könnte man ja überhaupt keine Analyse durchführen.«

Wir wollen zuerst die Situation ausnützen, um aus ihr zu lernen. Was wir so gewonnen haben, kann uns dann helfen, sie zu beherrschen. Ist es nicht höchst beachtenswert, daß es uns gelingt, eine Neurose mit beliebigem Inhalt in einen Zustand von krankhafter Verliebtheit zu verwandeln?

Unsere Überzeugung, daß der Neurose ein Stück abnorm verwendeten Liebeslebens zugrunde liegt, muß doch durch diese Erfahrung unerschütterlich befestigt werden. Mit dieser Einsicht fassen wir wieder festen Fuß, wir getrauen uns nun, diese Verliebtheit selbst zum Objekt der Analyse zu nehmen. Wir machen auch eine andere Beobachtung. Nicht in allen Fällen äußert sich die analytische Verliebtheit so klar und so grell, wie ich's zu schildern versuchte. Warum aber geschieht das nicht? Man sieht es bald ein. In dem Maß, als die vollsinnlichen und die feindseligen Seiten seiner Verliebtheit sich zeigen wollen, erwacht auch das Widerstreben des Patienten gegen dieselben. Er kämpft mit ihnen, sucht sie zu verdrängen, unter unseren Augen. Und nun verstehen wir den Vorgang. Der Patient *wiederholt* in der Form der Verliebtheit in den Analytiker seelische Erlebnisse, die er bereits früher einmal durchgemacht hat — er hat seelische Einstellungen, die in ihm bereitlagen und mit der Entstehung seiner Neurose innig verknüpft waren, auf den Analytiker *übertragen*. Er wiederholt auch seine damaligen Abwehraktionen vor unseren Augen, möchte am liebsten alle Schicksale jener vergessenen Lebensperiode in seinem Verhältnis zum Analytiker wiederholen. Was er uns zeigt, ist also der Kern seiner intimen Lebensgeschichte, er *reproduziert ihn greifbar, wie gegenwärtig, anstatt ihn zu erinnern.* Damit ist das Rätsel der Übertragungsliebe gelöst und die Analyse kann gerade mit Hilfe der neuen Situation, die für sie so bedrohlich schien, fortgesetzt werden.

»Das ist raffiniert. Und glaubt Ihnen der Kranke so leicht, daß er nicht verliebt, sondern nur gezwungen ist, ein altes Stück wieder aufzuführen?«

Alles kommt jetzt darauf an und die volle Geschicklichkeit

in der Handhabung der »Übertragung« gehört dazu, es zu erreichen. Sie sehen, daß die Anforderungen an die analytische Technik an dieser Stelle die höchste Steigerung erfahren. Hier kann man die schwersten Fehler begehen oder sich der größten Erfolge versichern. Der Versuch, sich den Schwierigkeiten zu entziehen, indem man die Übertragung unterdrückt oder vernachlässigt, wäre unsinnig; was immer man sonst getan hat, es verdiente nicht den Namen einer Analyse. Den Kranken wegzuschicken, sobald sich die Unannehmlichkeiten seiner Übertragungsneurose herstellen, ist nicht sinnreicher und außerdem eine Feigheit; es wäre ungefähr so, als ob man Geister beschworen hätte und dann davongerannt wäre, sobald sie erscheinen. Manchmal zwar kann man wirklich nicht anders; es gibt Fälle, in denen man der entfesselten Übertragung nicht Herr wird und die Analyse abbrechen muß, aber man soll wenigstens mit den bösen Geistern nach Kräften gerungen haben. Den Anforderungen der Übertragung nachgeben, die Wünsche des Patienten nach zärtlicher und sinnlicher Befriedigung erfüllen, ist nicht nur berechtigterweise durch moralische Rücksichten versagt, sondern auch als technisches Mittel zur Erreichung der analytischen Absicht völlig unzureichend. Der Neurotiker kann dadurch, daß man ihm die unkorrigierte Wiederholung eines in ihm vorbereiteten unbewußten Klischees ermöglicht hat, nicht geheilt werden. Wenn man sich auf Kompromisse mit ihm einläßt, indem man ihm partielle Befriedigungen zum Austausch gegen seine weitere Mitarbeit an der Analyse bietet, muß man achthaben, daß man nicht in die lächerliche Situation des Geistlichen gerät, der den kranken Versicherungsagenten bekehren soll. Der Kranke bleibt unbekehrt, aber der Geistliche zieht versichert ab. Der einzig mögliche Ausweg aus der Situation der Übertragung ist die Rückführung auf die Vergangenheit des Kranken, wie er sie wirklich erlebt oder durch die wunscherfüllende Tätigkeit seiner Phantasie gestaltet hat. Und dies erfordert beim Analytiker viel Geschick, Geduld, Ruhe und Selbstverleugnung.

»Und wo, meinen Sie, hat der Neurotiker das Vorbild seiner Übertragungsliebe erlebt?«

In seiner Kindheit, in der Regel in der Beziehung zu einem Elternteil. Sie erinnern sich, welche Wichtigkeit wir diesen frühesten Gefühlsbeziehungen zuschreiben mußten. Hier schließt sich also der Kreis.

»Sind Sie endlich fertig? Mir ist ein bißchen wirre vor der Fülle dessen, was ich von Ihnen gehört habe. Sagen Sie mir nur noch, wie und wo lernt man das, was man zur Ausübung der Analyse braucht?«

Es gibt derzeit zwei Institute, an denen Unterricht in der Psychoanalyse erteilt wird. Das erste in *Berlin* hat Dr. Max Eitingon der dortigen Vereinigung eingerichtet. Das zweite erhält die *»Wiener Psychoanalytische Vereinigung«* aus eigenen Mitteln unter beträchtlichen Opfern. Die Anteilnahme der Behörden erschöpft sich vorläufig in den mancherlei Schwierigkeiten, die sie dem jungen Unternehmen bereiten. Ein drittes Lehrinstitut soll eben jetzt in *London* von der dortigen Gesellschaft unter der Leitung von Dr. E. Jones eröffnet werden. An diesen Instituten werden die Kandidaten selbst in Analyse genommen, erhalten theoretischen Unterricht durch Vorlesungen in allen für sie wichtigen Gegenständen und genießen die Aufsicht älterer, erfahrener Analytiker, wenn sie zu ihren ersten Versuchen an leichteren Fällen zugelassen werden. Man rechnet für eine solche Ausbildung etwa zwei Jahre. Natürlich ist man auch nach dieser Zeit nur ein Anfänger, noch kein Meister. Was noch mangelt, muß durch Übung und durch den Gedankenaustausch in den psychoanalytischen Gesellschaften, in denen jüngere Mitglieder mit älteren zusammentreffen, erworben werden. Die Vorbereitung für die analytische Tätigkeit ist gar nicht so leicht und einfach, die Arbeit ist schwer, die Verantwortlichkeit groß. Aber wer eine solche Unterweisung durchgemacht hat, selbst analysiert worden ist, von der Psychologie des Unbewußten erfaßt hat, was sich heute eben lehren läßt, in der Wissenschaft des Sexuallebens Bescheid weiß, und die heikle Technik der Psychoanalyse erlernt hat, die Deutungskunst, die Bekämpfung der Widerstände und die Handhabung der Übertragung, *der ist kein Laie mehr auf dem Gebiet der Psychoanalyse.* Er ist dazu befähigt, die Behandlung neurotischer Störungen zu unternehmen, und wird mit der Zeit darin alles leisten können, was man von dieser Therapie verlangen kann.

VI

»Sie haben einen großen Aufwand gemacht, um mir zu zeigen, was die Psychoanalyse ist und was für Kenntnisse man braucht, um sie mit Aussicht auf Erfolg zu betreiben. Gut, es kann mir nichts schaden, Sie angehört zu haben. Aber ich weiß nicht, welchen Einfluß auf mein Urteil Sie von Ihren Ausführungen erwarten. Ich sehe einen Fall vor mir, der nichts Außergewöhnliches an sich hat. Die Neurosen sind eine besondere Art von Erkrankung, die Analyse ist eine besondere Methode zu ihrer Behandlung, eine medizinische Spezialität. Es ist auch sonst die Regel, daß ein Arzt, der ein Spezialfach der Medizin gewählt hat, sich nicht mit der durch das Diplom bestätigten Ausbildung begnügt. Besonders, wenn er sich in einer größeren Stadt niederlassen will, die allein Spezialisten ernähren kann. Wer Chirurg werden will, sucht einige Jahre an einer chirurgischen Klinik zu dienen, ebenso der Augenarzt, Laryngolog usw., gar der Psychiater, der vielleicht überhaupt niemals von einer staatlichen Anstalt oder einem Sanatorium freikommen wird. So wird es auch mit dem Psychoanalytiker werden; wer sich für diese neue ärztliche Spezialität entscheidet, wird nach Vollendung seiner Studien die zwei Jahre Ausbildung im Lehrinstitut auf sich nehmen, von denen Sie sprachen, wenn es wirklich eine so lange Zeit in Anspruch nehmen sollte. Er wird dann auch merken, daß es sein Vorteil ist, in einer psychoanalytischen Gesellschaft den Kontakt mit den Kollegen zu pflegen, und alles wird in schönster Ordnung vor sich gehen. Ich verstehe nicht, wo da Platz für die Frage der Laienanalyse ist.«

Der Arzt, der das tut, was Sie in seinem Namen versprochen haben, wird uns allen willkommen sein. Vier Fünftel der Personen, die ich als meine Schüler anerkenne, sind ja ohnedies Ärzte. Gestatten Sie mir aber, Ihnen vorzuhalten, wie sich die Beziehungen der Ärzte zur Analyse wirklich gestaltet haben und wie sie sich voraussichtlich weiter entwickeln werden. Ein historisches Anrecht auf den Alleinbesitz der Analyse haben die Ärzte nicht, vielmehr haben sie bis vor kurzem alles aufgeboten, von der seichtesten Spöttelei bis zur schwerwiegendsten Verleumdung, um ihr zu schaden. Sie werden mit Recht antworten, das gehört der Vergangenheit an und braucht die Zukunft nicht zu beeinflussen. Ich bin einverstanden, aber ich fürchte, die Zukunft wird anders sein, als Sie sie vorhergesagt haben.

Erlauben Sie, daß ich dem Wort »Kurpfuscher« den Sinn gebe, auf den es Anspruch hat an Stelle der legalen Bedeutung. Für das Gesetz ist der ein Kurpfuscher, der Kranke behandelt, ohne sich durch den Besitz eines staatlichen Diploms als Arzt ausweisen zu können. Ich würde eine andere Definition bevorzugen: Kurpfuscher ist, wer eine Behandlung unternimmt, ohne die dazu erforderlichen Kenntnisse und Fähigkeiten zu besitzen. Auf dieser Definition fußend, wage ich die Behauptung, daß — nicht nur in den europäischen Ländern — die Ärzte zu den Kurpfuschern in der Analyse ein überwiegendes Kontingent stellen. Sie üben sehr häufig die analytische Behandlung aus, ohne sie gelernt zu haben und ohne sie zu verstehen.

Es ist vergeblich, daß Sie mir einwenden wollen, das sei gewissenlos, das möchten Sie den Ärzten nicht zutrauen. Ein Arzt wisse doch, daß ein ärztliches Diplom kein Kaperbrief ist und ein Kranker nicht vogelfrei. Dem Arzt dürfe man immer zubilligen, daß er im guten Glauben handle, auch wenn er sich dabei vielleicht im Irrtum befinde.

Die Tatsachen bestehen; wir wollen hoffen, daß sie sich so aufklären lassen, wie Sie es meinen. Ich will versuchen, Ihnen auseinanderzusetzen, wie es möglich wird, daß ein Arzt sich in den Dingen der Psychoanalyse so benimmt, wie er es auf jedem anderen Gebiet sorgfältig vermeiden würde.

Hier kommt in erster Linie in Betracht, daß der Arzt in der medizinischen Schule eine Ausbildung erfahren hat, die ungefähr das Gegenteil von dem ist, was er als Vorbereitung zur Psychoanalyse brauchen würde. Seine Aufmerksamkeit ist auf objektiv feststellbare anatomische, physikalische, chemische Tatbestände hingelenkt worden, von deren richtiger Erfassung und geeigneter Beeinflussung der Erfolg des ärztlichen Handelns abhängt. In seinen Gesichtskreis wird das Problem des Lebens gerückt, soweit es sich uns bisher aus dem Spiel der Kräfte erklärt hat, die auch in der anorganischen Natur nachweisbar sind. Für die seelischen Seiten der Lebensphänomene wird das Interesse nicht geweckt, das Studium der höheren geistigen Leistungen geht die Medizin nichts an, es ist das Bereich einer anderen Fakultät. Die Psychiatrie allein sollte sich mit den Störungen der seelischen Funktionen beschäftigen, aber man weiß, in welcher Weise und mit welchen Absichten sie es tut. Sie sucht die körperlichen Bedingungen der Seelenstörungen auf und behandelt sie wie andere Krankheitsanlässe.

Die Psychiatrie hat darin recht und die medizinische Ausbildung ist offenbar ausgezeichnet. Wenn man von ihr aussagt, sie sei einseitig, so muß man erst den Standpunkt ausfindig machen, von dem aus diese Charakteristik zum Vorwurf wird. An sich ist ja jede Wissenschaft einseitig, sie muß es sein, indem sie sich auf bestimmte Inhalte, Gesichtspunkte, Methoden einschränkt. Es ist ein Widersinn, an dem ich keinen Anteil haben möchte, daß man eine Wissenschaft gegen eine andere ausspielt. Die Physik entwertet doch nicht die Chemie, sie kann sie nicht ersetzen, aber auch von ihr nicht vertreten werden. Die Psychoanalyse ist gewiß ganz besonders einseitig, als die Wissenschaft vom seelisch Unbewußten. Das Recht auf Einseitigkeit soll also den medizinischen Wissenschaften nicht bestritten werden.

Der gesuchte Standpunkt findet sich erst, wenn man von der wissenschaftlichen Medizin zur praktischen Heilkunde ablenkt. Der kranke Mensch ist ein kompliziertes Wesen, er kann uns daran mahnen, daß auch die so schwer faßbaren seelischen Phänomene nicht aus dem Bild des Lebens gelöscht werden dürfen. Der Neurotiker gar ist eine unerwünschte Komplikation, eine Verlegenheit für die Heilkunde nicht minder als für die Rechtspflege und den Armeedienst. Aber er existiert und geht die Medizin besonders nahe an. Und für seine Würdigung wie für seine Behandlung leistet die medizinische Schulung nichts, aber auch gar nichts. Bei dem innigen Zusammenhang zwischen den Dingen, die wir als körperlich und als seelisch scheiden, darf man vorhersehen, daß der Tag kommen wird, an dem sich Wege der Erkenntnis und hoffentlich auch der Beeinflussung von der Biologie der Organe und von der Chemie zu dem Erscheinungsgebiet der Neurosen eröffnen werden. Dieser Tag scheint noch ferne, gegenwärtig sind uns diese Krankheitszustände von der medizinischen Seite her unzugänglich.

Es wäre zu ertragen, wenn die medizinische Schulung den Ärzten bloß die Orientierung auf dem Gebiete der Neurosen versagte. Sie tut mehr; sie gibt ihnen eine falsche und schädliche Einstellung mit. Die Ärzte, deren Interesse für die psychischen Faktoren des Lebens nicht geweckt worden ist, sind nun allzu bereit, dieselben gering zu schätzen und als unwissenschaftlich zu bespötteln. Deshalb können sie nichts recht ernst nehmen, was mit ihnen zu tun hat, und fühlen die Verpflichtungen nicht, die sich von ihnen ableiten. Darum verfallen sie der laienhaften Respektlosigkeit vor der psychologischen Forschung und machen sich ihre Aufgabe leicht. Man muß ja die Neurotiker behandeln, weil sie Kranke sind und sich an den Arzt wenden, muß auch immer Neues versuchen. Aber wozu sich die Mühe einer langwierigen Vorbereitung auferlegen? Es wird auch so gehen; wer weiß, was das wert ist, was in den analytischen Instituten gelehrt wird. Je weniger sie vom Gegenstand verstehen, desto unternehmender werden sie. Nur der wirklich Wissende wird bescheiden, denn er weiß, wie unzulänglich dies Wissen ist.

Der Vergleich der analytischen Spezialität mit anderen medizinischen Fächern, den Sie zu meiner Beschwichtigung herangezogen haben, ist also nicht anwendbar. Für Chirurgie, Augenheilkunde usw. bietet die Schule selbst die Möglichkeit zur weiteren Ausbildung. Die analytischen Lehrinstitute sind gering an Zahl, jung an Jahren und ohne Autorität. Die medizinische Schule hat sie nicht anerkannt und kümmert sich nicht um sie. Der junge Arzt, der seinen Lehrern so vieles hat glauben müssen, daß ihm zur Erziehung seines Urteils wenig Anlaß geworden ist, wird gerne die Gelegenheit ergreifen, auf einem Gebiet, wo es noch keine anerkannte Autorität gibt, endlich auch einmal den Kritiker zu spielen.

Es gibt noch andere Verhältnisse, die sein Auftreten als analytischer Kurpfuscher begünstigen. Wenn er ohne ausreichende Vorbereitung Augenoperationen unternehmen wollte, so würde der Mißerfolg seiner Starextraktionen und Iridektomien und das Wegbleiben der Patients seinem Wagestück bald ein Ende bereiten. Die Ausübung der Analyse ist für ihn vergleichsweise ungefährlich. Das Publikum ist durch die durchschnittlich günstigen Ausgänge der Augenoperationen verwöhnt und erwartet sich Heilung vom Operateur. Wenn aber der »Nervenarzt« seine Kranken nicht herstellt, so verwundert sich niemand darüber. Man ist durch die Erfolge der Therapie bei den Nervösen nicht verwöhnt worden, der Nervenarzt hat sich wenigstens »viel mit ihnen abgegeben«. Da läßt sich eben nicht viel machen, die Natur muß helfen oder die Zeit. Also beim Weib zuerst die Menstruation, dann die Heirat, später die Menopause. Am Ende hilft wirklich der Tod. Auch ist das, was der ärztliche Analytiker mit dem Nervösen vorgenommen hat, so unauffällig, daß sich daran kein Vorwurf klammern kann. Er hat ja keine Instrumente oder Medikamente verwendet, nur mit ihm geredet, versucht, ihm etwas ein- oder auszureden. Das kann doch nicht schaden, besonders wenn dabei vermieden wurde, peinliche oder aufregende Dinge zu berühren. Der ärztliche Analytiker, der sich von der strengen Unterweisung frei gemacht hat, wird gewiß den Versuch nicht unterlassen haben, die Analyse zu verbessern, ihre Giftzähne auszubrechen und sie den Kranken angenehm zu machen. Und wie gut, wenn er bei diesem Versuch stehengeblieben, denn wenn er wirklich gewagt hat, Widerstände wachzurufen, und dann nicht wußte, wie ihnen zu begegnen ist, ja, dann kann er sich wirklich unbeliebt gemacht haben.

Die Gerechtigkeit erfordert das Zugeständnis, daß die Tätigkeit des ungeschulten Analytikers auch für den Kranken harmloser ist als die des ungeschickten Operateurs. Der mögliche Schaden beschränkt sich darauf, daß der Kranke zu einem nutzlosen Aufwand veranlaßt wurde und seine Heilungschancen eingebüßt oder verschlechtert hat. Ferner daß der Ruf der analytischen Therapie herabgesetzt wird. Das ist ja alles recht unerwünscht, aber es hält doch keinen Vergleich mit den Gefahren aus, die vom Messer des chirurgischen Kurpfuschers drohen. Schwere, dauernde Verschlimmerungen des Krankheitszustandes sind nach meinem Urteil auch bei ungeschickter Anwendung der Analyse nicht zu befürchten. Die unerfreulichen Reaktionen klingen nach einer Weile wieder ab. Neben den Traumen des Lebens, welche die Krankheit hervorgerufen haben, kommt das bißchen Mißhandlung durch den Arzt nicht in Betracht. Nur daß eben der ungeeignete therapeutische Versuch nichts Gutes für den Kranken geleistet hat.

»Ich habe Ihre Schilderung des ärztlichen Kurpfuschers in der Analyse angehört, ohne Sie zu unterbrechen, nicht ohne den Eindruck zu empfangen, daß Sie von einer Feindseligkeit gegen die Ärzteschaft beherrscht werden, zu deren historischer Erklärung Sie mir selbst den Weg gezeigt haben. Aber ich gebe Ihnen eines zu: wenn schon Analysen gemacht werden sollen, so sollen sie von Leuten gemacht werden, die sich dafür gründlich ausgebildet haben. Und Sie glauben nicht, daß die Ärzte, die sich der Analyse zuwenden, mit der Zeit alles tun werden, um sich diese Ausbildung zu eigen zu machen?«

Ich fürchte, nicht. Solange das Verhältnis der Schule zum analytischen Lehrinstitut ungeändert bleibt, werden die Ärzte wohl die Versuchung, es sich zu erleichtern, zu groß finden.

»Aber einer direkten Äußerung über die Frage der Laienanalyse scheinen Sie konsequent auszuweichen. Ich soll jetzt erraten, daß Sie vorschlagen, weil man die Ärzte, die analysieren wollen, nicht kontrollieren kann, soll man, gewissermaßen aus Rache, zu ihrer Bestrafung, ihnen das Monopol der Analyse abnehmen und diese ärztliche Tätigkeit auch den Laien eröffnen.«

Ich weiß nicht, ob Sie meine Motive richtig erraten haben.

Vielleicht kann ich Ihnen später ein Zeugnis einer weniger parteiischen Stellungnahme vorlegen. Aber ich lege den Akzent auf die Forderung, *daß niemand die Analyse ausüben soll, der nicht die Berechtigung dazu durch eine bestimmte Ausbildung erworben hat.* Ob diese Person nun Arzt ist oder nicht, erscheint mir als nebensächlich.

»Was für bestimmte Vorschläge haben Sie also zu machen?« Ich bin noch nicht soweit, weiß auch nicht, ob ich überhaupt dahin kommen werde. Ich möchte eine andere Frage mit Ihnen erörtern, zur Einleitung aber auch einen bestimmten Punkt berühren. Man sagt, daß die zuständigen Behörden über Anregung der Ärzteschaft Laien ganz allgemein die Ausübung der Analyse untersagen wollen. Von diesem Verbot würden auch die nichtärztlichen Mitglieder der Psychoanalytischen Vereinigung betroffen, die eine ausgezeichnete Ausbildung genossen und sich durch Übung sehr vervollkommnet haben. Wird das Verbot erlassen, so stellt sich der Zustand her, daß man eine Reihe von Personen an der Ausübung einer Tätigkeit behindert, von denen man überzeugt sein kann, daß sie sie sehr gut leisten können, während man dieselbe Tätigkeit anderen freigibt, bei denen von einer ähnlichen Garantie nicht die Rede ist. Das ist nicht gerade der Erfolg, den eine Gesetzgebung erreichen möchte. Indes ist dieses spezielle Problem weder sehr wichtig, noch schwierig zu lösen. Es handelt sich dabei um eine Handvoll Personen, die nicht schwer geschädigt werden können. Sie werden wahrscheinlich nach Deutschland auswandern, wo sie, durch keine Gesetzesvorschrift behindert, bald die Anerkennung ihrer Tüchtigkeit finden werden. Will man ihnen dies ersparen und die Härte des Gesetzes für sie mildern, so kann es mit Anlehnung an bekannte Präzedenzfälle leicht geschehen. Es ist im monarchischen Österreich wiederholt vorgekommen, daß man notorischen Kurpfuschern die Erlaubnis zur ärztlichen Tätigkeit auf bestimmten Gebieten *ad personam* verliehen hat, weil man von ihrem wirklichen Können überzeugt worden war. Diese Fälle betrafen zumeist bäuerliche Heilkünstler, und die Befürwortung soll regelmäßig durch eine der einst so zahlreichen Erzherzoginnen erfolgt sein, aber es müßte doch auch für Städter und auf Grund anderer, bloß sachverständiger Garantie geschehen können. Bedeutsamer wäre die Wirkung eines solchen Verbots auf das Wiener analytische Lehrinstitut, das von da an keine Kandidaten aus nichtärztlichen Kreisen zur Ausbildung annehmen dürfte. Dadurch wäre wieder einmal in unserem Vaterland eine Richtung geistiger Tätigkeit unterdrückt, die sich anderswo frei entfalten darf. Ich bin der letzte, der eine Kompetenz in der Beurteilung von Gesetzen und Verordnungen in Anspruch nehmen will. Aber ich sehe doch soviel, daß eine Betonung unseres Kurpfuschergesetzes nicht im Sinne der Angleichung an deutsche Verhältnisse ist, die heute offenbar angestrebt wird, und daß die Anwendung dieses Gesetzes auf den Fall der Psychoanalyse etwas Anachronistisches hat, denn zur Zeit seiner Erlassung gab es noch keine Analyse und war die besondere Natur der neurotischen Erkrankungen noch nicht erkannt.

Ich komme zu der Frage, deren Diskussion mir wichtiger erscheint. Ist die Ausübung der Psychoanalyse überhaupt ein Gegenstand, der behördlichem Eingreifen unterworfen werden soll, oder ist es zweckmäßiger, ihn der natürlichen Entwicklung zu überlassen? Ich werde gewiß hier keine Entscheidung treffen, aber ich nehme mir die Freiheit, Ihnen dieses Problem zur Überlegung vorzulegen. In unserem Vaterlande herrscht von alters her ein wahrer *furor prohibendi,* eine Neigung zum Bevormunden, Eingreifen und Verbieten, die, wie wir alle wissen, nicht gerade gute Früchte getragen hat. Es scheint, daß es im neuen, republikanischen Österreich noch nicht viel anders geworden ist. Ich vermute, daß Sie bei der Entscheidung über den Fall der Psychoanalyse, der uns jetzt beschäftigt, ein gewichtiges Wort mitzureden haben; ich weiß nicht, ob Sie die Lust oder den Einfluß haben werden, sich den bureaukratischen Neigungen zu widersetzen. Meine unmaßgeblichen Gedanken zu unserer Frage will ich Ihnen jedenfalls nicht ersparen. Ich meine, daß ein Überfluß an Verordnungen und Verboten der Autorität des Gesetzes schadet. Man kann beobachten: wo nur wenige Verbote bestehen, da werden sie sorgfältig eingehalten; wo man auf Schritt und Tritt von Verboten begleitet wird, da fühlt man förmlich die Versuchung, sich über sie hinwegzusetzen. Ferner, man ist noch kein Anarchist, wenn man bereit ist einzusehen, daß Gesetze und Verordnungen nach ihrer Herkunft nicht auf den Charakter der Heiligkeit und Unverletzlichkeit Anspruch haben können, daß sie oft inhaltlich unzulänglich und für unser Rechtsgefühl verletzend sind oder nach einiger Zeit so werden, und daß es bei der Schwerfälligkeit der die Gesellschaft leitenden Personen oft kein anderes Mittel zur Korrektur solch unzweckmäßiger Gesetze gibt, als sie herzhaft zu übertreten. Auch ist es ratsam, wenn man den Respekt vor Gesetzen und Verordnungen erhalten will, keine zu erlassen, deren Einhaltung und Übertretung schwer zu überwachen ist. Manches, was wir über die Ausübung der Analyse durch Ärzte gesagt haben, wäre hier für die eigentliche Laienanalyse, die das Gesetz unterdrücken will, zu wiederholen. Der Hergang der Analyse ist ein recht unscheinbarer, sie wendet weder Medikamente noch Instrumente an, besteht nur in Gesprächen und Austausch von Mitteilungen; es wird nicht leicht sein, einer Laienperson nachzuweisen, sie übe »Analyse« aus, wenn sie behauptet, sie gebe nur Zuspruch, teile Aufklärungen aus und suche einen heilsamen menschlichen Einfluß auf seelisch Hilfsbedürftige zu gewinnen; das könne man ihr doch nicht verbieten, bloß darum, weil auch der Arzt es manchmal tue. In den Englisch sprechenden Ländern haben die Praktiken der »Christian Science« eine große Verbreitung; eine Art von dialektischer Verleugnung der Übel im Leben durch Berufung auf die Lehren der christlichen Religion. Ich stehe nicht an zu behaupten, daß dies Verfahren eine bedauerliche Verirrung des menschlichen Geistes darstellt, aber wer würde in Amerika oder England daran denken, es zu verbieten und unter Strafe zu setzen? Fühlt sich denn die hohe Obrigkeit bei uns des rechten Weges zur Seligkeit so sicher, daß sie es wagen darf zu verhindern, daß jeder versuche »nach seiner Fasson selig zu werden«? Und zugegeben, daß viele sich selbst überlassen in Gefahren geraten und zu Schaden kommen, tut die Obrigkeit nicht besser daran, die Gebiete, die als unbetretbar gelten sollen, sorgfältig abzugrenzen und im übrigen, soweit es nur angeht, die Menschenkinder ihrer Erziehung durch Erfahrung und gegenseitige Beeinflussung zu überlassen? Die Psychoanalyse ist etwas so Neues in der Welt, die große Menge ist so wenig über sie orientiert, die Stellung der offiziellen Wissenschaft zu ihr noch so schwankend, daß es mir voreilig erscheint, jetzt schon mit gesetzlichen Vorschriften in die Entwicklung einzugreifen. Lassen wir die Kranken selbst die Entdeckung machen, daß es schädlich für sie ist, seelische Hilfe bei Personen zu suchen, die nicht gelernt haben, wie man sie leistet. Klären wir sie darüber auf und warnen sie davor, dann werden wir uns erspart haben, es ihnen zu verbieten. Auf italienischen Landstraßen zeigen die Leitungsträger die knappe und eindrucksvolle Aufschrift: *Chi tocca, muore.* Das reicht vollkommen hin, um das Benehmen der Passanten gegen herabhängende Drähte zu regeln. Die entsprechenden deutschen Warnungen sind von einer überflüssigen und beleidigenden Weitschweifigkeit: Das Berühren der Leitungsdrähte ist, weil lebensgefährlich, strengstens verboten. Wozu das Verbot? Wem sein Leben lieb ist, der erteilt es sich selbst, und wer sich auf diesem Wege umbringen will, der fragt nicht nach Erlaubnis.

»Es gibt aber Fälle, die man als Präjudiz für die Frage der Laienanalyse anführen kann. Ich meine das Verbot der Versetzung in Hypnose durch Laien und das kürzlich erlassene Verbot der Abhandlung okkultistischer Sitzungen und Gründung solcher Gesellschaften.«

Ich kann nicht sagen, daß ich ein Bewunderer dieser Maßnahmen bin. Die letztere ist ein ganz unzweifelhafter Übergriff der polizeilichen Bevormundung zum Schaden der intellektuellen Freiheit. Ich bin außer dem Verdacht, den sogenannt okkulten Phänomenen viel Glauben entgegenzubringen oder gar Sehnsucht nach ihrer Anerkennung zu verspüren; aber durch solche Verbote wird man das Interesse der Menschen für diese angebliche Geheimwelt nicht ersticken. Vielleicht hat man im Gegenteil etwas sehr Schädliches getan, der unparteiischen Wißbegierde den Weg verschlossen, zu einem befreienden Urteil über diese bedrückenden

Möglichkeiten zu kommen. Aber dies auch nur wieder für Österreich. In anderen Ländern stößt auch die »parapsychische« Forschung auf keine gesetzlichen Hindernisse. Der Fall der Hypnose liegt etwas anders als der der Analyse. Die Hypnose ist die Hervorrufung eines abnormen Seelenzustandes und dient den Laien heute nur als Mittel zur Schaustellung. Hätte sich die anfänglich so hoffnungsvolle hypnotische Therapie gehalten, so wären ähnliche Verhältnisse wie die der Analyse entstanden. Übrigens erbringt die Geschichte der Hypnose ein Präzedenz zum Schicksal der Analyse nach anderer Richtung. Als ich ein junger Dozent der Neuropathologie war, eiferten die Ärzte in der leidenschaftlichsten Weise gegen die Hypnose, erklärten sie für einen Schwindel, ein Blendwerk des Teufels und einen höchst gefährlichen Eingriff. Heute haben sie dieselbe Hypnose monopolisiert, bedienen sich ihrer ungescheut als Untersuchungsmethode und für manche Nervenärzte ist sie noch immer das Hauptmittel ihrer Therapie.

Ich habe Ihnen aber bereits gesagt, ich denke nicht daran, Vorschläge zu machen, die auf der Entscheidung beruhen, ob gesetzliche Regelung oder Gewährenlassen in Sachen der Analyse das richtigere ist. Ich weiß, das ist eine prinzipielle Frage, auf deren Lösung die Neigungen der maßgebenden Personen wahrscheinlich mehr Einfluß nehmen werden als Argumente. Was mir für eine Politik des *laissez faire* zu sprechen scheint, habe ich bereits zusammengestellt. Wenn man sich anders entschließt, zu einer Politik des aktiven Eingreifens, dann allerdings scheint mir die eine lahme und ungerechte Maßregel des rücksichtslosen Verbots der Analyse durch Nichtärzte keine genügende Leistung zu sein. Man muß sich dann um mehr bekümmern, die Bedingungen, unter denen die Ausübung der analytischen Praxis gestattet ist, für alle, die sie ausüben wollen, feststellen, irgendeine Autorität aufrichten, bei der man sich Auskunft holen kann, was Analyse ist und was für Vorbereitung man für sie fordern darf, und die Möglichkeiten der Unterweisung in der Analyse fördern. Also entweder in Ruhe lassen oder Ordnung und Klarheit schaffen, nicht aber in eine verwickelte

Situation mit einem vereinzelten Verbot dreinfahren, das mechanisch aus einer inadäquat gewordenen Vorschrift abgeleitet wird.

VII

»Ja, aber die Ärzte, die Ärzte! Ich bringe Sie nicht dazu, auf das eigentliche Thema unserer Unterredungen einzugehen. Sie weichen mir noch immer aus. Es handelt sich doch darum, ob man nicht den Ärzten das ausschließliche Vorrecht auf die Ausübung der Analyse zugestehen muß, meinetwegen nachdem sie gewisse Bedingungen erfüllt haben. Die Ärzte sind ja gewiß nicht in ihrer Mehrheit die Kurpfuscher in der Analyse, als die Sie sie geschildert haben. Sie sagen selbst, daß die überwiegende Mehrzahl Ihrer Schüler und Anhänger Ärzte sind. Man hat mir verraten, daß diese keineswegs Ihren Standpunkt in der Frage der Laienanalyse teilen. Ich darf natürlich annehmen, daß Ihre Schüler sich Ihren Forderungen nach genügender Vorbereitung usw. anschließen, und doch finden diese Schüler es damit vereinbar, die Ausübung der Analyse den Laien zu versperren. Ist das so, und wenn, wie erklären Sie es?«

Ich sehe, Sie sind gut informiert, es ist so. Zwar nicht alle, aber ein guter Teil meiner ärztlichen Mitarbeiter hält in dieser Sache nicht zu mir, tritt für das ausschließliche Anrecht der Ärzte auf die analytische Behandlung der Neurotiker ein. Sie ersehen daraus, daß es auch in unserem Lager Meinungsverschiedenheiten geben darf. Meine Parteinahme ist bekannt und der Gegensatz im Punkte der Laienanalyse hebt unser Einvernehmen nicht auf. Wie ich Ihnen das Verhalten dieser meiner Schüler erklären kann? Sicher weiß ich es nicht, ich denke, es wird die Macht des Standesbewußtseins sein. Sie haben eine andere Entwicklung gehabt als ich, fühlen sich noch unbehaglich in der Isolierung von den Kollegen, möchten gerne als vollberechtigte von der *profession* aufgenommen werden und sind bereit, für diese Toleranz ein Opfer zu bringen, an einer Stelle, deren Lebenswichtigkeit ihnen nicht einleuchtet. Vielleicht ist es anders; ihnen Motive der Konkurrenz unterzuschieben, hieße nicht nur sie einer niedrigen Gesinnung zu beschuldigen, sondern auch ihnen eine sonderbare Kurzsichtigkeit zuzutrauen. Sie sind ja immer bereit, andere Ärzte in die Analyse einzuführen, und ob sie die verfügbaren Patienten mit Kollegen oder mit Laien zu teilen haben, kann für ihre materielle Lage nur gleichgiltig sein. Wahrscheinlich kommt aber noch etwas anderes in Betracht. Diese meine Schüler mögen unter dem Einfluß gewisser Momente stehen, welche dem Arzt in der analytischen Praxis den unzweifelhaften Vorzug vor dem Laien sichern.

»Den Vorzug sichern? Da haben wir's. Also gestehen Sie diesen Vorzug endlich zu? Damit wäre ja die Frage entschieden.«

Das Zugeständnis wird mir nicht schwer. Es mag Ihnen zeigen, daß ich nicht so leidenschaftlich verblendet bin, wie Sie annehmen. Ich habe die Erwähnung dieser Verhältnisse aufgeschoben, weil ihre Diskussion wiederum theoretische Erörterungen nötig machen wird.

»Was meinen Sie jetzt?«

Da ist zuerst die Frage der Diagnose. Wenn man einen Kranken, der an sogenannt nervösen Störungen leidet, in analytische Behandlung nimmt, will man vorher die Sicherheit haben — soweit sie eben erreichbar ist —, daß er sich für diese Therapie eignet, daß man ihm also auf diesem Wege helfen kann. Das ist aber nur der Fall, wenn er wirklich eine Neurose hat.

»Ich sollte meinen, das erkennt man eben an den Erscheinungen, an den Symptomen, über die er klagt.«

Hier ist eben die Stelle für eine neue Komplikation. Man erkennt es nicht immer mit voller Sicherheit. Der Kranke kann das äußere Bild einer Neurose zeigen, und doch kann es etwas anderes sein, der Beginn einer unheilbaren Geisteskrankheit, die Vorbereitung eines zerstörenden Gehirnprozesses. Die Unterscheidung — Differentialdiagnose — ist nicht immer leicht und nicht in jeder Phase sofort zu machen. Die Verantwortlichkeit für eine solche Entscheidung kann natürlich nur der Arzt übernehmen. Sie wird ihm, wie gesagt, nicht immer leichtgemacht. Der Krankheitsfall kann längere Zeit ein harmloses Gepräge tragen, bis sich endlich doch seine böse Natur herausstellt. Es ist ja auch eine regelmäßige Befürchtung der Nervösen, ob sie nicht geisteskrank werden können. Wenn der Arzt aber einen solchen Fall eine Zeitlang verkannt hat oder im unklaren über ihn geblieben ist, so macht es nicht viel aus, es ist kein Schaden angestellt worden und nichts Überflüssiges geschehen. Die analytische Behandlung dieses Kranken hätte ihm zwar auch keinen Schaden gebracht, aber sie wäre als überflüssiger Aufwand bloßgestellt. Überdies würden sich gewiß genug Leute finden, die den schlechten Ausgang der Analyse zur Last legen werden. Mit Unrecht freilich, aber solche Anlässe sollten vermieden werden.

»Das klingt aber trostlos. Es entwurzelt ja alles, was Sie mir über die Natur und Entstehung einer Neurose vorgetragen haben.«

Durchaus nicht. Es bekräftigt nur von neuem, daß die Neurotiker ein Ärgernis und eine Verlegenheit sind, für alle Parteien, also auch für die Analytiker. Vielleicht löse ich aber Ihre Verwirrung wieder, wenn ich meine neuen Mitteilungen in korrekteren Ausdruck kleide. Es ist wahrscheinlich richtiger, von den Fällen, die uns jetzt beschäftigen, auszusagen, sie haben wirklich eine Neurose entwickelt, aber diese sei nicht psychogen, sondern somatogen, habe nicht seelische, sondern körperliche Ursachen. Können Sie mich verstehen?

»Verstehen, ja; aber ich kann es mit dem anderen, dem Psychologischen, nicht vereinigen.«

Nun, das läßt sich doch machen, wenn man nur den Komplikationen der lebenden Substanz Rechnung tragen will. Worin fanden wir das Wesen einer Neurose? Darin, daß das Ich, die durch den Einfluß der Außenwelt emporgezüchtete höhere Organisation des seelischen Apparats, nicht imstande ist, seine Funktion der Vermittlung zwischen Es und Realität zu erfüllen, daß es sich in seiner Schwäche von Triebanteilen des Es zurückzieht und sich dafür die Folgen dieses Verzichts in Form von Einschränkungen, Symptomen und erfolglosen Reaktionsbildungen gefallen lassen muß.

Eine solche Schwäche des Ichs fand bei uns allen regelmäßig in der Kindheit statt, darum bekommen die Erlebnisse der frühesten Kinderjahre eine so große Bedeutung für das spätere Leben. Unter der außerordentlichen Belastung dieser Kinderzeit — wir haben in wenigen Jahren die ungeheure Entwicklungsdistanz vom steinzeitlichen Primitiven bis zum Teilhaber der heutigen Kultur durchzumachen und dabei insbesondere die Triebregungen der sexuellen Frühperiode abzuwehren — nimmt unser Ich seine Zuflucht zu Verdrängungen und setzt sich einer Kinderneurose aus, deren Niederschlag es als Disposition zur späteren nervösen Erkrankung in die Reife des Lebens mitbringt. Nun kommt alles darauf an, wie dies herangewachsene Wesen vom Schicksal behandelt werden wird. Wird das Leben zu hart, der Abstand zwischen den Triebforderungen und den Einsprüchen der Realität zu groß, so mag das Ich in seinen Bemühungen, beide zu versöhnen, scheitern, und dies um so eher, je mehr es durch die mitgebrachte infantile Disposition gehemmt ist. Es wiederholt sich dann der Vorgang der Verdrängung, die Triebe reißen sich von der Herrschaft des Ichs los, schaffen sich auf den Wegen der Regression ihre Ersatzbefriedigungen und das arme Ich ist hilflos neurotisch geworden.

Halten wir nur daran fest: der Knoten- und Drehpunkt der ganzen Situation ist die relative Stärke der Ichorganisation. Wir haben es dann leicht, unsere ätiologische Übersicht zu vervollständigen. Als die sozusagen normalen Ursachen der Nervosität kennen wir bereits die kindliche Ichschwäche, die Aufgabe der Bewältigung der Frühregungen der Sexualität und die Einwirkungen der eher zufälligen Kindheitserlebnisse. Ist es aber nicht möglich, daß auch andere Momente eine Rolle spielen, die aus der Zeit vor dem Kinderleben stammen? Zum Beispiel eine angeborene Stärke und Unbändigkeit des Trieblebens im Es, die dem Ich von vornherein zu große Aufgaben stellt? Oder eine besondere Entwicklungsschwäche des Ichs aus unbekannten Gründen? Selbstverständlich müssen diese Momente zu einer ätiologischen Bedeutung kommen, in manchen Fällen zu einer überragenden. Mit der Triebstärke im Es haben wir jedesmal zu rechnen; wo sie exzessiv entwickelt ist, steht es schlecht um die Aussichten unserer Therapie. Von den Ursachen einer Entwicklungshemmung des Ichs wissen wir noch zu wenig. Dies wären also die Fälle von Neurose mit wesentlich konstitutioneller Grundlage. Ohne irgendeine solche konstitutionelle, kongenitale Begünstigung kommt wohl kaum eine Neurose zustande.

Wenn aber die relative Schwäche des Ichs das für die Entstehung der Neurose entscheidende Moment ist, so muß es auch möglich sein, daß eine spätere körperliche Erkrankung eine Neurose erzeugt, wenn sie nur eine Schwächung des Ichs herbeiführen kann. Und das ist wiederum im reichen Ausmaß der Fall. Eine solche körperliche Störung kann das Triebleben im Es betreffen und die Triebstärke über die Grenze hinaus steigern, welcher das Ich gewachsen ist. Das Normalvorbild solcher Vorgänge wäre etwa die Veränderung im Weib durch die Störungen der Menstruation und der Menopause. Oder eine körperliche Allgemeinerkrankung, ja eine organische Erkrankung des nervösen Zentralorgans, greift die Ernährungsbedingungen des seelischen Apparats an, zwingt ihn, seine Funktion herabzusetzen und seine feineren Leistungen, zu denen die Aufrechterhaltung der Ichorganisation gehört, einzustellen. In all diesen Fällen entsteht ungefähr dasselbe Bild der Neurose; die Neurose hat immer den gleichen psychologischen Mechanismus, aber, wie wir erkennen, die mannigfachste, oft sehr zusammengesetzte Ätiologie.

»Jetzt gefallen Sie mir besser, Sie haben endlich gesprochen wie ein Arzt. Nun erwarte ich das Zugeständnis, daß eine so komplizierte ärztliche Sache wie eine Neurose nur von einem Arzt gehandhabt werden kann.«

Ich besorge, Sie schießen damit über das Ziel hinaus. Was wir besprochen haben, war ein Stück Pathologie, bei der Analyse handelt es sich um ein therapeutisches Verfahren. Ich räume ein, nein, ich fordere, daß der Arzt bei jedem Fall, der für die Analyse in Betracht kommt, vorerst die Diagnose stellen soll. Die übergroße Anzahl der Neurosen, die uns in Anspruch nehmen, sind zum Glück psychogener

Natur und pathologisch unverdächtig. Hat der Arzt das konstatiert, so kann er die Behandlung ruhig dem Laienanalytiker überlassen. In unseren analytischen Gesellschaften ist es immer so gehalten worden. Dank dem innigen Kontakt zwischen ärztlichen und nichtärztlichen Mitgliedern sind die zu befürchtenden Irrungen so gut wie völlig vermieden worden. Es gibt dann noch einen zweiten Fall, in dem der Analytiker den Arzt zur Hilfe rufen muß. Im Verlaufe der analytischen Behandlung können — am ehesten körperliche — Symptome erscheinen, bei denen man zweifelhaft wird, ob man sie in den Zusammenhang der Neurose aufnehmen oder auf eine davon unabhängige, als Störung auftretende organische Erkrankung beziehen soll. Diese Entscheidung muß wiederum dem Arzt überlassen werden.

»Also kann der Laienanalytiker auch während der Analyse den Arzt nicht entbehren. Ein neues Argument gegen seine Brauchbarkeit.«

Nein, aus dieser Möglichkeit läßt sich kein Argument gegen den Laienanalytiker schmieden, denn der ärztliche Analytiker würde im gleichen Falle nicht anders handeln.

»Das verstehe ich nicht.«

Es besteht nämlich die technische Vorschrift, daß der Analytiker, wenn solch zweideutige Symptome während der Behandlung auftauchen, sie nicht seinem eigenen Urteil unterwirft, sondern von einem der Analyse fernstehenden Arzt, etwa einem Internisten, begutachten läßt, auch wenn er selbst Arzt ist und seinen medizinischen Kenntnissen noch vertraut.

»Und warum ist etwas, was mir so überflüssig erscheint, vorgeschrieben?«

Es ist nicht überflüssig, hat sogar mehrere Begründungen. Erstens läßt sich die Vereinigung organischer und psychischer Behandlung in einer Hand nicht gut durchführen, zweitens kann das Verhältnis der Übertragung es dem Analytiker unratsam machen, den Kranken körperlich zu untersuchen, und drittens hat der Analytiker allen Grund, an seiner Unbefangenheit zu zweifeln, da sein Interesse so intensiv auf die psychischen Momente eingestellt ist.

»Ihre Stellung zur Laienanalyse wird mir jetzt klar. Sie beharren dabei, daß es Laienanalytiker geben muß. Da Sie deren Unzulänglichkeit für ihre Aufgabe aber nicht bestreiten können, tragen Sie alles zusammen, was zur Entschuldigung und Erleichterung ihrer Existenz dienen kann. Ich sehe aber überhaupt nicht ein, wozu es Laienanalytiker geben soll, die doch nur Therapeuten zweiter Klasse sein können. Ich will meinetwegen von den paar Laien absehen, die bereits zu Analytikern ausgebildet sind, aber neue sollten nicht geschaffen werden und die Lehrinstitute müßten sich verpflichten, Laien nicht mehr zur Ausbildung anzunehmen.«

Ich bin mit Ihnen einverstanden, wenn sich zeigen läßt, daß durch diese Einschränkung allen in Betracht kommenden Interessen gedient ist. Gestehen Sie mir zu, daß diese Interessen von dreierlei Art sind, das der Kranken, das der Ärzte und — *last not least* — das der Wissenschaft, das ja die Interessen aller zukünftigen Kranken miteinschließt. Wollen wir diese drei Punkte miteinander untersuchen?

Nun, für den Kranken ist es gleichgiltig, ob der Analytiker Arzt ist oder nicht, wenn nur die Gefahr einer Verkennung seines Zustandes durch die angeforderte ärztliche Begutachtung vor Beginn der Behandlung und bei gewissen Zwischenfällen während derselben ausgeschaltet wird. Für ihn ist es ungleich wichtiger, daß der Analytiker über die persönlichen Eigenschaften verfügt, die ihn vertrauenswürdig machen, und daß er jene Kenntnisse und Einsichten sowie jene Erfahrungen erworben hat, die ihn allein zur Erfüllung seiner Aufgabe befähigen. Man könnte meinen, daß es der Autorität des Analytikers schaden muß, wenn der Patient weiß, daß er kein Arzt ist und in manchen Situationen der Anlehnung an den Arzt nicht entbehren kann. Wir haben es selbstverständlich niemals unterlassen, die Patienten über die Qualifikation des Analytikers zu unterrichten, und konnten uns überzeugen, daß die Standesvorurteile bei ihnen keinen Anklang finden, daß sie bereit sind, die Heilung anzunehmen, von welcher Seite immer sie ihnen geboten wird, was übrigens der Ärztestand zu seiner lebhaften Kränkung längst erfahren hat. Auch sind ja die Laienanalytiker, die heute Analyse ausüben, keine beliebigen, hergelaufenen Individuen, sondern Personen von akademischer Bildung, Doktoren der Philosophie, Pädagogen und einzelne Frauen von großer Lebenserfahrung und überragender Persönlichkeit. Die Analyse, der sich alle Kandidaten eines analytischen Lehrinstituts unterziehen müssen, ist gleichzeitig der beste Weg, um über ihre persönliche Eignung zur Ausübung der anspruchsvollen Tätigkeit Aufschluß zu gewinnen.

Nun zum Interesse der Ärzte. Ich kann nicht glauben, daß es durch die Einverleibung der Psychoanalyse in die Medizin zu gewinnen hat. Das medizinische Studium dauert jetzt schon fünf Jahre, die Ablegung der letzten Prüfungen reicht weit in ein sechstes Jahr. Alle paar Jahre tauchen neue Ansprüche an den Studenten auf, ohne deren Erfüllung seine Ausrüstung für seine Zukunft als unzureichend erklärt werden müßte. Der Zugang zum ärztlichen Beruf ist ein sehr schwerer, seine Ausübung weder sehr befriedigend noch sehr vorteilhaft. Macht man sich die gewiß vollberechtigte Forderung zu eigen, daß der Arzt auch mit der seelischen Seite des Krankseins vertraut sein müsse, und dehnt darum die ärztliche Erziehung auf ein Stück Vorbereitung für die Analyse aus, so bedeutet das eine weitere Vergrößerung des Lehrstoffes und die entsprechende Verlängerung der Studentenjahre. Ich weiß nicht, ob die Ärzte von einer solchen Folgerung aus ihrem Anspruch auf die Psychoanalyse befriedigt sein werden. Sie läßt sich aber kaum abweisen. Und dies in einer Zeitperiode, da die Bedingungen der materiellen Existenz sich für die Stände, aus denen sich die Ärzte rekrutieren, so sehr verschlechtert haben, daß die junge Generation sich dazu gedrängt sieht, sich möglichst bald selbst zu erhalten.

Sie wollen aber vielleicht das ärztliche Studium nicht mit der Vorbereitung für die analytische Praxis belasten und halten es für zweckmäßiger, daß die zukünftigen Analytiker sich erst nach Vollendung ihrer medizinischen Studien um die erforderliche Ausbildung bekümmern. Sie können sagen, daß der dadurch verursachte Zeitverlust praktisch nicht in Betracht kommt, weil ein junger Mann vor dreißig Jahren doch niemals das Zutrauen beim Patienten genießen wird, welches die Bedingung einer seelischen Hilfeleistung ist. Darauf wäre zwar zu antworten, daß auch der neugebackene Arzt für körperliche Leiden nicht auf allzu großen Respekt bei den Kranken zu rechnen hat, und daß der junge Analytiker seine Zeit sehr wohl damit ausfüllen könnte, an einer psychoanalytischen Poliklinik unter der Kontrolle erfahrener Praktiker zu arbeiten.

Wichtiger erscheint mir aber, daß Sie mit diesem Vorschlag eine Kraftvergeudung befürworten, die in diesen schweren Zeiten wirklich keine ökonomische Rechtfertigung finden kann. Die analytische Ausbildung überschneidet zwar den Kreis der ärztlichen Vorbereitung, schließt diesen aber nicht ein und wird nicht von ihm eingeschlossen. Wenn man, was heute noch phantastisch klingen mag, eine psychoanalytische Hochschule zu gründen hätte, so müßte an dieser vieles gelehrt werden, was auch die medizinische Fakultät lehrt: neben der Tiefenpsychologie, die immer das Hauptstück bleiben würde, eine Einführung in die Biologie, in möglichst großem Umfang die Kunde vom Sexualleben, eine Bekanntheit mit den Krankheitsbildern der Psychiatrie. Anderseits würde der analytische Unterricht auch Fächer umfassen, die dem Arzt ferne liegen und mit denen er in seiner Tätigkeit nicht zusammenkommt: Kulturgeschichte, Mythologie, Religionspsychologie und Literaturwissenschaft. Ohne eine gute Orientierung auf diesen Gebieten steht der Analytiker einem großen Teil seines Materials verständnislos gegenüber. Dafür kann er die Hauptmasse dessen, was die medizinische Schule lehrt, für seine Zwecke nicht gebrauchen. Sowohl die Kenntnis der Fußwurzelknochen, als auch die der Konstitution der Kohlenwasserstoffe, des Verlaufs der Hirnnervenfasern, alles, was die Medizin über bazilläre Krankheitserreger und deren Bekämpfung, über Serumreaktionen und Gewebsneubildungen an den Tag gebracht hat: alles gewiß an sich höchst schätzenswert, ist für ihn doch völlig belanglos, geht ihn nichts an, hilft ihm weder direkt dazu, eine Neurose zu verstehen und zu heilen, noch trägt dieses Wissen zur Schärfung jener intellektuellen Fähigkeiten bei, an welche seine Tätigkeit die größten Anforderungen stellt. Man wende nicht ein, der Fall liege so ähnlich, wenn sich der Arzt einer anderen medizinischen Spezialität, z. B. der Zahnheilkunde, zuwendet. Auch dann kann er manches nicht brauchen, worüber er Prüfung ablegen mußte, und muß vieles dazulernen, worauf ihn die Schule nicht vorbereitet hatte. Die beiden Fälle sind doch nicht gleichzusetzen. Auch für die Zahnheilkunde behalten die großen Gesichtspunkte der Pathologie, die Lehren von der Entzündung, Eiterung, Nekrose, von der Wechselwirkung der Körperorgane ihre Bedeutung; den Analytiker führt seine Erfahrung aber in eine andere Welt mit anderen Phänomenen und anderen Gesetzen. Wie immer sich die Philosophie über die Kluft zwischen Leiblichem und Seelischem hinwegsetzen mag, für unsere Erfahrung besteht sie zunächst und gar für unsere praktischen Bemühungen.

Es ist ungerecht und unzweckmäßig, einen Menschen, der den andern von der Pein einer Phobie oder einer Zwangsvorstellung befreien will, zum Umweg über das medizinische Studium zu zwingen. Es wird auch keinen Erfolg haben, wenn es nicht gelingt, die Analyse überhaupt zu unterdrücken. Stellen Sie sich eine Landschaft vor, in der zu einem gewissen Aussichtspunkt zwei Wege führen, der eine kurz und geradlinig, der andere lang, gewunden und umwegig. Den kurzen Weg versuchen Sie durch eine Verbottafel zu sperren, vielleicht, weil er an einigen Blumenbeeten vorbeiführt, die Sie geschont wissen wollen. Sie haben nur dann Aussicht, daß Ihr Verbot respektiert wird, wenn der kurze Weg steil und mühselig ist, während der längere sanft aufwärts führt. Verhält es sich aber anders und ist im Gegenteil der Umweg der beschwerlichere, so können Sie leicht den Nutzen Ihres Verbots und das Schicksal Ihrer Blumenbeete erraten. Ich besorge, Sie werden die Laien ebensowenig zwingen können, Medizin zu studieren, wie es mir gelingen wird, die Ärzte zu bewegen, daß sie Analyse lernen. Sie kennen ja auch die menschliche Natur.

»Wenn Sie recht haben, daß die analytische Behandlung nicht ohne besondere Ausbildung auszuüben ist, daß aber das medizinische Studium die Mehrbelastung durch eine Vorbereitung dafür nicht verträgt, und daß die medizinischen Kenntnisse für den Analytiker großenteils überflüssig sind, wohin kommen wir dann mit der Erzielung der idealen ärztlichen Persönlichkeit, die allen Aufgaben ihres Berufes gewachsen sein soll?«

Ich kann nicht vorhersehen, welcher der Ausweg aus diesen Schwierigkeiten sein wird, bin auch nicht dazu berufen, ihn anzugeben. Ich sehe nur zweierlei, erstens, daß die Analyse für Sie eine Verlegenheit ist, sie sollte am besten nicht existieren — gewiß, auch der Neurotiker ist eine Verlegenheit, — und zweitens, daß vorläufig allen Interessen Rechnung getragen wird, wenn sich die Ärzte entschließen, eine Klasse von Therapeuten zu tolerieren, die ihnen die mühselige Behandlung der so enorm häufigen psychogenen Neurosen abnimmt und zum Vorteil dieser Kranken in steter Fühlung mit ihnen bleibt.

»Ist das Ihr letztes Wort in dieser Angelegenheit, oder haben Sie noch etwas zu sagen?«

Gewiß, ich wollte ja noch ein drittes Interesse in Betracht ziehen, das der Wissenschaft. Was ich da zu sagen habe, wird Ihnen wenig nahegehen, desto mehr bedeutet es mir.

Wir halten es nämlich gar nicht für wünschenswert, daß die Psychoanalyse von der Medizin verschluckt werde und dann ihre endgiltige Ablagerung im Lehrbuch der Psychiatrie finde, im Kapitel Therapie, neben Verfahren wie hypnotische Suggestion, Autosuggestion, Persuasion, die, aus unserer Unwissenheit geschöpft, ihre kurzlebigen Wirkungen der Trägheit und Feigheit der Menschenmassen danken. Sie verdient ein besseres Schicksal und wird es hoffentlich haben. Als »Tiefenpsychologie«, Lehre vom seelisch Unbewußten, kann sie all den Wissenschaften unentbehrlich werden, die sich mit der Entstehungsgeschichte der menschlichen Kultur und ihrer großen Institutionen wie Kunst, Religion und Gesellschaftsordnung beschäftigen. Ich meine, sie hat diesen Wissenschaften schon bis jetzt ansehnliche Hilfe zur Lösung ihrer Probleme geleistet, aber dies sind nur kleine Beiträge im Vergleich zu dem, was sich erreichen ließe, wenn Kulturhistoriker, Religionspsychologen, Sprachforscher usw. sich dazu verstehen werden, das ihnen zur Verfügung gestellte neue Forschungsmittel selbst zu handhaben. Der Gebrauch der Analyse zur Therapie der Neurosen ist nur eine ihrer Anwendungen; vielleicht wird die Zukunft zeigen, daß sie nicht die wichtigste ist. Jedenfalls wäre es unbillig, der einen Anwendung alle anderen zu opfern, bloß weil dies Anwendungsgebiet sich mit dem Kreis ärztlicher Interessen berührt.

Denn hier entrollt sich ein weiter Zusammenhang, in den man nicht ohne Schaden eingreifen kann. Wenn die Vertreter der verschiedenen Geisteswissenschaften die Psychoanalyse erlernen sollen, um deren Methoden und Gesichtspunkte auf ihr Material anzuwenden, so reicht es nicht aus, daß sie sich an die Ergebnisse halten, die in der analytischen Literatur niedergelegt sind. Sie werden die Analyse verstehen lernen müssen auf dem einzigen Weg, der dazu offensteht, indem sie sich selbst einer Analyse unterziehen. Zu den Neurotikern, die der Analyse bedürfen, käme so eine zweite Klasse von Personen hinzu, die die Analyse aus intellektuellen Motiven annehmen, die nebenbei erzielte Erhöhung ihrer Leistungsfähigkeit aber gewiß gerne begrüßen werden. Zur Durchführung dieser Analysen bedarf es einer Anzahl von Analytikern, für die etwaige Kenntnisse in der Medizin besonders geringe Bedeutung haben werden.

Aber diese — Lehranalytiker wollen wir sie heißen — müssen eine besonders sorgfältige Ausbildung erfahren haben. Will man ihnen diese nicht verkümmern, so muß man ihnen Gelegenheit geben, Erfahrungen an lehrreichen und beweisenden Fällen zu sammeln, und da gesunde Menschen, denen auch das Motiv der Wißbegierde abgeht, sich nicht einer Analyse unterziehen, können es wiederum nur Neurotiker sein, an denen — unter sorgsamer Kontrolle — die Lehranalytiker für ihre spätere, nichtärztliche Tätigkeit erzogen werden. Das Ganze erfordert aber ein gewisses Maß von Bewegungsfreiheit und verträgt keine kleinlichen Beschränkungen.

Vielleicht glauben Sie nicht an diese rein theoretischen Interessen der Psychoanalyse oder wollen ihnen keinen Einfluß auf die praktische Frage der Laienanalyse einräumen. Dann lassen Sie sich mahnen, daß es noch ein anderes Anwendungsgebiet der Psychoanalyse gibt, das dem Bereich des Kurpfuschergesetzes entzogen ist und auf das die Ärzte kaum Anspruch erheben werden. Ich meine ihre Verwendung in der Pädagogik. Wenn ein Kind anfängt, die Zeichen einer unerwünschten Entwicklung zu äußern, verstimmt, störrisch und unaufmerksam wird, so wird der Kinderarzt und selbst der Schularzt nichts für dasselbe tun können, selbst dann nicht, wenn das Kind deutliche nervöse Erscheinungen wie Ängstlichkeiten, Eßunlust, Erbrechen, Schlafstörung produziert. Eine Behandlung, die analytische Beeinflussung mit erzieherischen Maßnahmen vereinigt, von Personen ausgeführt, die es nicht verschmähen, sich um die Verhältnisse des kindlichen Milieus zu bekümmern, und die es verstehen, sich den Zugang zum Seelenleben des Kindes zu bahnen, bringt in einem beides zustande, die nervösen Symptome aufzuheben und die beginnende Charakterveränderung rückgängig zu machen. Unsere Einsicht in die Bedeutung der oft unscheinbaren Kinderneurosen als Disposition für schwere Erkrankungen des späteren Lebens weist uns auf diese Kinderanalysen als einen ausgezeichneten Weg der Prophylaxis hin. Es gibt unleugbar noch Feinde der Analyse; ich weiß nicht, welche Mittel ihnen zu Gebote stehen, um auch der Tätigkeit dieser pädagogischen Analytiker oder analytischen Pädagogen in den Arm zu fallen, halte es auch für nicht leicht möglich. Aber freilich, man soll sich nie zu sicher fühlen.

Übrigens, um zu unserer Frage der analytischen Behandlung erwachsener Nervöser zurückzukehren, auch hier haben wir noch nicht alle Gesichtspunkte erschöpft. Unsere Kultur übt einen fast unerträglichen Druck auf uns aus, sie verlangt nach einem Korrektiv. Ist es zu phantastisch zu erwarten, daß die Psychoanalyse trotz ihrer Schwierigkeiten zur Leistung berufen sein könnte, die Menschen für ein solches Korrektiv vorzubereiten? Vielleicht kommt noch einmal ein Amerikaner auf den Einfall, es sich ein Stück Geld kosten zu lassen, und die *social workers* seines Landes analytisch zu schulen und eine Hilfstruppe zur Bekämpfung der kulturellen Neurosen aus ihnen zu machen.

»Aha, eine neue Art von Heilsarmee.«

Warum nicht, unsere Phantasie arbeitet ja immer nach Mustern. Der Strom von Lernbegierigen, der dann nach Europa fluten wird, wird an Wien vorbeigehen müssen, denn hier mag die analytische Entwicklung einem frühzeitigen Verbottrauma erlegen sein. Sie lächeln? Ich sage das nicht, um Ihr Urteil zu bestechen, gewiß nicht. Ich weiß ja, Sie schenken mir keinen Glauben, kann Ihnen auch nicht dafür einstehen, daß es so kommen wird. Aber eines weiß ich. Es ist nicht gar so wichtig, welche Entscheidung Sie in der Frage der Laienanalyse fällen. Es kann eine lokale Wirkung haben. Aber das, worauf es ankommt, die inneren Entwicklungsmöglichkeiten der Psychoanalyse, sind doch durch Verordnungen und Verbote nicht zu treffen.

NACHWORT ZUR »FRAGE DER LAIENANALYSE«

Der unmittelbare Anlaß zur Abfassung meiner kleinen Schrift, an welche die hier vorstehenden Diskussionen[1] anknüpfen, war die Anklage unseres nichtärztlichen Kollegen Dr. Th. Reik wegen Kurpfuscherei bei der Wiener Behörde. Es dürfte allgemein bekanntgeworden sein, daß diese Klage fallengelassen wurde, nachdem alle Vorerhebungen durchgeführt und verschiedene Gutachten eingeholt worden waren. Ich glaube nicht, daß dies ein Erfolg meines Buches war; der Fall lag wohl zu ungünstig für die Klageführung und die Person, die sich als geschädigt beschwert hatte, erwies sich als wenig vertrauenswürdig. Die Einstellung des Verfahrens gegen Dr. Reik hat wahrscheinlich nicht die Bedeutung einer prinzipiellen Entscheidung des Wiener Gerichts in der Frage der Laienanalyse. Als ich die Figur des »unparteiischen« Partners in meiner Tendenzschrift schuf, schwebte mir die Person eines unserer hohen Funktionäre vor, eines

---

1 [Dieses Nachwort ist am Schluß einer Diskussion veröffentlicht worden, die von der »Internationalen Zeitschrift für Psychoanalyse« im Sommer 1927 (in Heft 2 und 3 des XIII. Jahrganges) über die Frage der Laienanalyse veranstaltet wurde.]

Mannes von wohlwollender Gesinnung und nicht gewöhnlicher Integrität, mit dem ich selbst ein Gespräch über die Causa Reik geführt und dem ich dann, wie er gewünscht, ein privates Gutachten darüber überreicht hatte. Ich wußte, daß es mir nicht gelungen war, ihn zu meiner Ansicht zu bekehren, und darum ließ ich auch meinen Dialog mit dem Unparteiischen nicht in eine Einigung ausgehen.

Ich habe auch nicht erwartet, daß es mir gelingen werde, eine einheitliche Stellungnahme zum Problem der Laienanalyse bei den Analytikern selbst herbeizuführen. Wer in dieser Sammlung die Äußerung der Ungarischen Gesellschaft mit der der New Yorker Gruppe zusammenhält, wird vielleicht annehmen, meine Schrift habe gar nichts ausgerichtet, jedermann halte den Standpunkt fest, den er auch vorher vertreten. Allein auch dies glaube ich nicht. Ich meine, viele Kollegen werden ihre extreme Parteinahme ermäßigt haben, die meisten haben meine Auffassung angenommen, daß das Problem der Laienanalyse nicht nach hergebrachten Gepflogenheiten entschieden werden darf, sondern einer neuartigen Situation entspringt und darum eine neue Urteilsfällung fordert.

Auch die Wendung, die ich der ganzen Frage gegeben, scheint Beifall gefunden zu haben. Ich hatte ja den Satz in den Vordergrund gerückt, es käme nicht darauf an, ob der Analytiker ein ärztliches Diplom besitzt, sondern ob er die besondere Ausbildung erworben hat, deren es zur Ausübung der Analyse bedarf. Daran konnte die Frage anknüpfen, über die die Kollegen so eifrig diskutiert haben, welche die für den Analytiker geeignetste Ausbildung sei. Ich meinte, und vertrete es auch jetzt, es sei nicht die, welche die Universität dem künftigen Arzt vorschreibt. Die sogenannte ärztliche Ausbildung erscheint mir als ein beschwerlicher Umweg zum analytischen Beruf, sie gibt dem Analytiker zwar vieles, was ihm unentbehrlich ist, lädt ihm aber außerdem zuviel auf, was er nie verwerten kann, und bringt die Gefahr mit sich, daß sein Interesse wie seine Denkweise von der Erfassung der psychischen Phänomene abgelenkt wird. Der Unterrichtsplan für den Analytiker ist erst zu schaffen, er muß geisteswissenschaftlichen Stoff, psychologischen, kulturhistorischen, soziologischen ebenso umfassen wie anatomischen, biologischen und entwicklungsgeschichtlichen. Es gibt dabei soviel zu lehren, daß man gerechtfertigt ist, aus dem Unterricht wegzulassen, was keine direkte Beziehung zur analytischen Tätigkeit hat und nur indirekt wie jedes andere Studium zur Schulung des Intellekts und der sinnlichen Beobachtung beitragen kann. Es ist bequem, gegen diesen Vorschlag einzuwenden, solche analytische Hochschulen gebe es nicht, das sei eine Idealforderung. Jawohl, ein Ideal, aber eines, das realisiert werden kann und realisiert werden muß. Unsere Lehrinstitute sind bei all ihrer jugendlichen Unzulänglichkeit doch bereits der Beginn einer solchen Realisierung.

Es wird meinen Lesern nicht entgangen sein, daß ich im vorstehenden etwas wie selbstverständlich vorausgesetzt habe, was in den Diskussionen noch heftig umstritten wird. Nämlich, daß die Psychoanalyse kein Spezialfach der Medizin ist. Ich sehe nicht, wie man sich sträuben kann, das zu erkennen. Die Psychoanalyse ist ein Stück Psychologie, auch nicht medizinische Psychologie im alten Sinne oder Psychologie der krankhaften Vorgänge, sondern Psychologie schlechtweg, gewiß nicht das Ganze der Psychologie, sondern ihr Unterbau, vielleicht überhaupt ihr Fundament. Man lasse sich durch die Möglichkeit ihrer Anwendung zu medizinischen Zwekken nicht irreführen, auch die Elektrizität und die Röntgenstrahlen haben Verwendung in der Medizin gefunden, aber die Wissenschaft von beiden ist doch die Physik. Auch historische Argumente können an dieser Zugehörigkeit nichts ändern. Die ganze Lehre von der Elektrizität hat ihren Ausgang von einer Beobachtung am Nervmuskelpräparat genommen, darum fällt es heute doch niemand ein zu behaupten, sie sei ein Stück der Physiologie. Für die Psychoanalyse bringt man vor, sie sei doch von einem Arzt erfunden worden bei seinen Bemühungen Kranken zu helfen. Aber das ist für ihre Beurteilung offenbar gleichgiltig. Auch ist dies historische Argument recht gefährlich. In seiner Fortsetzung könnte man daran erinnern, wie unfreundlich, ja, wie gehässig abweisend sich die Ärzteschaft von Anfang an gegen die Analyse benommen hat; daraus würde folgern, daß sie auch heute kein Anrecht auf die Analyse hat. Und wirklich — obwohl ich eine solche Folgerung zurückweise — ich bin noch heute mißtrauisch, ob die Werbung der Ärzte um die Psychoanalyse vom Standpunkt der Libidotheorie auf die erste oder die zweite der Abrahamschen Unterstufen zurückzuführen ist, ob es sich dabei um eine Besitzergreifung mit der Absicht der Zerstörung oder der Erhaltung des Objekts handelt.

Um beim historischen Argument noch einen Augenblick zu verweilen: da es sich um meine Person handelt, kann ich dem, der sich dafür interessiert, einigen Einblick in meine eigenen Motive geben. Nach 41jähriger ärztlicher Tätigkeit sagt mir meine Selbsterkenntnis, ich sei eigentlich kein richtiger Arzt gewesen. Ich bin Arzt geworden durch eine mir aufgedrängte Ablenkung meiner ursprünglichen Absicht und mein Lebenstriumph liegt darin, daß ich nach großem Umweg die anfängliche Richtung wiedergefunden habe. Aus frühen Jahren ist mir nichts von einem Bedürfnis, leidenden Menschen zu helfen, bekannt, meine sadistische Veranlagung war nicht sehr groß, so brauchte sich dieser ihrer Abkömmlinge nicht zu entwickeln. Ich habe auch niemals »Doktor« gespielt, meine infantile Neugierde ging offenbar andere Wege. In den Jugendjahren wurde das Bedürfnis, etwas von den Rätseln dieser Welt zu verstehen und vielleicht selbst etwas zu ihrer Lösung beizutragen, übermächtig. Die Inskription an der medizinischen Fakultät schien der beste Weg dazu, aber dann versuchte ich's — erfolglos — mit der Zoologie und der Chemie, bis ich unter dem Einfluß v. Brükkes, der größten Autorität, die je auf mich gewirkt hat, an der Physiologie haftenblieb, die sich damals freilich zu sehr auf Histologie einschränkte. Ich hatte dann bereits alle medizinischen Prüfungen abgelegt, ohne mich für etwas Ärztliches zu interessieren, bis ein Mahnwort des verehrten Lehrers mir sagte, daß ich in meiner armseligen materiellen Situation eine theoretische Laufbahn vermeiden müßte. So kam ich von der Histologie des Nervensystems zur Neuropathologie und auf Grund neuer Anregungen zur Bemühung um die Neurosen. Ich meine aber, mein Mangel an der richtigen ärztlichen Disposition hat meinen Patienten nicht sehr geschadet. Denn der Kranke hat nicht viel davon, wenn das therapeutische Interesse beim Arzt affektiv überbetont ist. Für ihn ist es am besten, wenn der Arzt kühl und möglichst korrekt arbeitet.

Der vorstehende Bericht hat gewiß wenig zur Klärung des Problems der Laienanalyse beigetragen. Er sollte bloß meine persönliche Legitimation bekräftigen, wenn gerade ich für den Eigenwert der Psychoanalyse und ihre Unabhängigkeit von ihrer medizinischen Anwendung eintrete. Man wird mir aber hier entgegenhalten, ob die Psychoanalyse als Wissenschaft ein Teilgebiet der Medizin oder der Psychologie ist, sei eine Doktorfrage, praktisch ganz uninteressant. Was in Rede stehe, sei etwas anderes, eben die Verwendung der Analyse zur Behandlung von Kranken, und insofern sie dies beanspruche, müsse sie sich's gefallen lassen, als Spezialfach in die Medizin aufgenommen zu werden, wie z. B. die Röntgenologie, und sich den für alle therapeutischen Methoden geltenden Vorschriften unterwerfen. Ich anerkenne das, gestehe es zu, ich will nur verhütet wissen, daß die Therapie die Wissenschaft erschlägt. Leider reichen alle Vergleiche nur ein Stück weit, es kommt dann ein Punkt, von dem an die beiden Verglichenen auseinandergehen. Der Fall der Analyse liegt anders als der der Röntgenologie; die Physiker brauchen den kranken Menschen nicht, um die Gesetze der Röntgenstrahlen zu studieren. Die Analyse aber hat kein anderes Material als die seelischen Vorgänge des Menschen, kann nur am Menschen studiert werden; infolge besonderer leicht begreiflicher Verhältnisse ist der neurotische Mensch weit lehrreicheres und zugänglicheres Material als der Normale, und wenn man einem, der die Analyse erlernen und anwenden will, dies Material entzieht, hat man ihn um die gute Hälfte seiner Bildungsmöglichkeiten verkürzt. Es liegt mir natürlich ferne zu fordern, daß das Interesse des neurotisch Kranken dem des Unterrichts und der wissenschaftlichen Forschung zum Opfer gebracht werde. Meine kleine Schrift zur Frage der Laienanalyse bemüht sich eben zu zeigen, daß unter Beobachtung gewisser Kautelen beiderlei Interessen sehr wohl in Einklang gebracht werden können, und daß eine solche Lösung nicht zuletzt auch dem richtig verstandenen ärztlichen Interesse dient.

Diese Kautelen habe ich alle selbst angeführt; ich darf sagen, die Diskussion hat hier nichts Neues hinzugefügt; ich möchte noch aufmerksam machen, sie hat oft die Akzente in einer Weise verteilt, die der Wirklichkeit nicht gerecht wird. Es ist alles richtig, was über die Schwierigkeit der Differentialdiagnose, die Unsicherheit in der Beurteilung körperlicher Symptome in vielen Fällen gesagt wurde, was also ärztliches Wissen oder ärztliche Einmengung notwendig macht, aber die Anzahl der Fälle, in denen solche Zweifel überhaupt nicht auftauchen, der Arzt nicht gebraucht wird, ist doch noch ungleich größer. Diese Fälle mögen wissenschaftlich recht uninteressant sein, im Leben spielen sie eine genug wichtige Rolle, um die Tätigkeit des Laienanalytikers, der ihnen vollauf gewachsen ist, zu rechtfertigen. Ich habe vor einiger Zeit einen Kollegen analysiert, der eine besonders scharfe Ablehnung dagegen entwickelte, daß jemand sich eine ärztliche Tätigkeit gestatte, der nicht selbst Arzt ist. Ich konnte ihm sagen: Wir arbeiten jetzt länger als drei Monate. An welcher Stelle unserer Analyse war ich veranlaßt, mein ärztliches Wissen in Anspruch zu nehmen? Er gestand zu, daß sich kein Anlaß dafür gefunden hatte.

Auch das Argument, daß der Laienanalytiker, weil er bereit sein muß, den Arzt zu konsultieren, beim Kranken keine Autorität erwerben und kein höheres Ansehen als das eines Heilgehilfen, Masseurs u. dgl. erreichen kann, schätze ich nicht hoch ein. Die Analogie dürfte wiederum nicht zutreffen, abgesehen davon, daß der Kranke die Autorität nach seiner Gefühlsübertragung zu verleihen pflegt, und daß der Besitz eines ärztlichen Diploms ihm lange nicht so imponiert, wie der Arzt glaubt. Der berufsmäßige Laienanalytiker wird es nicht schwer haben, sich das Ansehen zu verschaffen, das ihm als einem weltlichen Seelsorger gebührt. Mit der Formel »Weltliche Seelsorge« könnte man überhaupt die Funktion beschreiben, die der Analytiker, sei er nun Arzt oder Laie, dem Publikum gegenüber zu erfüllen hat. Unsere Freunde unter den protestantischen und neuerlich auch katholischen Geistlichen befreien oft ihre Pfarrkinder von ihren Lebenshemmungen, indem sie ihre Gläubigkeit herstellen, nachdem sie ihnen ein Stück analytischer Aufklärung über ihre Konflikte geboten haben. Unsere Gegner, die Adlerschen Individualpsychologen, erstreben dieselbe Änderung bei den haltlos und untüchtig Gewordenen, indem sie ihr Interesse für soziale Gemeinschaft wecken, nachdem sie ihnen einen einzigen Winkel ihres Seelenlebens beleuchtet und ihnen gezeigt haben, welchen Anteil ihre egoistischen und mißtrauischen Regungen an ihrem Kranksein haben. Beide Verfahren, die ihre Kraft der Anlehnung an die Analyse verdanken, haben ihren Platz in der Psychotherapie. Wir Analytiker setzen uns eine möglichst vollständige und tiefreichende Analyse des Patienten zum Ziel, wir wollen ihn nicht durch die Aufnahme in die katholische, protestantische oder sozialistische Gemeinschaft entlasten, sondern ihn aus seinem eigenen Inneren bereichern, indem wir seinem Ich die Energien zuführen, die durch Verdrängung unzugänglich in seinem Unbewußten gebunden sind, und jene anderen, die das Ich in unfruchtbarer Weise zur Aufrechterhaltung der Verdrängungen verschwenden muß. Was wir so treiben, ist Seelsorge im besten Sinne. Ob wir uns damit ein zu hohes Ziel gesteckt haben? Ob auch nur die Mehrzahl unserer Patienten der Mühe wert ist, die wir für diese Arbeit verbrauchen? Ob es nicht ökonomischer ist, das Defekte von außen zu stützen, als von innen zu reformieren? Ich kann es nicht sagen, aber etwas anderes weiß ich. In der Psychoanalyse bestand von Anfang ein Junktim zwischen Heilen und Forschen, die Erkenntnis brachte den Erfolg, man konnte nicht behandeln, ohne etwas Neues zu erfahren, man gewann keine Aufklärung, ohne ihre wohltätige Wirkung zu erleben. Unser analytisches Verfahren ist das einzige, bei dem dies kostbare Zusammentreffen gewahrt bleibt. Nur wenn wir analytische Seelsorge treiben, vertiefen wir unsere eben aufdämmernde Einsicht in das menschliche Seelenleben. Diese Aussicht auf wissenschaftlichen Gewinn war der vornehmste, erfreulichste

Zug der analytischen Arbeit; dürfen wir sie irgendwelchen praktischen Erwägungen zum Opfer bringen?

Einige Äußerungen in dieser Diskussion erwecken in mir den Verdacht, als wäre meine Schrift zur Laienfrage doch in einem Punkte mißverstanden worden. Die Ärzte werden gegen mich in Schutz genommen, wie wenn ich sie allgemein als untauglich für die Ausübung der Analyse erklärt und die Parole ausgegeben hätte, ärztlicher Zuzug sei fernzuhalten. Nun, das liegt nicht in meiner Absicht. Der Anschein entstand wahrscheinlich daraus, daß ich in meiner polemisch angelegten Darstellung die unausgebildeten ärztlichen Analytiker für noch gefährlicher erklären mußte als die Laien. Meine wirkliche Meinung in dieser Frage könnte ich klarmachen, indem ich einen Zynismus kopiere, der einst im Simplicissimus über die Frauen vorgebracht wurde. Dort beklagte sich einer der Partner über die Schwächen und Schwierigkeiten des schöneren Geschlechts, worauf der andere bemerkte: Die Frau ist aber doch das Beste, was wir *in der Art* haben. Ich gestehe es zu, solange die Schulen nicht bestehen, die wir uns für die Heranbildung von Analytikern wünschen, sind die ärztlich vorgebildeten Personen das beste Material für den künftigen Analytiker. Nur darf man fordern, daß sie ihre Vorbildung nicht an Stelle der Ausbildung setzen, daß sie die Einseitigkeit überwinden, die durch den Unterricht an der medizinischen Schule begünstigt wird, und daß sie der Versuchung widerstehen, mit der Endokrinologie und dem autonomen Nervensystem zu liebäugeln, wo es darauf ankommt, psychologische Tatsachen durch psychologische Hilfsvorstellungen zu erfassen. Ebenso teile ich die Erwartung, daß alle die Probleme, die sich auf die Zusammenhänge zwischen psychischen Phänomenen und ihren organischen, anatomischen und chemischen Grundlagen beziehen, nur von Personen, die beides studiert haben, also von ärztlichen Analytikern, in Angriff genommen werden können. Doch sollte man nicht vergessen, daß dies nicht alles an der Psychoanalyse ist, und daß wir für deren andere Seite die Mitarbeit von Personen, die in den Geisteswissenschaften vorgebildet sind, nie entbehren können. Aus praktischen Gründen haben wir, auch für unsere Publikationen, die Gewohnheit angenommen, eine ärztliche Analyse von den Anwendungen der Analyse zu scheiden. Das ist nicht korrekt. In Wirklichkeit verläuft die Scheidungsgrenze zwischen der wissenschaftlichen Psychoanalyse und ihren Anwendungen auf medizinischem und nichtmedizinischem Gebiet.

Die schroffste Ablehnung der Laienanalyse wird in diesen Diskussionen von unseren amerikanischen Kollegen vertreten. Ich halte es nicht für überflüssig, ihnen durch einige Bemerkungen zu erwidern. Es ist kaum ein Mißbrauch der Analyse zu polemischen Zwecken, wenn ich die Meinung ausdrücke, daß ihr Widerstand sich ausschließlich auf praktische Momente zurückführt. Sie sehen in ihrem Lande, daß die Laienanalytiker viel Unfug und Mißbrauch mit der Analyse treiben und infolgedessen die Patienten, wie den Ruf der Analyse schädigen. Es ist dann begreiflich, daß sie in ihrer Empörung weit von diesen gewissenlosen Schädlingen abrücken und die Laien von jedem Anteil an der Analyse ausschließen wollen. Aber dieser Sachverhalt reicht bereits aus, um die Bedeutung ihrer Stellungnahme herabzudrücken. Denn die Frage der Laienanalyse darf nicht allein nach praktischen Erwägungen entschieden werden und die lokalen Verhältnisse Amerikas können für uns nicht allein maßgebend sein.

Die wesentlich von praktischen Motiven geleitete Resolution unserer amerikanischen Kollegen gegen die Laienanalytiker scheint mir unpraktisch, denn sie kann nicht eines der Momente verändern, welche die Sachlage beherrschen. Sie hat etwa den Wert eines Versuches zur Verdrängung. Wenn man die Laienanalytiker in ihrer Tätigkeit nicht behindern kann, im Kampf gegen sie nicht vom Publikum unterstützt wird, wäre es dann nicht zweckmäßiger, der Tatsache ihrer Existenz Rechnung zu tragen, indem man ihnen Gelegenheiten zur Ausbildung bietet, Einfluß auf sie gewinnt und ihnen die Möglichkeit der Approbation durch den Ärztestand und der Heranziehung zur Mitarbeiterschaft als Ansporn vorhält, so daß sie ein Interesse daran finden, ihr sittliches und intellektuelles Niveau zu erhöhen?

Fischer
Taschenbuch
Verlag

Sigmund Freud.

Fischer
Taschenbuch
Verlag

Psychologie
und Verhaltensforschung.

Alfred Adler
Menschenkenntnis (Band 6080)

Michael Balint
Die Urformen der Liebe und die
Technik der Psychoanalyse
(Band 1035)

Der Arzt, sein Patient und die
Krankheit (Band 6005)

S. A. Barnett
Instinkt und Intelligenz
Rätsel des tierischen und
menschlichen Verhaltens
(Band 6067)

Walter Baust (Hrsg.)
Ermüdung, Schlaf und Traum
(Band 6090)

Johannes Cremerius (Hrsg.)
Psychoanalyse und Erziehungs-
praxis (Band 6076)

Erik H. Erikson
Einsicht und Verantwortung
(Band 6089)

C. G. Jung
Bewußtes und Unbewußtes
(Band 6058)

Alfred C. Kinsey
Das sexuelle Verhalten der Frau
(Band 6002)

Das sexuelle Verhalten des
Mannes (Band 6003)

**Marxismus Psychoanalyse
Sexpol**
Hrsg.: Hans-Peter Gente
Band 1 (6056) / Band 2 (6072)

Peter R. Hofstätter (Hrsg.)
Psychologie (Fischer Lexikon
Band 6)

Paul Ricœur
Sexualität. Wunder - Abwege -
Rätsel (Band 811)

Georg B. Schaller
Unsere nächsten Verwandten
(Beobachtungen an Menschen-
affen) (Band 918)

Robert Waelder
Die Grundlagen der Psychoanalyse (Band 6099)

Hans Zulliger
Heilende Kräfte im kindlichen
Spiel (Band 6006)

Helfen statt strafen — auch bei
jugendlichen Dieben
(Band 6037)

Umgang mit dem kindlichen
Gewissen (Band 6074)

Die Angst unserer Kinder. Zehn
Kapitel über Angstformen,
Angstwirkungen, Vermeidung
und Bekämpfung der kindlichen
Ängste (Band 6098)

**Fischer
Taschenbuch
Verlag**

Hans Zulliger.

Heilende Kräfte im kindlichen Spiel

Zulliger zeigt, wie das Spiel der Kinder seelische Störungen zu heilen vermag.
(Band 6006)

Helfen statt strafen
auch bei jugendlichen Dieben

Hier wird aufgezeigt, welche Wege beschritten werden müssen, um Diebstählen vorzubeugen oder diebische Kinder zu heilen.
(Band 6037)

Umgang mit dem kindlichen Gewissen

Die Ausbildung der kindlichen Gewissensanlage gehört zu den entscheidenden Faktoren der Erziehung.
(Band 6074)

Die Angst unserer Kinder

Zehn Kapitel über Angstformen, Angstwirkungen, Vermeidung und Bekämpfung der kindlichen Angst.
(Band 6098)